本书由中央财经大学金融学院党建课题立项资助出版

# 中国商业银行的道德责任及其养成研究

罗卓笔 著

中国财经出版传媒集团
中国财政经济出版社

图书在版编目（CIP）数据

中国商业银行的道德责任及其养成研究／罗卓笔著．——北京：中国财政经济出版社，2021.2
ISBN 978-7-5223-0209-6

Ⅰ.①中… Ⅱ.①罗… Ⅲ.①商业银行-企业责任-社会责任-研究-中国 Ⅳ.①F832.33

中国版本图书馆CIP数据核字（2020）第251363号

责任编辑：郭爱春　　　　　　　责任校对：张　凡
封面设计：北京兰卡绘世　　　　责任印制：党　辉

中国财政经济出版社 出版
URL：http://www.cfeph.cn
E-mail：cfeph@cfeph.cn
（版权所有　翻印必究）
社址：北京市海淀区阜成路甲28号　邮政编码：100142
营销中心电话：010-88191522
天猫网店：中国财政经济出版社旗舰店
网址：https://zgczjjcbs.tmall.com
北京财经印刷厂印刷　各地新华书店经销
成品尺寸：170mm×240mm　16开　14.5印张　201 000字
2021年3月第1版　2021年3月北京第1次印刷
定价：64.00元
ISBN 978-7-5223-0209-6
（图书出现印装问题，本社负责调换，电话：010-88190548）
本社质量投诉电话：010-88190744
打击盗版举报热线：010-88191661　QQ：2242791300

# 前　言

　　金融是现代经济的核心，商业银行是国家金融机构体系的核心。随着世界经济发展日益渗透，全球贸易依存度不断增加的同时，霸权主义、单边主义、保护主义蔓延，国际贸易争端和金融冲击加剧，世界经济发展面临较大的不确定性，这给国家的金融安全与稳定带来新的挑战。当前，中国特色社会主义进入到了全面建成小康社会的决胜阶段，正朝着实现中华民族伟大复兴的梦想迈进。党的十九大报告明确了当前社会的主要矛盾，提出了构建富强、民主、文明、和谐、美丽的强国梦想。我国国民经济正朝着国内大循环为主体、国内国际双循环相互促进的新发展格局迈进。习近平新时代中国特色社会主义经济思想强调了金融的核心地位，中央政治局会议作出了"稳金融"的工作部署，中央经济工作会议出台了金融去杠杆、严调控、防风险、强普惠、重环保的政策措施，金融监管机构转向了对银行业高质量发展的监管。国内外新的政治经济形势对我国商业银行提出了需要更好履行责任的挑战。

　　改革开放40多年来，我国银行业在规模和服务上达到了空前的发展。商业银行的快速崛起对社会主义事业的蓬勃发展和人民群众的生活幸福发挥了举足轻重的作用。同时，商业银行业资本脱实向虚推高金融风险、拉大社会贫富差距、加剧社会功能异化等现象凸显了商业银行在履行社会道德责任方面的不足，尤其是银行资本对实体经济的挤出、对欠发达地区资源配置的失衡一定程度上影响了人民群众的美好生活。商业银行服务数以亿计的客户体现了其广泛的社会联结性，商业银行是国家宏观调控的重要抓手体现了其系统的重要性，这些决定了其履行好社会道德责任对社会主义物质和精神文明建设具有重大的意义。

　　本书对我国商业银行道德责任展开专门研究,以马克思主义伦理思想为基本依据,综合运用文献研究、问卷访谈、规范分析和案例分析等研究方法,尝试回答新时代中国特色社会主义时代背景下,我国商业银行有哪些道德责任,依据是什么,履行现状如何,现实与理论的差距在哪里,培育与改善的途径有哪些等问题,力图为进一步提升我国商业银行履行道德责任的水平提供理论与实践的支持。

　　文章主要分为七个部分。绪论部分厘清了研究的对象、目的、思路、逻辑结构与研究现状等。第一章,界定了我国商业银行道德责任的概念和基本内涵。提出了流动性、盈利性和安全性是商业银行经营管理的基本原则,逐利性、公共性与政治性是商业银行的内在属性。阐释了商业银行特定的社会权利、广泛的社会联结性、功能的系统重要性、一定的意志自由与行为能力是商业银行履行道德责任的基本逻辑。第二章,阐述了商业银行履行社会道德责任的理论依据。明确论述了我国商业银行应当以马克思主义伦理思想为责任依据,应当坚持马克思主义道德观、社会主义道德观和共产主义道德理想,坚持以为人民服务为核心,以集体主义为原则,始终保持商业银行思想道德建设的社会主义方向。第三章,阐述了商业银行道德责任的构成和特征。提出商业银行道德责任的构成要素包括责任意识、责任行为与责任评价,履行道德责任的过程也是尽责、问责和评价反馈的过程。第四章,实证分析了我国商业银行履行道德责任的现状、经验与问题。通过客户调研、从业者调研、监管数据分析和上市公司数据对照与银行社会责任报告整理,综合分析数据表明我国商业银行履行社会道德责任状况处于较好水平。同时比较显著的存在极端功利、嫌贫爱富、加剧社会贫富差距、积聚金融风险和社会功能异化等道德失范现象。第五章,对我国商业银行道德责任方面问题的原因及挑战进行了分析。指出各种道德失范行为背后反映出的是银行道德责任意识淡漠、道德行为偏差、道德治理不够和责任保障不足等问题。第六章,系统构建了我国商业银行道德责任的养成机制。提出可以从夯实价值准则,提高动力、强化能力和完善保障四个方面来共同保障商业银行道德责任的养成。

研究结论和创新有以下几点，第一，实证了我国商业银行履行道德责任的现状、经验与问题；第二，发现我国商业银行作为国家的核心金融机构，对社会道德责任的履行尚未发挥出与其政治、经济与社会地位相称的道德引领示范作用；第三，商业银行经营管理活动应以马克思主义伦理思想为指导，充分体现社会主义道德思想的要求；第四，商业银行向着网络化、智能化、高质量发展转型过程中，履行好道德责任不仅要成为价值追求更要进入其顶层和底层设计；第五，深化改革开放以充分发挥市场效力，强化党的领导以实现对商业银行的道德监管，不断实现履行道德责任与增进银行利益的统一是提升商业银行道德责任水平的关键；第六，商业银行道德责任水平的提升对社会主义道德文明建设具有提纲挈领的传导示范效用。

总之，本研究将商业银行道德责任紧扣在社会主义道德思想框架之下，通过审视我国商业银行近年来的行为活动与马克思主义道德观、社会主义道德观和共产主义道德理想之间的一致性与差异性，实证了我国商业银行履行社会道德责任的现状、经验与问题，探索了商业银行道德责任养成的路径方法，以期促进我国商业银行的高质量发展，进而更好地助力中华民族伟大复兴梦想的实现。

作者<br>
2020 年 10 月

# 目　录

绪　论 ………………………………………………………………………（ 1 ）
　　第一节　研究的问题 …………………………………………………（ 1 ）
　　第二节　研究的意义 …………………………………………………（ 6 ）
　　第三节　思路、方法与创新 …………………………………………（ 8 ）
　　第四节　国内外研究现状与述评 ……………………………………（ 13 ）

第一章　核心概念与论题界定 …………………………………………（ 20 ）
　　第一节　道德责任及相关概念 ………………………………………（ 20 ）
　　第二节　商业银行的道德责任 ………………………………………（ 39 ）
　　第三节　商业银行道德责任的生成 …………………………………（ 44 ）

第二章　中国商业银行道德责任的理论基础与借鉴 …………………（ 52 ）
　　第一节　马克思主义道德学说是基本依据 …………………………（ 52 ）
　　第二节　中华民族优秀的传统道德是宝贵传承 ……………………（ 64 ）
　　第三节　国外社会责任理论与实践的批判借鉴 ……………………（ 67 ）

第三章　中国商业银行道德责任的构成及特征 ………………………（ 80 ）
　　第一节　商业银行道德责任的主要内容 ……………………………（ 80 ）
　　第二节　商业银行道德责任类型与范围 ……………………………（ 87 ）
　　第三节　商业银行道德责任的调控机制 ……………………………（ 99 ）
　　第四节　商业银行道德责任的主要特征 ……………………………（106）

## 第四章 中国商业银行道德责任现状评析 …………………… (110)
- 第一节 中国商业银行履行道德责任现状的分析 ………… (110)
- 第二节 中国商业银行履行道德责任的主要经验 ………… (156)
- 第三节 中国商业银行履行道德责任的突出问题 ………… (164)

## 第五章 中国商业银行道德责任问题原因及挑战分析 ……… (174)
- 第一节 中国商业银行道德责任问题的内因溯源 ………… (174)
- 第二节 中国商业银行道德责任问题的外部原因 ………… (179)
- 第三节 中国商业银行道德责任建设面临的挑战 ………… (184)

## 第六章 中国商业银行道德责任养成机制探索 ……………… (191)
- 第一节 夯实商业银行道德责任的价值准则 ……………… (191)
- 第二节 强化商业银行履行道德责任的动力 ……………… (195)
- 第三节 增强商业银行履行道德责任的能力 ……………… (200)
- 第四节 健全商业银行道德责任行为的保障 ……………… (204)

## 结论与展望 …………………………………………………………… (209)

## 参考文献 ……………………………………………………………… (211)

## 后　　记 ……………………………………………………………… (220)

# 绪　论

## 第一节　研究的问题

一、问题的背景

（一）全球金融环境对银行社会道德责任有一定的要求

随着世界经济发展日益渗透，全球贸易依存度不断增加的同时，霸权主义、单边主义、保护主义蔓延，国际贸易争端和金融冲击加剧，世界经济发展面临较大的不确定性，这给国家的金融安全与稳定带来新的挑战。从世界主要国家达成"考克斯圆桌商业原则"（1986）到世界主要金融机构确立"赤道原则"（2003），从联合国提出"可持续发展"概念（1987）到全球首个"社会责任标准 SA8000（2001）"的应用，从国际行动理事会发布《世界人类责任宣言》（1997）到"人类命运共同体"理念（2013）共识的不断加强，反映出全球主要国家都在致力于对当代社会主体权利与责任不对等问题的纠偏。美国次贷危机引发的全球金融危机导致多国经济至今疲软，在世界开放合作、依存发展的同时，人们不得不去反思次贷危机、金融危机的经验与教训——大萧条与金融危机的肆虐正是源于人们忽视甚至践踏了伦理道德与社会责任的红线。走出危机的办法还得回归到金融业、政府及广大公民对"诚信""公平""正义""责任"等伦理道德要素的重塑与守护。正如郭金鸿所言，"当今的全球伦理不同于中世纪的义务伦理，也不同于近代西方的功利伦理，而是权利与责任并举而且更重责任的责任伦理。"①

（二）我国金融行业从高速发展转向高质量发展

改革开放 40 多年来，我国经济取得了突飞猛进的发展，国民生产总值快速增长，全体国民创造出了巨大的社会财富。与此同时，人民群众共享改革发展的成果，生活水平迅速提高，家庭财产由无到有，由少到多，跨越了温饱正逐步进入全面小康生活阶段。从国内生产总值来看②，1978 年我国 GDP 为 3678.7 亿元，2018 年达到 900309.5 亿元；1978 年我国居民人均可支配收入 171 元，2017 年我国居民人均可支配收入 28228 元。1978 年我国人民币各项存款余额为 210.6 亿元，2018 年达 177.5 万亿元③。社会经济的发展和人民生活水平的提高，带来了货币流通与货币信用需求的增加，从而为银行业的蓬勃发展创造了良好的客观条件。1978 年我国银行业尚处于大一统的一元银行体系，经过一系列的改革与发展，截至 2019 年 6 月，我国已有银行业机构 4597 家④。1979 - 2017 年以我国银行业为主体的金融行业年均实际增长 12.2%，高出服务业年均实际增速 1.7 个百分点，占 GDP 比重由 1978 年的 2.1% 提高到了 7.9%⑤。40 多年来，我国银行业尤其是商业银行无论是在规模还是服务的范围上都达到了空前的发展，商业银行的快速崛起为社会主义各项事业的建设和发展起到了举足轻重的作用。然而，银行业高速发展的同时也涌现出脱实向虚推高金融风险、资源配置失衡拉大社会贫富差距、嫌贫爱富极端功利助长社会不良风气等问题，一定程度上影响了广大人民群众的生活幸福。在对国内外形势综合研究后，党的十九大报告作出了中国特色社会主义进入新时代的重大判断，明确了人民日益增长的美好生活需要和不平衡不充分的发展之间的矛盾是我国当前社会的主要矛盾，提出了构建富强、民主、文明、和谐、美丽的强国梦想。对我国的金融工作，习近平指出，"金融要为实体经济

---

① 郭金鸿. 道德责任论 [M]. 人民出版社. 2008.
② 数据源于国家统计局网站. 中国统计年鉴（2019）.
③ 数据源于国家统计局网站. 2018 年国民经济和社会发展统计公报.
④ 数据源于银保监会网站. 银行业金融机构法人名单. 2019 年 6 月.
⑤ 数据源于国家统计局网站. 改革开放 40 年社会经济发展成就系列报告之十.

服务，满足经济社会发展和人民群众需要，"① "金融是国家重要的核心竞争力，金融安全是国家安全的重要组成部分，金融制度是经济社会发展中重要的基础性制度。必须加强党对金融工作的领导，坚持稳中求进工作总基调，遵循金融发展规律，紧紧围绕服务实体经济、防控金融风险、深化金融改革三项任务，创新和完善金融调控，健全现代金融企业制度，完善金融市场体系，推进构建现代金融监管框架，加快转变金融发展方式，健全金融法治，保障国家金融安全，促进经济和金融良性循环、健康发展。"② 2018年度中国银行业发展报告发布会上，肖远企认为，我国银行业所处的外部环境已经发生的三个方面的变化③：一是经济增长由高速增长向高质量发展转变；二是金融领域的主要矛盾已由过去的供给难以满足不断增长的金融需求转变为需求的多元化与供给的不平衡不充分之间的矛盾；三是新一轮科技革命对金融正在产生深远而广泛的影响。近年来，针对外部环境的变化带给社会经济运行的新问题新挑战，中央政治局会议提出稳就业、稳金融、稳外贸、稳投资、稳预期。中央经济工作会议、全国金融工作会议、中央政治局会议都强调把严控金融风险放到更重要的位置以守住不发生系统性金融风险底线。

习近平在第五次全国金融工作会议上的重要讲话、中央经济工作会议"稳金融"工作部署以及党中央对金融去杠杆、严调控、防风险、强普惠、重环保等政策措施的出台，全球"赤道银行"等社会责任运动的兴起，银行业由高速增长阶段逐步转入高质量发展阶段的监管态势，表明我国商业银行经营管理活动必将朝着更加道德文明的方向转型。

二、问题的提出

新的发展需要有新的更高的要求。改革开放以来，我国银行业在规模

---

① 习近平在中共中央政治局第十三次集体学习时的讲话. 2019年2月22日.
② 习近平在第五次全国金融工作会议上的讲话. 2017年7月14日至15日.
③ 原中国银监会审慎规制局局长肖远企在"2018年度中国银行业发展报告发布会"上的发言. 2018年7月11日.

和效益方面发展迅速，但由于发展经验不足、制度不够健全、道德监管不力等实际情况引发社会经济避实向虚、贫富差距拉大、商业银行案件频发和银行系统性风险加剧等问题成为新时代社会经济发展亟待解决的问题。

（一）商业银行的操作风险居高不下

商业银行在市场经济资源配置过程中占据核心位置。对于企业和社会公众的存贷款、投融资，商业银行都是最重要的中介。商业银行资金配置中的操作风险会严重影响资金的正常供给与需求。如"蓝田事件""周正毅事件""刘金宝事件""中行高山事件"山西"7·28"特大金融诈骗案、"德隆系事件"、中行"开平支行事件""王雪冰事件""朱小华事件"、农行"内蒙古案件"、建行"张恩照事件"民生银行"3亿票据诈骗案""2010年齐鲁银行假票据案""2017年民生航天桥支行30亿'假理财'事件"等诸多案件的发生是银行从业者道德沦丧的结果，也是商业银行道德责任意识不到位、管理体制不完善、内控制度不严和监管制度执行不力导致的。

（二）社会功能的异化现象明显

商业银行社会功能异化是商业银行在经营活动中偏离自身经营目标和社会价值的现象和倾向。商业银行背离实体经济，挤压实体经济、盲目追求货币增值、无限追加金融杠杆、促生金融泡沫、积聚金融风险现象明显；商业银行"人情贷""关系贷"拉高不良贷款率；商业银行盲目逐利忽视绿色经营引发资源与环境问题；商业银行客户与地区歧视现象，引发社会金融服务不公，加剧社会贫富差距。作为经济与金融核心，银行系统如果偏离为实体经济服务的正常轨道和为人民服务的道德定位，势必会推高金融泡沫、积聚金融风险，导致其社会功能的异化。

（三）银行政策方面的道德失范

商业银行道德责任失范不仅显现于商业银行活动本身，还涉及银行政策相关部门的制度伦理，涉及银行相关的政策、制度的合德性。例如，商业银行的产权结构决定了其与地方政府的暧昧关系。受经济形势、财政政策及政绩考核等多方面的影响，地方政府常常面临较大的财政压力而热衷于举债。中央政府为地方政府背书和兜底的现象存在，促使地方政府通过对商业银行施加控制力和影响力以达到举债目的。盲目与过度举债滋生出烂尾工程等资源浪费问题，自然资源过度开发等环境问题、权钱交易等贪污腐败等问题。

（四）商业银行负外部性的失察

作为特殊的企业，商业银行是信用与货币的中介，是社会经济活动的中枢，也是国家宏观调控的重要抓手。与一般企业相比，商业银行的经营管理活动会给社会发展带来更多、更大、更强的外部性。商业银行经营管理过程中无视社会道德责任常常引发负的外部性，决定了研究我国银行道德责任问题的必要性和紧迫性。商业银行负的外部性影响源自于政府财政与货币政策的制定、银行经营管理制度的实施、从业人员岗位职责履行过程中的道德失察。改革开放以来，我国银行业凸显了吸收存款、发放贷款，开展投融资服务的权利，却在一定程度上忽视了维护资金安全、促进社会经济金融活动的繁荣稳定等与权利相对应的义务和责任的履行。由此商业银行获得了规模和效益的迅猛增长，却因为过度关注自身的经济利益而损害了其他利益相关者的利益，甚至影响了整个国民经济、社会民生和生态环境的健康秩序。在新时代高质量的发展要求下，商业银行的负外部性应当获得根本性改善。

商业银行作为社会经济与金融运行的核心中介机构，通过源源不断的输送金融资本到社会生产、生活各领域，成为保障经济繁荣稳定、促进社会和谐发展的重要力量；商业银行对社会经济、人民生活发挥着举足轻重的影响力作用，因而应当履行比一般企业更加严格和更高标准的社会道德责任。作为窗口单位，商业银行的道德责任行为对政治、经济、文化、社会乃至生态等方面的活动都起着重要的引导和示范作用。在追求商业银行服务质量提升、追求均衡充分与可持续发展、充分拥抱科技革命的大背景下，在社会对商业银行积极履行道德责任的呼声越来越高的情况下，研究商业银行如何提升社会道德责任水平以实现高质量发展是合宜的，也是必要的。

## 第二节 研究的意义

### 一、理论价值

本书是在社会主义道德体系下,以社会主义道德的一般要求对商业银行履行道德责任情况做的实证研究,主要在以下几个方面体现了理论价值。

(一)诠释道德责任,构建银行道德责任研究框架

本书指出商业银行的道德责任是商业银行在提供产品和服务、追求利润目标、创造银行价值的同时,对股东、员工、客户、业务伙伴和政府等利益相关者负责,对自然环境和社会环境负责,为实现政治、经济、文化、社会、生态等各方面可持续发展而承担的道义责任。简而言之,商业银行的道德责任就是商业银行应对其行为活动负道德方面的责任。本书将道德责任不仅仅视作商业银行的外在约束,而是作为商业银行的内在能力素质和行为规范加以研究。从国家政策、银行制度与从业人员三个层面的道德责任维度出发,比较系统的构建了商业银行道德责任研究的理论体系。本书针对商业银行道德责任进行专门研究是对现有银行社会责任理论体系与金融伦理理论体系的深化和发展。

(二)梳理道德责任,建立银行道德责任治理体系

本书立足于马克思主义历史和社会发展的视角,从商业银行的本质、社会功能与角色、社会历史关系角度梳理了商业银行的道德责任内涵和外延。通过调研数据、监管数据、行业对照数据等分析了我国商业银行履行社会道德责任的现状、经验、问题与挑战。结合习近平新时代中国特色社会主义经济思想的要求,从商业银行坚定价值准则、强化能力素质,增强动力机制,完善保障机制四个方面系统构建了我国商业银行道德责任的治理体系。

(三)完善金融伦理,丰富马克思主义金融伦理思想

雇佣劳动、压榨利润不断实现资本的增值是资本主义的本质。在新自由主义指引下的市场经济,资本最终归于集中,掌握在少数人的手里,形成垄断资本主义,加剧社会的贫富不均,违背人类文明基本的公平、正义、人道等道德准则。现有金融伦理学的研究,多从金融行业全局角度出发阐述金融伦理的地位和作用,泛举金融行业的不道德案例,概述金融伦理的治理原则等,对于金融行业某一领域,如商业银行道德责任的治理等挖掘不足。本书以马克思主义伦理思想为视域,聚焦于商业银行的道德责任问题,通过探索商业银行道德责任的养成路径、促使商业银行经营活动实现道德"人性"的回归、引导银行领导者与从业者理性思考和审慎行为,建构新的道德责任体系和银行伦理精神。在社会主义制度下,以社会主义道德体系为基准的道德责任观指导商业银行的经营管理活动,将有助于破解自由市场引发的垄断、资本集中导致的贫富差距、社会分配不均等问题。这是对以银行为主体的典型金融伦理问题的探索,也是对马克思主义金融伦理思想的丰富和发展。

## 二、现实意义

本书是社会主义道德思想在商业银行思想道德建设中的具体运用,是社会主义一般道德问题的具体化研究。罗国杰指出:"研究伦理学的目的不在于说明什么是善,而在于总结道德形成、发展的规律,提高人民的道德水平,从而为完成共产主义事业而奋斗。"[①] 本书的现实意义不仅在于明确了什么是我国商业银行的善,还在于调查分析了商业银行履行道德责任方面的问题,提出了银行道德责任养成的机制。力图通过研究在理论上达到提升商业银行道德责任水平的目的,达到以商业银行良好的道德责任素质助力国家金融安全、助力社会繁荣稳定的目的,进而实现以商业银行更高的道德责任水平引领社会各行业道德责任建设的目的。

---

① 罗国杰. 马克思主义伦理学的探索[M]. 中国人民大学出版社. 2018, P62.

(一) 明确了我国商业银行应当履行的道德责任

改革开放以来,我国商业银行呈现迅猛发展态势。在不断扩大金融对外开放、保持金融安全与稳定、依靠金融扶贫、以金融促发展等政策口号的触动下,商业银行经历着责任与权利失衡、道德迷失、道德绑架等道德价值拷问,面对着社会道德责任或大或小的迷茫。本书将商业银行的道德责任紧扣在了社会主义道德框架之下,在社会主义道德原则中去确立银行的权责关系,从政府的政策道德、银行的制度道德与从业者的个人道德三个层面审视和构建银行的道德责任体系。

(二) 实证了我国商业银行履行道德责任的现状

本书通过调研社会公众和银行从业者,提炼监管部门发布的监管数据,分析商业银行公开披露的年报数据,对比商业银行与其他行业履行社会责任的基础数据,综合实证了我国商业银行履行道德责任的现状、经验和问题,为探寻进一步提升我国商业银行社会道德责任水平的路径提供了重要参考。

(三) 构建了我国商业银行道德责任的养成机制

针对银行凸显的"道德责任迷失""道德责任淡漠""社会功能异化"等不良现象,文章提出通过坚定价值准则、强化道德教育、确保制度道德等方式来助力商业银行良好道德责任的养成,通过提升商业银行履行道德责任的动力、能力和保障来系统的构建商业银行道德责任的养成机制。

## 第三节 思路、方法与创新

一、研究的思路与方法

(一) 研究的思路

本书对我国商业银行道德责任展开专门的研究,重点围绕习近平新时代中国特色社会主义时代背景下,我国商业银行应当对谁负责、负什么责、如何负责等道德责任问题进行阐述。在研究思路上参考了新伦理学道德行为的研究①，形成了商业银行履行道德责任的价值推演过程。

前提一：商业银行的道德目的如何（价值目标）

前提二：商业银行的优良道德规范（道德标准）

结论一：商业银行的行为应该如何（道德判断）

结论二：商业银行的行为事实如何（评价反馈）

结论三：商业银行的行为改善路径（反思成长）

具体的研究路径是对以下问题的逐一解答，具体思路方法如图1-1所示。

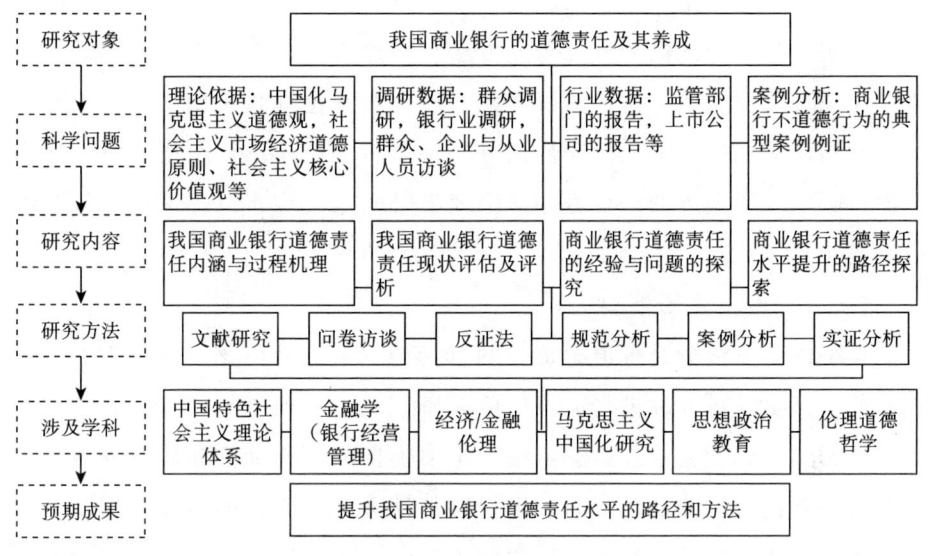

图1-1 研究路径与方法

问题1：什么是我国商业银行的道德责任（研究的是什么）

问题2：我国商业银行履行道德责任的理论依据（道德目的）

问题3：我国商业银行有哪些道德责任，构成和特点如何（行为应当）

问题4：我国商业银行履行道德责任的现实状况如何（行为事实）

问题5：我国商业银行履行道德责任的经验、问题与挑战如何（现实

---

① 王海明．新伦理学原理［M］．商务印书馆．2017年8月，P6．

状况）

问题 6：我国商业银行道德责任养成机制有哪些（改善路径）

本书将商业银行的道德责任明确在社会主义道德思想框架之下，通过梳理商业银行行为与社会主义道德的密切联系，实证我国商业银行履行社会道德责任的水平、经验与问题，探索商业银行突破现有道德责任水平瓶颈的路径方法，构建商业银行道德责任养成的若干机制，以期实现商业银行更好履行道德责任的目的。

（二）研究的方法

本书以马克思主义伦理思想为基本依据，综合运用了文献研究、问卷访谈、规范分析和案例分析等研究方法。具体而言，本书主要参考了马克思主义伦理思想经典著作、银行经营管理和金融伦理相关的文献；编写了问卷和访谈提纲进行了调研和数据分析；采写了商业银行道德失范的诸多案例；吸取了罗国杰的马克思主义伦理学研究范式和新伦理学道德行为的研究逻辑。

（三）研究的逻辑框架

本书以商业银行履行道德责任的行为依据、行为应该、行为事实、道德判断与评价、行为改进与道德价值为研究主线，如图 1-2 所示。首先，本书提出马克思主义伦理学、传统文化中优良的道德标准和西方发达国家社会责任理论与实践是我国商业银行履行社会道德责任的重要依据；结合行为依据，我们推导出商业银行的行为应该。接着通过第四章调研与实证数据得出我国商业银行道德责任方面的行为事实，并对照行为应该。得出我国商业银行履行社会道德责任方面的经验、问题与不足。随后分析了商业银行在履行道德责任方面的现实问题与挑战，最终提出了行为改进，形成了我国商业银行社会道德责任水平进一步提升的路径。

二、研究的内容与创新

（一）研究的内容

本书以我国商业银行的道德责任为研究对象，以我国商业银行社会道

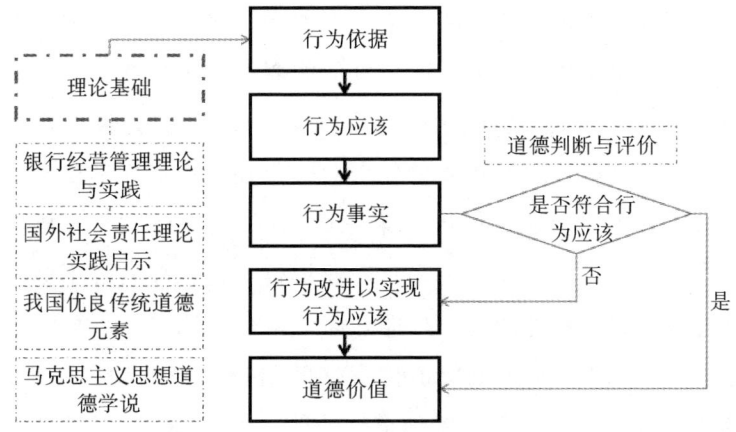

图 1-2 研究的逻辑框架

德责任的理论依据、商业银行道德责任的内涵、商业银行履行道德责任的现状、商业银行履行社会道德责任方面的经验与问题、商业银行社会道德责任水平提升路径等为主要研究内容。比较系统地论述了我国商业银行道德责任是什么、现状如何、有哪些经验、存在哪些问题、如何改善等问题。

(二) 主要创新点

第一,选题和内容上的创新。研究的选题和内容突破了现有文献多关注于商业银行道德风险、商业银行社会责任和商业银行从业人员职业道德的研究,却极少有专门对中国特色社会主义制度下商业银行履行道德责任问题的研究。本书对我国商业银行的"行为应该"进行系统的论述是对现有研究的拓展和深化。结合理论与实践,本书明确提出我国商业银行的经营管理活动应以马克思主义伦理思想为指导,充分体现社会主义道德的要求。

第二,文章实证了我国商业银行履行道德责任的现状、经验与问题(第四章);审视了我国商业银行近年来的经营活动与马克思主义道德观、社会主义道德观和共产主义道德理想之间的一致性与差异性(第五章);提出了通过夯实价值准则,提高动力、强化能力和完善保障四个方面来共同保障商业银行道德责任的养成(第六章)。

第三，研究得出了一些新的结论、观点和主张。一是我国商业银行作为国家的核心金融机构，对社会道德责任的履行尚未发挥出与其政治、经济与社会地位相称的道德引领示范作用（第四章）；二是商业银行向着网络化、智能化、高质量发展转型过程中，履行好道德责任不仅要成为价值追求更要进入其顶层和底层设计（第三章）；三是深化改革开放以充分发挥市场效力，强化党的领导以实现对商业银行的道德监管，不断实现履行道德责任与增进银行利益的统一是提升商业银行道德责任水平的关键（第四章，第五章）；四是商业银行道德责任的治理应上升到国家战略高度，实现对商业银行从合规监管拓展到道德监管（第六章）；五是商业银行道德责任水平的提升对社会主义道德文明建设具有提纲挈领的传导示范效用（第一章）。

（三）研究的不足

本书将商业银行道德责任紧扣在社会主义道德思想框架之下，审视了我国商业银行近年来的行为活动与马克思主义道德观、社会主义道德观和共产主义道德理想之间的一致性与差异性，实证了我国商业银行履行社会道德责任的现状、经验与问题，探索了商业银行道德责任养成的路径方法。本书虽然思路清晰，内容丰富但尚存在以下不足：

第一，受到篇幅限制，文章对于商业银行道德责任的提升是如何在社会主义道德建设中发挥传导示范效应的论述不充分。

第二，囿于认知实践的有限性，对于商业银行如何更好地实现"义利统一"的论述不够深刻有力，对于如何实现道德监管的论述也还比较浅薄。

第三，困于对思想道德教育理论与实践掌握不够充分，因此提出的道德责任养成机制只是比较粗略的框架，有待于作更有针对性的探索。

## 第四节　国内外研究现状与述评

### 一、国内外研究概况

#### （一）国内研究现状

总览我国商业银行道德责任研究的相关文献，已有文献多是论述商业银行的社会责任和道德风险，少数的报刊和杂志有从不同角度对商业银行道德责任问题发表见解。目前未能搜寻到针对我国商业银行道德责任的全面系统的研究成果。

商业银行道德责任的论述属金融伦理的子项，与金融伦理学同属于经济伦理学范畴。对金融伦理的研究兴起于20世纪末，历经30年的研究与探索，初步形成了金融伦理学的框架体系，然而对于一门新兴的快速发展的科学而言，较短时间的研究无疑都是基础性的。正如杨涛（2016）所言"金融伦理学仍处于萌芽阶段，还没有形成自己的研究范式和特定的研究方法，学界对金融伦理学的研究范畴也存在不同的观点，有学者从伦理的视角审视金融伦理的利益相关者应遵守何种伦理规范，也有学者从实现金融市场效率的视角研究金融伦理。"① 单玉华（2016）总结，认为"国内学者已经对金融伦理研究的重要性、学科概念、研究对象等基本理论问题进行了不同程度的探讨，对金融伦理研究的重要性、金融活动中法律调节和伦理调节的关系等问题达成了相对一致的认识。但由于金融伦理研究成果仍比较单薄，研究中某些基础层面的理论问题如金融伦理的概念、内在关系、基本原则等，在论证的准确性、系统性方面还存在较大的待完善空间。"② 在研究方向上，陆晓禾（2016）发现，"在金融危机后，金融伦理研究方向和研究重点发生改变，突出了对金融信用、金融监管、金融人的

---

① 吴楠. 金融伦理研究要克服"两层皮"现象［N］. 中国社会科学报. 2016-08-01.
② 同上.

美德建设等方面的研究。"① 丁瑞莲认为，金融学与伦理学可以通过两条路径进行融合，"一是从金融学到伦理学的内生进路，着重从知识论意义上揭示金融本身蕴含的伦理特质和伦理关系，包括深度解析货币信用金融理论、数理金融理论、行为金融理论等理论形态的伦理内核，探寻金融制度设计、运行和评价的伦理标准，揭示金融市场运行和监管的伦理支点，拓展金融机构治理的伦理维度；二是从伦理学到金融学的外生进路，着重从价值论意义上探寻在具体金融活动中协调利益冲突所应遵循的伦理理念、伦理原则和伦理规范。"② 以上学者的判断，为本书提供了研究基础和路径参考。

对于商业银行社会道德的研究，现有文献有涉及商业银行的伦理道德原则、商业银行伦理失范原因分析、伦理对商业银行竞争力提升机理的研究和论述。如王曙光在《金融伦理学》著述中，就从商业银行的性质和职能出发，探讨了商业银行稳健与谨慎、珍视信誉与诚信、责任投资三大基本伦理原则，分析了商业银行信贷中的公平与歧视问题、商业银行腐败问题。对于商业银行信贷的歧视问题，他总结为种族与人群歧视、地区性歧视。他认为，"商业银行经营管理还面临环境与社会风险，具体体现为信贷风险、责任风险、合规风险和声誉风险。"③ 在他的研究中，比较系统的框定了商业银行的道德原则，指出公平与歧视是商业银行典型的社会道德问题，他通过阐述商业银行的环境与社会风险，反衬加强商业银行道德建设的重要性。

关于商业银行道德经营的路径研究，王家智撰文指出，"在商业银行的经营实践中，应建立企业行为的伦理导向机制，加强对员工的伦理教育和业务培训，使员工成为业务能手的同时心怀对社会的责任，应树立'信、利、礼、义'的基本观念，确立'以人为本、诚信经营'的基本原

---

① 吴楠. 金融伦理研究要克服"两层皮"现象 [N]. 中国社会科学报. 2016-08-01.
② 潘玥斐. 金融伦理学为金融业发展护航 [N]. 中国社会科学报. 2015-12-11, 002版.
③ 王曙光. 金融伦理学 [M]. 北京大学出版社. 2011年8月, P113-114, P101-109.

则,加强员工的职业道德修养,以伦理的基本理念引导企业的发展方向。"[1] 在其博士论文中进一步提出构建现代商业银行伦理的五条原则,即:诚信原则、效率原则、公平原则、以人为本的经营理念原则、国家利益优先原则。卿定文围绕金融伦理对商业银行核心竞争力的提升机制展开了研究。他论述了金融伦理对商业银行核心竞争力提升的三个机制[2]:一是嵌入机制,即是将商业银行及其员工价值观念、道德观念提升至符合金融伦理的要求,或者将员工存在的多元价值观念、不同层次和程度认识的价值观与道德观,转化为一元价值观;二是屏障机制,即通过金融伦理的作用,将自身的核心竞争优势通过其员工、产品与服务、信息与信息技术、经验等组成要素屏障起来,形成不易被竞争对手模仿并有自身独特特色的核心竞争力;三是认同机制,即借助金融伦理来提升商业银行的社会美誉度,提升消费者的认知度,进而提升商业银行的核心竞争力。

对于商业银行社会道德失范的原因分析,束兰根、於亮认为当银行无法满足员工的需要或员工对银行提供的条件不满足时,员工就会采取不正当的手段满足其需要。如非法占有公司财务、业务操作中营私舞弊违规操作、挪用客户资金、以贷谋私、非法从事第二职业、不正常跳槽、泄露商业秘密等。[3] 同时指出,商业银行的道德风险涉及决策层、管理层和经营层的风险。对于道德风险的防范,提出了以人为本,"法治""德治"并重;强化商业银行从业人员自省和慎独的引导等提升从业人员职业道德的风险防范办法。在具体操作层面,提出了从制度防范、技术防范、重点防范和骨干防范来构建道德风险防范体系。徐孟洲、杨晖研究了金融具体的功能、金融功能异化表现及异化生成的原因,主张利用金融法来矫治金融功能的异化。[4]

---

[1] 王家智. 商业银行伦理失范行为分析及预防对策 [J]. 商业银行. 2006 (22), P57-58.
[2] 卿定文. 金融伦理对商业银行核心竞争力的提升机制研究 [J]. 求索. 2008 (11), P26-28.
[3] 束兰根,於亮. 商业银行道德风险形成机制及防范路径 [J]. 新金融. 2005 (4), P33-36.
[4] 徐孟洲,杨晖. 金融功能异化的金融法矫治 [J]. 法学家. 2010 (10), P102-113.

在商业银行道德实践方面的研究，邓雪莉将商业银行的社会道德问题纳入金融职业道德的研究，对爱岗敬业、优质客服、团结协作等金融职业道德做了论述和梳理，从职业道德视角窥视商业银行的伦理道德问题①；郭田勇、丁潇将商业银行的社会道德问题纳入普惠金融的研究，从银行服务的视角采用面板数据进行实证分析，得出我国普惠金融发展水平与国际相比，在金融科技、信贷可得性方面存在很大的差距，其中农村地区金融与世界金融的差距尤其明显；经济发展水平、金融意识和信贷资源价格是影响各个国家普惠金融发展的共同因素等结论，试图通过普惠金融的研究达到消除贫困、实现社会公平的道德目的。②

对商业银行履行道德责任必要性的研究，白钦先、主父海英认为金融的功能有正向的功能和负向的功能，必要的引导、监督和保障条件是金融发挥正向功能的关键；反之，自由放任则会出现负向功能③。金融行业正、负功能取决于是否以道德责任的良知引领行业制度法规的订立和金融企业的行为；丁瑞莲认为，金融伦理学研究有利于从促进金融、经济、社会和生态协调发展的高度提升我国金融活动的伦理品格，主张从金融自身的运行规律出发，探寻伦理理念、伦理原则和伦理规范在金融实践中的适用性问题，倡导通过开展对金融机构伦理治理的研究来强化国家和金融机构的金融治理能力。"现代金融制度的设计、金融机构的治理和金融主体的利益协调等都需要核心价值观的指引，金融职业行为更需要日趋严格和详细的伦理规范来约束。"④

此外，唐凯麟、陈世民则从金融危机的视角，去反思银行乃至整个金融行业的社会道德问题。对于近现代以来的金融危机，他们提出"金融危

---

① 邓雪莉. 从金融职业礼仪教育谈高职高专金融专业学生职业精神养成 [J]. 山西财政税务专科学校学报. 2015（10），P71 - 74.

② 郭田勇，丁潇. 普惠金融的国际比较研究——基于银行服务的视角 [J]. 国际金融研究. 2015（02），P55 - 63.

③ 白钦先，主父海英. 功能观视角下"金融地位"问题研究 [J]. 金融理论与实践. 2009（10），P3 - 9.

④ 潘玥斐. 金融伦理学为金融业发展护航 [N]. 中国社会科学报. 2015 - 12 - 11，002 版.

机既是金融的危机,也是价值的危机、文化的危机、哲学的危机。危机中所表现出的社会信用恶化、市场混乱、信息不对称、道德风险等,体现了经济伦理在资本管理者思想行为中的淡漠和缺失,其根源在于长期以来,主导西方经济政策的所谓自由主义市场意识形态导致发展生产、创造财富的行为丧失了对人和人类命运的终极关怀。很大程度上说,金融危机是价值理念和责任的危机。"① 梅世云对2007年次贷危机爆发原因的评述"正是金融资本在无节制的贪欲驱动下的疯狂和冒险行为,导致了美国金融危机的爆发。"② 对此,郭建新提出"危机的应对应当从金融信用领域,尤其是金融信用领域内的道德建设入手,不断优化金融市场道德环境,健全金融信用伦理管理体系,营造金融企业伦理文化。"③

(二) 国外研究现状

在国际上,以下学者对于商业银行社会责任与金融伦理问题有重要论述。美国鹿特丹大学Aloy Soppe指出,"今天的金融业占据着市场主导地位,它不是服务于实体经济,而是透过银行等金融机构的压力释放,以金融利润来驱动经济增长,这给金融业道德治理带来严峻挑战。"④他认为,金融部门需要更坚实的道德基础,以防止危机被重复。

在展开金融伦理研究的必要性方面。艾伦·格林斯潘在反思次贷危机的成因时说:"我错误地认为,体制性的自利,具体来说尤其是银行和其他机构的自利,足以让它们能够最好地保护它们自己的股东和它们在公司的利益。"⑤ 事实上,资本主义倡导的自利制度不仅没能有效地保护,反而纵容了资本贪婪的本性,周期性地带给世界人民金融危机的苦难。次贷危机的爆发,再一次印证了索罗斯的言论。索罗斯(1998)曾承认,"资本

---

① 唐凯麟,陈世民. 经济和人文脱节的不良后果——全球金融危机的伦理审视 [J]. 哲学研究. 2009 (5), P111-116.
② 梅世云. 论金融道德风险 [M]. 北京:中国金融出版社,2010 (1), P369.
③ 郭建新. 论金融信用与伦理责任 [J]. 财贸经济. 2010 (8), P26-30.
④ (美) Aloy Soppe. New Financial Ethics: A Normative Approach [M]. University in Rotterdam, Netherlands. 2016.
⑤ (美) 艾伦·格林斯潘 (Alan Greenspan),在美国众议院听证会上的讲话记录. 2008年10月23日.

主义体系自身并没有显示出走向均衡的趋势"①。这是由资本追求利益最大化的本性决定的,也是奉行利益至上的资本主义无法回避的制度缺陷。比莫·普罗德安倡导在金融领域形成一种社会导向,通过强化人们对道德责任的认知和对道德选择的能力来达成防范金融风险的目的②。

在对金融机构社会道德责任问题的研究方面。Aloy Soppe 选定了七个标准:公平性、自然性、可持续性、合法性、风险和收益,利益相关者模型和一元论进行金融机构伦理道德建模的研究。③ 博罗代尔指出:"货币是在本国和国外剥削他人的一种手段,是加剧剥削的一种方式,是通过操纵一个社会的价值系统来谋利的一种特殊工具。"④ 他在很大程度上认定了商业银行剥削盈利的手段,从商业银行资本流向资本家、垄断企业而不是普通民众,加剧社会贫富差距的角度来看,博罗代尔是合宜的,尤其在追求共同富裕的社会主义中国而言,无疑是更加正确的。博特赖特认为,"金融市场规则的总目标是建立'公平有序的市场',或者确立'公正的交易原则'。这个总目标既包括经济价值上的效益,也包括伦理意义上的公平。""个人投资者和社会成员受到的金融市场运作不公平对待的方式很多,市场欺诈和操纵、信息不对称和不平等的谈判力量以及无效定价是最普遍的不公平方式。""只有当人们对(金融)市场的公平性具有信心的时候,市场才是真正有效的。有效性本身就是一种伦理价值,公平作为效率这个目的的一种手段,其本身也具有伦理价值。"

## 二、研究现状的述评

综合来看,现有研究对于金融伦理、金融职业道德、金融从业人员礼

---

① 童世骏. 资本的"文明化趋势"及其内在限制 [J]. 学术月刊. 2006 年第 10 期,P19 - 24.

② (英) 安德里斯·R. 普林多,比莫·普罗德安 (著). 韦正翔译. 金融领域中的伦理冲突 [M]. 社会科学出版社. 2002,P19.

③ (美) Aloy Soppe. New Financial Ethics:A Normative Approach [M]. Universityin Rotterdam, Netherlands. 2016.

④ (美) 博特赖特. 金融伦理学 [M]. 北京大学出版社. 2002 年 9 月第 1 版,P32,P35,P139.

仪与道德等选题有较多的关注，也有比较丰富的著作，尤其是次贷危机过后，涌现出了一大批对次贷危机形成原因及因此折射出金融伦理道德问题的研究著述。在已有成果中，关于"金融资本无节制的贪欲和疯狂的冒险行为，导致了美国金融危机的爆发（梅世云）""金融危机不仅是金融的危机，也是价值的危机、文化的危机、哲学的危机（唐凯麟，陈世民）""资本的拥有者总是寻求其利润的最大化，资本的自行其是必将积累风险直至局面失衡（索罗斯）""货币（资本）是在本国和国外剥削他人的一种手段，是加剧剥削的一种方式，是通过操纵一个社会的价值系统来谋利的一种特殊工具（博罗代尔）"等观点构成了作者研究商业银行道德责任的基础。

不过，国内外已有研究多集中于阐述金融危机的缘由、强调金融伦理的重要性，探索金融行业的道德维度与评价指标，研究关注的点比较分散。对于商业银行伦理道德的研究尚处于银行伦理原则、伦理关系、职业道德方面的探索；对于商业银行道德责任的探索缺乏系统的、专门的研究，尤其是在社会主义道德框架下来分析商业银行道德责任的研究显得匮乏；对于商业银行履行道德责任的现状缺乏案例研究和有效的数据支持；对于商业银行道德责任失范的原因分析显得薄弱且缺乏理论深度；对于商业银行道德责任养成机制的研究显得不足。

本书在充分汲取已有研究成果的过程中，注意到了对我国商业银行道德责任存在系统性、专门性研究不足的问题。本书通过对商业行业道德责任水平的调查结果显示，我国商业银行道德责任水平虽居于较好水平，但成绩的取得主要是靠政府引导和政策监管推动达成的，商业银行履行社会道德责任存在主动性缺失、内生动力不足，履行社会道德责任的能力和保障机制有待完善等问题。本书结合习近平新时代中国特色社会主义思想关于发展的要求，总结了商业银行存在的社会功能异化等道德责任问题，梳理了商业银行道德责任水平提升的系统性方案。

总之，作为影响国民经济命脉的核心金融机构——商业银行，对其履行道德责任的行为依据、现状、经验、问题及其改善进行专门研究是本书应有之意。

# 第一章　核心概念与论题界定

本书以我国商业银行道德责任为研究对象，决定了是对中国特色社会主义制度下商业银行履行道德责任情况的研究。本章将商业银行道德责任界定到了社会主义道德思想框架之下，主要梳理了道德责任的相关概念，具体描述了商业银行道德责任的主要内涵，大致阐释了商业银行道德责任的生产逻辑。

## 第一节　道德责任及相关概念

一、道德、责任

（一）道德

一般而言，道德被认为是人们共同生活及其行为的准则和规范。究其定义，道德是以善恶评价为形式，依靠社会舆论、传统习俗和内心信念用以调节人际关系的心理意识、原则规划、行为活动的总和，它包括道德意识、道德规范和道德实践，是社会意识形态之一[①]。简而言之，道德是调节人与人、人与社会之间关系的行为规范的总和，是衡量人们行为正当性的观念和标准。就社会而言，道德是社会秩序的根本要素，普遍存在于一切社会关系中。道德规范缺失，社会的稳定、和谐与发展都会受到影响；就个体来说，道德自由才是行为主体真正的自由，没有道德规范作为依

---

① 朱贻庭主编. 伦理学大辞典［M］. 上海辞书出版社. 2011, P14.

据，行为主体在思想认识和行为上就可能出现偏差，侵害到他人或社会的权益，最终损害到自身的权益和自由。

从本质上看，第一，道德是人类劳动的产物。生产劳动创造了人类社会，同时也创造出了道德需要。"在社会发展到某个很早的阶段，产生了这样一种需要：把每天重复着的产品生产、分配和交换用一个共同规则束缚起来，借以使个人服从生产和交换的共同条件。"① 这里的共同规则和习惯，正是道德的原始形态。第二，道德是社会关系的结晶。"人的本质不是单个人所固有的抽象物，在其现实性上，它是一切社会关系的总和。"② 简而言之，人是一切社会关系的总和。人的社会存在决定了人与社会（主要指人与人）无法割裂、千丝万缕的联系。在社会关系的包围和缠绕下，不可避免地会发生矛盾与冲突，就需要有缓和、规范、调节的机制。这正是道德产生的源泉，没有社会关系的激荡，就没有道德璀璨的结晶。第三，道德是重要的社会意识形态。它以善、恶作为评价标准，借助于社会舆论、风俗习惯和主体内心的信念，调节着人们的思想意识和行为。道德作为一种行为规范，约束着人们最基本的行为，促使人们对自己和他人的言行，在是与非、善与恶、公正与偏私、荣誉与耻辱等方面做出选择和判断。道德由道德意识、道德规范和道德实践三部分构成，是一种重要且必要的社会意识形态。

对于道德的认识，历代先哲已多有深刻论述。康德把人的道德行为分为三种，分别是"真正的道德""名义上的道德"和"道德的假象"，他认为唯有真正的道德才是崇高的。真正的道德是建立在普遍原则上的，而且是这些原则越普遍，那德行也就越高。这些普遍原则包括"对整个人类的责任心""公平正义""普遍义务"和"善良意志"等。黑格尔在著作《历史哲学》中说："人类绝对的和崇高的使命，就在于他知道什么是善和什么是恶，他的使命便是他的鉴别善恶的能力。总而言之，人类对于道德

---

① 马克思恩格斯选集（第2版）第3卷［M］. 人民出版社. 1995，P211.
② 马克思恩格斯选集（第2版）第1卷［M］. 人民出版社. 1995，P56.

要负责的，不但对恶要负责，对善也要负责；不仅对于一个特殊事物负责，对于一切事物负责，而且对于附属于他的个人自由的善和恶也要负责。"① 在黑格尔的严格思辨中，他将"道德"视为一种"主观意志的法"，是人的自由意志在内心的实现，人类活动中鉴别善恶和对善恶负责的过程，就是道德实践的过程。

马克思、恩格斯则将道德纳入社会意识形态范畴。马克思指出"道德的基础是人类精神的自律。"② 恩格斯则强调"人们总是从他们阶级地位所依附的实际关系，即生产和交换的经济关系中，形成自己的伦理观念。"③ 在大卫·休谟看来道德是一种情感，是人类共有的某种情感。"这种情感使同一对象能得到普遍的赞成或反对，使每一个人或大多数人都对他有一致的意见和判断。这种情感使人的活动和行动（即使这些人是非常遥远的）会因为是否符合既定的正当性准则而成为赞成或谴责的对象。"④ 爱因斯坦把道德视为价值准则和价值追求，提出"人的最有价值的努力是为我们行为的道德化而奋斗。我们内心的平衡，甚至我们的生存本身都取决于道德，唯有我们行为的道德化才能赋予生命以美好和尊严。"⑤

综合来看，道德具有以下特点：一是道德是社会意识形态，随着社会经济的发展变化而变化；二是道德是社会主体（含企业）无法回避的客观存在且沐浴其中；三是良好的社会道德形态有助于促进社会经济的稳健发展；四是道德作为意识形态的工具本身之外，还作为一种价值追求，成为人们内心平和、创造幸福、赢得尊严的基础。道德的特点表明道德判断的对象是以人的行为或以人所掌控的对象的行为，即有意识有目的的行动为判断对象。

（二）责任

1. 责任的概念

---

① （德）黑格尔. 历史哲学. 王造时译. 上海书店出版社. 2001，P34.
② 马克思. 评普鲁士最近的书报检查令. 1842年1月15日.
③ 马克思恩格斯文集（第9卷）[M]. 人民出版社. 2009，P99.
④ David Hume, The letters of David Hume, 2 Volumes, edited by greig, London, 1932, P272.
⑤ Winokur Mark. Einstein: A Portrait [M]. California: Pomegranate Artbooks, 1984, P92.

责任概念始于古汉语中的"责"的概念。"责"在古汉语中大致有六中含义：（1）求、索取；（2）谴责、非难；（3）责罚、处罚；（4）要求、督促；（5）义务、责任、负责；（6）债。近代以来，责任主要指人在与社会和自然互动的关系中形成的一种基本而普遍的伦理规范。责任主要包含两重内涵：一是应当担当的与其社会角色或主体身份相应的义务；二是对未担当好相应的义务及其行为后果的承担。康德认为，责任是一个具有特定内容的概念，"它对人们的行动起着立法的作用，这种作用以定言命令来表示。定言命令包含着全部责任原则。"① 在康德看来，非功利、非个人、无条件的绝对命令正好反映了责任的威严和崇高，"责任啊！好一个崇高伟大的名称。你丝毫不取悦于人，丝毫不奉承人，而要求人们服从，但也决不以任何令人自然生厌生畏的东西来威胁，以促动人的意志，而只是树立起一条法则，这条法则自动进入心灵，甚至还赢得不情愿的尊重……"② 康德认为，责任是人之为人的基本特征，是一切道德行为的评价标准，是人的善良意志的集中体现。"责任概念的核心在于对'为何那样做'的问题，总是可以给出相应的答案。"③ 可以说，责任的存在不仅是一种应然，更是一种必然。

现代意义上的责任还体现为一种伦理思想，是随着欧美民族国家的建立、资本主义经济的发展、启蒙运动后欧美思想的大解放以及民族国家和教会争夺教育权的斗争而兴起和发展起来的一种伦理思想。④ 它伴随着公民对于自由、平等、民主和权利认识实践的不断扩大而变得丰富和完善。包尔生认为，责任即"为了解决不同的生活问题而确立的有目的的行为类型。它们有助于保存创造它们的社会整体，有助于作为整体成员的个体的正常发展。"⑤ 谢军认为，责任是由一个人的资格（作为人的资格或人的角

---

① （德）康德. 道德形而上学原理［M］. 苗力田译. 上海人民出版社. 1986，P16.
② （德）康德. 道德形而上学原理［M］. 苗力田译. 上海人民出版社. 2002，P43.
③ （德）康德. 道德形而上学原理［M］. 苗力田译. 上海人民出版社. 1986，P9.
④ 陈思坤. 公民的道德责任研究［D］. 郑州大学. 2013，P4.
⑤ （德）包尔生著. 何怀宏，廖申白译. 伦理学体系［M］. 中国社会科学出版社. 1988，P296.

色的资格）和能力所赋予的，并与此相适应的完成某些任务以及承担相应后果的法律的和道德的要求①。郭金鸿将责任的主体拓展到了团体，提出责任是由一个人或一个团体的资格所赋予并从事与此相适应的某种活动、完成某些任务以及承担相应后果的要求，也即是对他人、社会、团体组织的应答，以及作出或没有作出合理回应所应得的赞赏或责罚②。

简而言之，责任就是行为主体因为承担一定的社会角色而对相应的社会行为要求的体认并付诸行动以及对行为后果的承担。

2. 责任的性质

（1）责任是对行为主体社会性存在的基本规定。行为主体总是要在社会中占据一个位置的，社会也因此对处于某一位置上的主体抱以某种期望。这种期望或是有形的，以制度文件或契约的方式给予明确规定；或是无形的，以社会舆论、道德规范等方式产生一种柔性约束，行为主体对这种约束的内在体察和践行就是责任。责任的担当不仅涉及过去、现在和未来，而且关乎人本身的自由全面发展，还关系人与人、与社会、人与自然的和谐可持续发展。从某种程度上说，责任是道德体系中处于最高层次的道德规范。

（2）责任是行为主体对于社会规定性的自由体认与践行。赵文静将责任总结为"个体因为承担一定的社会角色而对相应的社会行为要求的体认并付诸行动，以及对行为相应后果的承担。"③ 对此，作者认为责任不应仅限于个体的体认。行为主体没有意识到责任的存在，其责任也是客观的。程东峰将责任界定为"责任是行为主体对在特定社会关系中定在任务的自由确认和自觉服从。"④ 行为主体的自由确认和自觉服从显得极其重要，无论行为主体的体认与服从程度如何，行为主体的责任是客观存在的。责任既是自律的，也是他律的。

---

① 谢军. 责任论 [M]. 上海人民出版社. 2007，P28.
② 郭金鸿. 道德责任论 [M]. 人民出版社. 2008，P41.
③ 赵文静. 学校道德责任教育研究 [D]. 山东师范大学. 2008，P23.
④ 程东峰. 责任论 [M]. 中国林业出版社. 1994，P15.

（3）责任是一种能力、一种品格、一种精神。第一，责任是一种能力。责任的判断是建立在行为主体有意志和行为自由的基础上。即需要有认知、意志与行为自由的能力。第二，责任是一种品格。"天下兴亡，匹夫有责"强调的是对民族的责任，"童叟无欺"体现了诚信经营的责任。行为主体承担起应该承担的责任，家国才能安定、社会才能有序、企业才能发展。第三，责任是一种精神。责任一直是人类精神的血脉，是贤达之士和平常百姓修身立世之本。在我国，从道家的"以道为源，以德为先"到儒家"修身、齐家、治国、平天下"的责任思想，从"以德配天"对于神灵的敬畏到"利益是道德责任的基础"，从责任心的强调到责任制度的完善，均显示出中国传统文化责任思想的博大和延绵不断。在西方，亚里士多德把德性看作责任履行的基础，认为"德性既然是关于情感和行为的，那么，对那些自愿行为就应该称赞或责备，对那些非自愿的就应该宽恕，有时候甚至应该怜悯……这对立法者进行嘉奖和处罚时也有用处。"① 他提出一个人在对他的品质负有责任的同时，也应对其善的观念负有责任，他强调"如果一个人对自己的善观念不负有责任，就没有人对他所做的恶负有责任"②。西塞罗在其《论责任》中提出任何的生活都是负有责任的，"因为任何一种生活……都不可能没有其道德责任；因为生活中一切有德之事均由履行这种责任而出，而一切无行之事皆因忽视这种责任所致。"③

3. **责任的内涵**

对于责任的内涵，谢军认为应至少包含，即分内应做的事（应尽的责任）和没有做好分内应做的事而必须承担的过失或责罚（应追究的责任）④。郭金鸿将责任分解为三种构成：一是责任主体的分内应做之事（尽

---

① （古希腊）亚里士多德. 尼各马科伦理学 [M]. 苗力田译. 中国社会科学出版社. 1990，P41.
② （古希腊）亚里士多德. 尼各马科伦理学 [M]. 廖申白译. 商务印书馆. 2003，P75.
③ （古罗马）西塞罗. 西塞罗三论——老年、友谊、责任 [M]. 徐奕春译. 商务印书馆. 1998，P91.
④ 谢军. 责任论 [M]. 上海人民出版社. 2007，P28.

责的过程);二是责任主体没有做好分内之事应受的谴责和制裁(问责的过程);三是对责任主体行为的评价(责任评价的过程)。张文显从法理上对责任进行剖析,认为从法学意义上来解释,责任包含关系责任和方式责任两个方面。前者指一方主体基于与他方主体的某种关系而负有的责任,可理解为义务;后者为负有关系责任的主体不履行其相应责任所应承担的后果。① 汉斯·伦克(Hans Lenk)将责任视由多种因素和关系构成的复杂结构,认为责任内涵至少包含五要素,即:一是某人(行为、责任主体);二是为了某事(行为对象及行为结果);三是对谁负责(利益相关主体);四是根据什么标准负责;五是在多大范围内负责。②

对于责任的概念和内涵,虽然有不同的表述但反映着以下共识:第一,责任隐含着行为尽责、问责、评价等过程。尽责是主体应尽的义务,问责是对后果赞赏、褒奖或谴责、处罚,问责是对某种行为后果的负担,是一种应当的承担。现实生活中的问责更多的应用于对过错的谴责和处罚;评价体现为社会对行为主体道德品质的判断,责任评价中的责任概念是人类社会发展进步中的行为规范之一。例如,这是一家负责任的商业银行。责任尽责、问责、评价的过程是促使行为主体实现道德化的重要手段。第二,责任的基本前提是责任主体的自由选择,即行为主体的确做出了某种行为,而且这种行为是自由确认、自主实施的。倘若主体没有选择的自由,则不用为其无法左右的行为负责。如商业银行贷款基准利率是中央银行定下的,所以商业银行对于基准利率或高或低的问题不负有责任。第三,责任包括外在责任和内在责任,分别反映了社会对行为主体的要求以及行为主体对自我的要求。责任既是他律的也是自律的,外在责任与内在责任的一致性是和谐的基础,他们统一于实践,即道德价值的实现。行为主体的价值和贡献在于履行好责任。主体的道德意识由内在自律与外在他律相互作用中生成,这个主体,既包括个人,也包括组织机构。

---

① 张文显. 法理学 [M]. 法律出版社. 2007,P59.
② 陈思坤. 公民的道德责任研究 [D]. 郑州大学. 2013,P5.

此外，责任在日常生活中经常与义务交替使用。但从二者各自的旨趣而言，责任和义务还是有着严格而细致的区分。从语义上辨析：责任是一种对行为后果的承受，或者说是对不履行义务的行为的惩罚，责任含有承担过失惩罚的意思，义务则没有这一规定。义务作为社会关系中一种客观强制性的体现，主要有三种含义：一是法律规定的应尽的责任；二是道德规范的应尽的责任；三是不要报酬的。因此，我们可以简单概述为：责任是相应义务没有得到履行的后果。

## 二、道德责任

对于道德责任的概念，罗国杰定义为"道德责任是从道德上意识到的对他人、对社会的道德义务、道德使命。道德责任本质上是对外在的道德义务的内心认同。"① 冯契认为"道德责任（Moral Responsibility）是人们对自己行为的过失及其不良后果在道义上所承担的责任。在西方伦理学史上，与人的意志有无自由的问题密切相关。"② 陆传照认为"道德责任是道德规范体系的基础，是道德活动的中心，道德评价、道德教育围绕道德责任而展开，道德活动过程是使客观责任转变为个体自觉责任意识的过程，是形成个体道德责任感和道德自我评价能力的过程。离开道德责任的道德活动是抽象的、没有实效的。"③

康德认为"每一个在道德上有价值的人，都要有所承担，不负任何责任的东西，不是人而是物。"④ 进而认为，只有出于责任的行为才能让人获得自身固有的道德价值。"一种行为只有是出于责任，以责任为动机，才有道德价值。仅仅是其结果合乎责任、与责任的戒律相符合，而以爱好和其他什么个人目的为动机的行为，则无多大道德价值，甚至于完全没有道德价值。"⑤ 他强调人应该为自己的行为可预见的后果负责。并按照责任对

---

① 罗国杰. 中国伦理学百科全书 [Z]. 吉林人民出版社. 1993，P341-342.
② 冯契主编. 哲学大辞典 [M]. 上海辞书出版社. 1992，P1608.
③ 陆传照. 道德责任在道德建设中的作用 [J]. 现代哲学，2000（1），P67-70.
④ （德）康德. 道德形而上学原理 [M]. 苗力田译. 上海人民出版社. 1986，P6.
⑤ （德）康德. 道德形而上学原理 [M]. 苗力田译. 上海人民出版社. 1986，P8.

象及其约束程度对责任进行了分类:"一是按照责任对象的不同,将责任划分为对自己的责任和对他人的责任;二是按责任约束程度的不同,将责任划分为完全的责任和不完全的责任。这样相互搭配便形成了责任的四种形式,即对自己的完全责任,对自己的不完全责任,对他人的完全责任和对他人的不完全责任。"① 康德将责任作为一切道德价值的源泉。

无论是康德的理性主义伦理学,还是罗国杰的德性论,虽然他们关于道德责任的界说存在差异,但他们都承认道德责任的内在性、必要性和强制性。道德责任是道德规范的重要组成。罗国杰认为,在道德规范的诸多形式中,责任所包含的道德强制力和道德理性是所有道德规范中最多的,也是与社会的道德要求和个人的道德信念结合得最紧密的。② 换而言之,道德规范外在的约束与内在的自律高度结合生成了道德责任。对此,郭金鸿认为道德责任是涵盖规范(道义论)、品格(美德论)和结果(目的论)的综合概念。

马克思主张的道德责任并非空洞的、抽象的、形式上的,而是有具体的、可实践的,它反应的是特定的社会或阶级向内部成员提出的要求和期望。人在本质上是各种社会关系的总和。他总是处于社会生产、生活形成的社会联系之中而不能孤立的存在。道德责任的真正来源是因社会主体无法摆脱其社会存在的本质,为了满足追逐利益的需求,协调各种矛盾和冲突而自愿选择的、共同遵守的"自我立法"。道德责任的本质是处在社会关系中的成员相互间的义务,这种义务是由主体的社会属性决定的。它既是自律的也是他律的,既是主体间关系得以维系的纽带,又是主体存在和发展的必要条件。道德责任贯穿于主体的社会活动中,是主体行为的精神支柱和主导原则。行为主体的社会属性赋予了其道德责任。道德责任既是社会关系的客观反应,又是主体对于社会关系的主观意识或心理反应。这个主体既可以是个体也可以是法人机构。

---

① (德)康德. 道德形而上学原理 [M]. 苗力田译. 上海人民出版社, 1986, P9.
② 罗国杰. 伦理学 [M]. 人民出版社. 1999, P187.

从道德责任的对象和类型上看，道德责任既可以是对自己、对他人和对家庭的责任，也可以是对社会、对国家、对民族、对人类以及对整个生存环境（含自然环境）的责任，是由特定社会关系决定的，推己及人的行为实践过程。只有对自己负责，对他人负责，才能置身于和谐的生存环境，进而实现自身和生存环境的共生共荣。汉斯·伦克将责任分为行为（结果）责任、任务和角色责任、普遍的道德责任和法律责任。[1] 他认为，道德比法律更具有细腻性和敏感性，在责任承担上有必要明确区分内在责任与外在责任，区分不同层次、不同类型的责任。他还注意到，在科技发展的技术伦理时代，人的责任不仅是一种消极性的事后责任追究，还代表着一种事先责任，以事先责任为未来要做的事情作行为指导。[2] 他强调，人的价值在于对其他生命以及依赖于他的生命负责，并且明智地对待技术力量。[3] 威廉·史维克认为，所有的道德责任理论可以归为行为者的（agential）、社会的（social）和对话式的（dialogical）三种类型[4]。其中，行为者理论认为人既是社会实践的主体也是自身行为的主体，因此，必须对自身的行为及行为的后果负责。社会责任理论认为，任何个体都在特定的社会关系中扮演着特定的角色，社会角色都赋予了其特定的社会责任，因此，主体的社会角色是判定道德责任的基本前提和重要依据。对话式理论则认为，人作为道德主体是通过与其他主体的交流互动来认知、确认和承担责任的，因而应根据主体如何回应他人的责任要求来判断其道德价值。对于三种类型间的关系，史维克强调"行为者的责任理论集中于行为者和行为关系，通常会过分强调个人自律而忽视社会角色责任的重要性；社会角色的责任理论集中于社会实践，一般会缺乏深入探讨个体的内在生活；对话式的责任理论集中于自我和他人遭遇，通常把责任问题归结为个人的

---

[1] Lenk H. Macht und Machbarkeit der Technik [M]. Stuttgart: Philipp Reclamjun, 1994, P21.
[2] Lenk H. Macht und Machbarkeit der Technik [M]. Stuttgart: Philipp Reclamjun, 1994, P76.
[3] Lenk H. Macht und Machbarkeit der Technik [M]. Stuttgart: Philipp Reclamjun, 1994, P144.
[4] William Schweiker. Responsibility and Christian Ethics [M]. Cambridge University Press, 1999, P40.

应答。"① 因此，他倡导把三种道德责任类型进行整合，构建一套整体的、有机的、综合的道德责任理论。

从道德责任的内容上看，道德责任是指自己选择的道德行为及对其后果在道义上的承担，所谓承担行为的道德后果，不仅仅局限于消极后果，对恶的方面承担它的"过"，还包括对行为的积极的社会后果的承担，在善的方面接受它的"功"。道德责任的内容是不断发展的，如商业银行对生态环境的责任就是社会道德责任在当代的一个新发展。这是因为随着人们社会实践的深度和广度不断拓展，行为主体的利益关系日趋复杂，对于协调主体利益关系的道德责任的要求也随之提高。这也是人类文明不断发展进步的体现。

从道德责任的性质上看，伦理学将道德责任界定为行为准则，生活中常常理解为是一种信仰或是情感，或是客观的主体行为后果等。赵文静将道德责任理解为是一种能力，认为"道德责任在本质上是一种道德行为的能力。"②本书在基本同意以上责任性质的同时，更倾向于把责任看作一种行为意识和能力，即道德责任既是一种意识，也是一种能力，更是一种行为实践。第一，道德责任是一种行为意识，我们可以从理论上把道德剖析为认知、情感、意志、行为等。道德价值虽具有客观先验性和主体的情感基础，但它最终将落到主体的内在体验之中，这种体验产生并伴随于道德行为的全过程。不过，道德责任并非只是行为意识，同时也是见之于物的实践活动。第二，道德责任是一种实践精神，是要求行为主体在知道"行为应该如何"情况下进行的行为实践，它倡导行为主体提升道德责任意识，增强道德行为选择，张扬道德行为实践的结果。道德责任作为道德的绝对力量的集中体现，它所包含的"应当"或"应然"，既依赖于道德主体的内部意识或情感过程来实现，更依托于道德行为实践。行为是道德责任产生根本的源泉、实现的载体、评价的依据。第三，道德责任是一种的

---

① William Schweiker. Responsibility and Christian Ethics [M]. Cambridge University Press, 1999, P104-105.
② 赵文静. 学校道德责任教育研究 [D]. 山东师范大学. 2008, P27.

能力。这种能力表现为对善恶的认知和判断力、对行为应该的执行力、对善恶行为的控制力以及承担行为后果的能力。值得注意的是，由于行为主体客观存在的生长生活条件、身心综合素质的差异，决定了即使面对同样的情况，各自所具有的道德责任意识、精神境界和履行道德责任的能力是不同的。进行道德责任评价，对行为主体可以有统一的要求，却需要面对道德责任水平高低不同的客观存在。同时，无论是对社会组织还是对个体而言，道德责任都不是一种静止的，而是随着社会关系、社会意识等道德责任环境的变化而变化。

从道德责任的主体类型上看，西方学者自20世纪80年代开始，就对个人责任和集体（团体）责任展开了相关研究，发现二者有不同的责任内容、评价标准等。但是，集体（团体）责任虽然不能简单还原为个人责任，却是个体责任的有机构成。例如，商业银行的道德责任包括商业银行作为法人机构（整体）和银行从业者（个体）的道德责任。作为法人机构它的道德责任并不是从业者道德责任的总和，而直接有其特定的社会关系、需要回应道德要求以及承担相应义务的整体。银行从业者是更加基本的、更加贴近实践的对银行道德责任履行有直接影响的责任主体。

此外，道德责任还是促进社会发展的无形力量。这种力量体现在主体行为前的思想意识和行为选择，行为中的调节和控制，行为后的后果承担以及对后继行为的启示。马克斯·韦伯曾提出"责任伦理"的命题。他通过对社会历史及当代人价值处境的分析，提出伦理分为"责任伦理"和"信念伦理"两种类型，认为信念伦理的价值依据是行为者的目的、动机和意图，并以此评价自己的行为，接受或拒绝对行为后果的承担；责任伦理则倾向于对行为后果价值、意义的关注，强调主体对自己行为后果的承担，倡导理性而审慎地行动，两种类型有着各自的价值立场[①]。责任伦理是从伦理学的视角来对人的行为及其后果进行道德评判、价值指引，以此

---

① （德）马克斯·韦伯. 学术与政治 [M]. 冯克利译. 北京：生活读书新知三联书店，1998，P116.

说明人要对其行为及其后果担当相应的责任,实现应有的道德价值。

近年来,对于道德责任的研究,郭金鸿论述了道德责任的内涵、类型和主要特征,认为道德责任是集合美德、制度和规范于一体的"必为"和"应为"相统一的多层次综合范畴,他主张强化责任制度的建设和责任美德的培育,构建以道德责任为核心的公民道德体系;[①] 曹凤月认为,道德责任是主观与客观的统一,客观性体现在特定伦理关系中的职责和使命,而主观性则是指对职责、使命的意识和判断;[②] 吴威威把公民道德责任定义为"公民资格所赋予的并得到内心认同的对国家、对社会、对他人的道德义务和道德使命以及对他自身行为后果的善恶的承当。"[③]

德裔美籍伦理学家汉斯·约纳斯深入研究了技术时代的责任伦理问题,提出"当代伦理学的核心问题就是责任问题"[④]。他从自然本体论和科技伦理观出发,提醒人们警惕因科技发展无休止地征服自然背后的各种道德危机。责任不仅产生于人与人的社会关系,还源自于人与自然的关系。科技的进步、生产力的发展,自然已经不再仅仅是责任的客体,而是责任基础的本身;责任不仅限于此时此地的责任,还包括对历史的、对未来的责任。他指出对生命的肯定是所有价值中最基本的价值,是"原善",因此,责任伦理的基本原则是"敬畏生命"[⑤]。并由此原则延伸出人类并非是万物的主宰者,而是仅仅是拥有理性、意志、道德的地球的看护者。[⑥] 为了处理好人类面临的错综复杂的伦理问题,约纳斯提出,人对一切生物的责任是由人在自然界处于优势地位的角色决定的,人类应对为自己的行

---

① 郭金鸿. 道德责任论 [M]. 人民出版社. 2008.
② 曹凤月. 解读"道德责任"[J]. 道德与文明. 2007 (2), P84 – 87.
③ 吴威威. 论公民道德责任在公民道德建设中的重要作用 [J]. 探索, 2005 (1), P150 – 153.
④ HansJonas. The Imperative of Responsibility: In Search of an Ethics for the Technological Age. Chicago, University of Chicago Press, 1985, P16.
⑤ Hans Jonas. The Imperative of Responsibility: In Search of an Ethics for the Technological Age [J]. Chicago, University of Chicago Press, 1985, P63.
⑥ Hans Jonas. The Imperative of Responsibility: In Search of an Ethics for the Technological Age [J]. Chicago, University of Chicago Press, 1985, P129.

为承担道德上的责任，承担对自然环境的道德责任，履行对未来人的责任。"要这样行动，使得你的行为的后果真正符合人类的永恒生活。"①

德国心理学家奥哈根从心理学角度研究了日常生活中责任情境的构成要素、特点及其相互关系，指出责任既是伦理学范畴、也是社会规范、还是一种态度、一种倾向、一种动机、一种情感体验……认为责任是人对生活情境、社会角色等内心体验的过程，涉及责任认知、行为动机、情感体验、价值目标等诸多要素，而主体行为的选择往往依赖于特定的责任情境。②

美国伦理学家理查德·布兰特从探讨人的责任行为内在动机入手，进一步论述了是特定的社会角色赋予了人们应尽的责任，主张构建适应现代社会生活的多元道德体系。他提出对一个社会而言，一种道德观，只有在权衡接受或保持任何其他道德原则和其后果时，这种道德观可以带来更大的、可期望的福利，这种道德观才是人们乐于接受的。③ 一种具有多条道德规则并经过合理选择的道德体系才是可能的，这种合理选择就是它以最大限度地实现福利目的，也因此才是完全有理性的人可能支持的那种道德系体系。④ 因为人都是有理性的。道德原则只有具备了存在的合理性，才能确保社会成员对原则的遵守和责任的履行，人的理性还体现在，当违反道德规范时，人们既会有内疚感，也会同时受到社会的谴责。当哲学家主张主体应为其行为负"道德责任"时，可能是在责备或赞赏主体的行为是错误的或合宜的……也可能指主体在应得的意义上，被赞赏或责备是合宜

---

① HansJonas. The Imperative of Responsibility: In Search of an Ethics for the Technological Age [J]. Chicago, University of Chicago Press, 1985, P11.

② Auhagen, A. E. and Bierhoff. W, Responsibility: The many faces of a social phenomenon. Routledge, 2001, P181.

③ RichardB. Brandt. Morality, Utilitarianism and Rights [M]. Cambridge University press, 1992, P198.

④ Richard B. Brandt. A Theory of the Good and the Right [J]. Oxford, Clarendon press, 1979, P286.

的。① 也因此，他倡导构建一套能激发全体成员遵守道德原则和履行责任动机的，能促进社会成员团结协作的，能增进社会整体利益的灵活多元的道德体系。

纵观国内外对于道德责任的研究，人们始终把道德责任作为规范人们思想和行为、促进社会发展稳定、实现政治理想的思想武器。从对道德责任的生成、发展的探索到对道德责任在不同领域的应用，道德责任的研究已经形成比较成熟和完善的科学体系，足以深入到具体行业的应用，如指导商业银行的道德责任实践。

### 三、相关概念辨析

常见的道德责任相关概念有社会责任、道德义务等。还有学者认为，道德责任是主体负有的经济、政治、社会、法律、道德等责任类型中的一种。卡罗尔（Archie Caroll）通过四层金字塔结构来区分企业的各种责任，认为最底部的是经济责任，往上依次是法律责任，然后是伦理责任，最后是一种博爱的责任。责任的分类正如奥哈根所言依赖于人们的视角和目标，因人们研究的视角和情境不同而不同，如从主体的构成角度来看，责任可以划分为个人责任和群体责任。本书认为道德责任并不是与经济责任、政治责任、法律责任和社会责任等相并列的范畴，也不是独立于这些责任之外的一种责任，而是与经济、政治、法律、社会等交叉融合的责任类型，是基于行为主体在一定的道德原则指引下所应该做的事或者应该履行的义务。道德责任的原则对于经济、政治、法律和社会责任均有指导和规范作用。换句话说，道德责任就是主体在道德方面的责任，是对于经济责任、政治责任、法律责任、社会责任等的道德规定，体现的是行为主体遵循道德原则行事的"应当性"。据此，以下对道德责任相关的几组概念进行辨析。

---

① Richard B. Brandt. Determinism and the Justifiablity of Moral Blame [M]. Sidney Hook, Determinism and Freedom, New York University Press, 1958, P149.

(一) 道德责任与道德义务

从概念界定来看，责任与义务是道德哲学中两个核心的概念。道德责任与道德义务都以特定的社会道德规范为参照系统和衡量标准，都在体现或维系社会道德准则，都具有客观的社会制约性，这些是二者的共同之处。同时它们又在性质、范围上存在一定的区别。

第一，就约束力的性质而言，道德义务的本质是他律的，而道德责任则是在履行相应义务、遵从他律道德基础上的自律。道德是调节各种社会关系的规范的总和，在其形态上，从原始人的道德规范到现代人的道德规范，夏伟东将其大致概括为这样几种：图腾、禁忌、风俗、礼仪、准则、箴言、义务、责任。从上述道德规范由粗糙到精致、由蒙昧到文明的整个发展链条来看，道德规范越是完善，其道德要求、道德理性以及道德自觉的成分也就越多。道德责任是在道德义务基础上的一次升华，道德义务更多地体现为外在的道德要求，道德责任则把这种外在的要求转化为了内在的要求，是人们主动意识到的道德义务。换而言之，道德义务与道德责任是主体对同一种道德"绝对命令"内在和外在的两种反应。正因为如此，道德责任相比其他道德规范具有更多的自觉的强制性和道德理性，也是与主体的道德信念、社会的道德要求和道德需要结合得最紧密的，是在道德体系中，处于最高层次的道德规范。

第二，从两者涵盖的范围来看，道德责任比道德义务的涵盖面要广。道德义务是认清客观的道德要求，并将其作用于所处的环境以实现这些道德要求。这个过程可以说是履行责任的过程，也可以说是履行义务的过程，而这个任务完成的程度如何，对错程度如何，或者在没有完成任务时，在道义上如何处理，就成为道德责任问题。这就是说，道德责任是在履行义务中发生的，但并不能直接等同于义务。此外，道德责任还强调行为主体未能履行好所应承担的义务而应在道义上承担相应的后果，而道德义务则不涉及对行为后果的承担。这也是道德责任和道德义务的根本区别。对此，柯尔伯格说道德责任是"关于一个人是否对各种后果负有责任的判断",义务是"关于一个人是否对他的行为负有责任的判断。"①

(二)道德责任与法律责任

道德责任与法律责任同是对主体行为的规范和约束,它们在现代社会的关系比在传统社会更为紧密。两者的价值目标是一样的,其初衷和目的都是协调各种利益关系,避免个体受到侵害,都主张和保证个体谋取利益的目的和手段的合理性。所以,道德责任和法律责任可以说都是出于人类生存、发展、自我完善的需要,自由选择的不同形式的自我规约。二者在实质上相通而非相悖,甚至多有重合、相辅相成、相互转换、相互渗透。许多规范既是道德责任也是法律责任,如银行信贷中的"诚信"原则等。同时二者也有一些根本性的区别。

第一,调节范围上的差异。在二者所调节的利益关系范围上,道德责任的范围要大于法律责任。在人类实践活动中,人与人、人与社会以及人与自然之间的利益关系是错综复杂的,这些利益关系都是道德调节的对象。但并不是所有的利益关系都需要法律来调节,也不是所有的利益事实都需要被法律确认和加以保护。法律规定无须也不可能穷尽纳入一切利益事实。法律责任关注和调节的主要是比较重大的、有尖锐冲突的利益关系。道德责任可以约束行为主体履行社会成员所期望的、尚未形成法律条文的行为规范。道德责任可能不在法律要求的范围之内,但却为社会其他成员所期待。简而言之,法律主要威慑或处罚那些比较严重的道德过错,如贪污受贿。道德责任侧重于谴责或调节一般意义上的道德问题,如自私自利。

第二,从起源时间和关系上区别。道德和道德责任几乎是贯彻人类始终的行为规范,而法律和法律责任则是社会发展到一定时期后的产物。而且从二者的关系来看,道德责任是法律责任的存在基础,法律是对基本道德的强制要求。米尔恩把道德与法律的关系表述为"道德在逻辑上优先于

---

① (美)科尔伯格著,魏贤超等译.道德教育的哲学[M]. 杭州:浙江教育出版社,2000,P46.

法律。没有法律可以有道德，但没有道德就不会有法律。"①随着社会的发展进步，道德和法律都会得到不断丰富，相互补充，相互转换并共同促进社会文明和谐发展。

第三，形态与范畴上的区别。道德和法律责任分别属于社会意识和社会制度的范畴。法律责任由立法机关经过某种立法程序以成文法的形式进行确定，一旦订立生效，就会受到国家力量的保护。如商业银行法的修订实施，其法律责任的对象、范围等都是具体明确的。相对而言，道德责任一般就不体现成文法的限定和强制。道德责任更多依靠看不见、摸不着的社会舆论、公众期望和内心信念的力量来保障，虽然是隐性的，但人们却又实实在在地能感受到它，并受它的规约、审视与影响。

第四，维护手段上的不同。法律责任的维护主要是靠国家机器作后盾的强制手段，是硬力量，而道德责任则有赖于内在良心和社会舆论来起作用，是软力量。"良知的裁决也就是由社会本身作出的裁决。"② 道德责任的维护手段是间接的、较温和而长久的。道德责任还有积极的一面，奖赏、鼓励也是维护行为主体道德责任的重要力量，法律责任一般都是否定性的，所谓"令行禁止"，少有"赏"法。

第五，作用强度和作用方式的差异。对于规范主体的行为，两股力量的作用强度和作用方式有所不同，但二者都不可或缺，且相互支持。法律规范直接针对主体的行为，道德原则却直接作用于主体的内心信念。法律责任在裁定责任时一般不会深究主体违法行为的动机和影响因素而是更专注于客观的行为及其后果本身，道德责任却会考虑主体道德失范行为的内在动机和影响要素等。例如，住房贷款人因为突发安全事故，丧失偿还贷款的能力，商业银行为避免损失，势必通过清偿的方式拍卖贷款人唯一的资产，而不去考虑其他。通常，人们会出于同情心对于银行的行为嗤之以

---

① （英）米尔恩著，夏勇，张志铭译：人的权利与人的多样性——人权哲学 [M]. 中国大百科全书出版社．1995，P35.

② （法）亨利·柏格森著，王作虹等译：道德与宗教的两个来源 [M]. 贵州人民出版社．2000，P9.

鼻、斥责以冷漠，却依然无法撼动银行的清偿行为，无法改变贷款人按时按量履行契约的法律责任。

（三）道德责任与社会责任

"企业社会责任"的概念产生于20世纪20年代，最早由奥利弗·谢尔顿（Oliver Sheldon）最早提出。早期的思想是把大公司看作一种公共事业，认为"经理有特别的义务赋予公共利益"①。经过一个世纪的探索与实践，企业社会责任研究已经形成了比较成熟的知识体系。相对而言，道德责任的研究相对滞后。

对于道德责任与社会责任的关系，大致有以下三种观点：第一，是等同论。即道德责任和社会责任等同。第二，是包含说。即把道德责任当作是社会责任的一部分，或把社会责任当成是道德责任的一部分。第三，是并列说。将道德责任与社会责任并列。本书认为：第一，社会责任强调"谋求对社会的有利性"，从某种意义上看，社会责任概念暗含有道德责任的价值和理念。如商业银行的社会责任，无论是经济的、法律的或是伦理层面的责任，其中都包含着道德价值的维度，没有道德的成分社会责任也就不成立。因此，道德责任比社会责任更基础、更全面。第二，就行为主体的内在感知和体验而言：道德责任还强调行为主体自身对道德价值的追求，注重行为主体道德修养、责任意识的建构与自我完善过程，行为主体具有主动性和能动性，既有社会的他律更有行为主体的自律；而社会责任则侧重于回应社会各方面对行为主体的期望和评价，更强调社会对行为主体的期望和要求，体现为行为主体的他律。第三，道德责任是从道德的角度审视行为主体的活动，社会责任是以社会视角（侧重于他律）来考察主体的行为。企业道德责任既从社会的视角（他律）又从自我完善的视角（自律）来考察企业行为。它们同样都关注企业行为，各自关注的侧重点有所不同，得出的结论也不尽相同。

---

① See Owen, D. Young (1927), Dedication Address [M], Hardvard Business Review, Vol. 6, P385－394。

本书认为，道德责任是社会责任的本质内容。只要行为主体与他者缔结有社会联系，行为主体对他者负有道德责任。对于责任的承担，法律责任的依据就是法律条款，没有法律的明文规定，就无须承担法律责任；经济责任的依据就是按经济活动的契约规定行事，没有经济与利益关系，就无须承担经济责任；而道德责任体现的是社会对责任主体、责任主体对自身的道德要求，道德责任的判断既是是非的判断也是价值的判断。它主要以道德精神、道德信念、道德原则等比较抽象的形态而存在，道德责任的基本要素和道义精神普遍存在于法律或制度条款中。在经济责任、法律责任、政治责任、社会责任等情境中，都体现了道德责任的内涵。此外，道德责任范围不仅是对消极行为的追究和谴责，也包括对积极行为的肯定和赞许。

## 第二节 商业银行的道德责任

从法理上看，商业银行是根据《中华人民共和国商业银行法》和《中华人民共和国公司法》设立的吸收公众存款、发放贷款、办理结算等业务的企业法人。从学理上看，商业银行是以追求利润为目标，以金融资产和负债为经营对象，综合性、多功能的金融企业。[①] 结合商业银行的经营特点，商业银行概念也可以概括为通过负债业务（主要是吸收存款）把社会上的闲散资金集中到银行，再通过资产业务（主要是贷款和投资）把资金投向经济各部门，从吸收资金的成本支出与发放贷款利息收入的差额或投资收益中，以及通过发挥信用与支付中介功能获取第三方佣金，以取得经营收益的金融企业。

### 一、商业银行的属性

作为企业，商业银行是具有法人身份的组织，商业银行的经营活动体

---

① 庄毓敏. 商业银行业务与经营 [M]. 中国人民大学出版社. 2016，P3.

现为人的社会活动。无论是以货币、资本或信用为经营对象，人都是商业银行实际的管理者和操控者，人都是商业银行活动的行为主体，人也是商业银行服务的客体，因此，商业银行不仅有经济属性，同时还具有社会属性。

另外，从商业银行至少应当遵循的流动性、盈利性、安全性原则，可以进一步推出商业银行不可回避的逐利、公共与政治属性。逐利性是基础，没有盈利，商业银行就失去了存在和发展的基础；公共性是前提，商业银行的盈利来源于社会公众，广大群众生产实践衍生出的投融资需求和流动性需求促成了商业银行的盈利；政治性是根本，我国商业银行的政治性自商业银行成立之始就得以体现。我国商业银行的设立普遍采用政府核准主义的原则，即商业银行的设立除具备法律规定的条件外，还须经过国家行政机关的审批通过，这主要是由商业银行具有关系国家金融安全和社会经济秩序稳定的系统重要性决定的。此外，我国以"六大银行"为代表的商业银行，多由政府出资或参股创办。可以说，我国商业银行是在中国特色社会主义市场经济背景下经政府扶持或引导成长发展起来的，这些决定了商业银行的政治属性。

## 二、商业银行的特殊性

商业银行是社会经济生活中的信用中介和支付中介。作为信用中介商业银行既是社会公认的债务人也是社会公认的债权人；作为支付中介，商业银行以客户的存款为基础开展货币资金的收付，实现货币的流通手段和支付手段职能。商业银行金融企业的本质，经营货币与信用的职能决定了商业银行的特殊性。

（一）商业银行的功能特殊

商业银行以货币和信用为经营对象，服务于千家万户，体现了其公众性。商业银行具有通过合法经营获取利润最大化目标的一般企业特征，它既是自主经营，自担风险，自负盈亏，自我约束并以其全部法人财产独立承担民事责任的企业，又区别于一般的工商企业，以金融资产和负债为经营对象，调配着市场经济最重要的资源——货币，以其特有的货币与信用中介功能，广泛服务于社会公众、组织和国家，在国民经济中发挥着重要的资源配置作用。

（二）商业银行的地位特殊

具体表现在：第一，商业银行是我国经济活动的中枢。其信用关系渗透到经济生活的各个方面。商业银行通过存款和贷款等活动配置社会资金，并促使国内外资金的合理流动。第二，商业银行是我国最核心的金融机构。它掌握着金融资本这一重要的社会经济资源。商业银行除了能够吸收活期存款、发放中长短期贷款，还同时提供如理财、投资等其他金融服务。第三，商业银行是国家实施宏观调控的基础和重要抓手。商业银行是国家财政与货币政策得以实施的基础通道，其贷款和投资业务活动可以引发派生贷款，派生贷款的创造与削减可以影响到全社会货币供给总量。所以，商业银行是国家宏观调控政策的重要抓手。

（三）商业银行的责任特殊

一般的工商企业只以营利为目标，主要对股东和使用自己产品和服务的客户负责；商业银行除了对股东、客户负责以外，还需要对整个社会负责。[①] 这是由商业银行的社会功能和系统重要性决定的。主要体现在商业银行有高负债经营、债权主体多元化、存在巨大的外部性等特点；商业银行的资金配置取向直接影响对应行业的兴衰；商业银行的潜在风险，不仅威胁到客户利益，还容易引起连锁反应，冲击了整个金融行业，进而影响整个社会经济的健康发展，乃至国家的安全稳定。

商业银行的特殊性决定了其具有极强的外部性和系统重要性。通过研究商业银行的道德责任，探索总结商业银行履行好道德责任的经验和路径，实现商业银行道德责任水平的提升，借助商业银行强大的外部性和系统重要性发挥引领示范作用，促进社会主义精神文明建设，助力社会主义各项事业高质量发展，正是本研究的初心和目的。

---

① 庄毓敏. 商业银行业务与经营 [M]. 中国人民大学出版社. 2016，P4.

三、商业银行道德责任的界定

商业银行的道德责任就是商业银行对其行为及结果应负的道德责任，是商业银行在遵循经营原则、提供银行产品和服务、追求利润目标，创造银行价值的同时，对股东、员工、客户、业务伙伴和政府等利益相关者负责，对自然环境和社会环境负责，以促进政治、经济、文化、社会、生态等各方面健康可持续发展而应承担的道义责任。我国商业银行扎根于中国特色社会主义市场经济环境中，经中国人民银行与监管部门核准后成立，国有控股或参股的是现行主要商业银行的股权架构。因此，贯彻国家意志，落实政府宏观调控政策，遵守社会主义核心价值体系，体现社会主义为人民服务的道德要求，努力践行新时代高质量发展的要求是我国商业银行最重要的道德责任。商业银行的道德责任还包括维护股东合法权益，公平对待所有股东；以人为本，重视和保护员工的合法权益；诚信经营，维护消费者合法权益；反不正当竞争，反商业贿赂，反洗钱，营造良好市场竞争秩序；改善社区金融服务、促进社区发展；关心社会发展、支持社会公益事业；节约资源、保护和改善自然生态环境等。

商业银行的道德责任并非凭空产生而是随着时代背景和社会经济的发展变化不断演变而来。对于我国商业银行道德责任发展的源流大致分为四个阶段：一是新中国成立前，以家族银行（钱庄、票号）信用为主的道德责任；二是改革开放前的以中国人民银行统筹管理的体现国家意志的道德责任；三是改革开放后，以市场经济道德观为思想的道德责任；四是当前以制度经济学、金融科技为发展趋势的程序化的道德责任。这是一个从感性到理性、从粗陋到文明、从简单到复杂的发展变化过程。

商业银行的道德责任是商业银行应承担的与银行的地位、角色、权利相对应的对他人、对社会的道义责任。正如郭金鸿所言"责任就是由一个人或一个团体的资格（包括作为人的资格和作为某种特定角色的资格）所赋予的、并从事与此相适应的某些活动、完成某些任务以及承担相应后果的要求，也就是对他人、社会、团体组织的应答，以及作出或没有作出合理回应所应得的赞赏或责罚。"①

商业银行的道德责任，就是商业银行基于社会关系的存在性和所处的社会角色的发展性认识，根据社会道德价值体系，自觉践履各种道德要求的道德行为意识、行为能力以及对自己的行为后果的善、恶的承担。它既包含作为组织机构的商业银行整体应当履行的道德责任，也包括银行从业者在商业银行经营管理活动中应当承担的道德责任。它既是一个组织、团体的概念，也饱含着商业银行从业者的道德责任。商业银行的道德责任体现为对其他主体承担的一种道德义务，即商业银行应当或必须为或不为一定行为的必要性。

商业银行的道德责任既是对银行行为的一种外在的约束，同时也是银行自身应该积极承担的结果。商业银行的道德责任具有法定性、义务性和强制性，不存在不履行道德责任的商业银行。随着商业银行制度化体系的不断完善，商业银行的道德责任意识（价值和理念）越来越被封装到了商业银行的产品和制度设计中。商业银行道德责任水平的体现越来越从存贷等传统业务终端转移到了银行的底层设计。银行业在战略决策、制度设计、产品与服务等方面的道德理念比单纯的业务终端道德责任表现更具有影响力和重要性，这凸显了商业银行决策者、管理者提升道德责任意识的重要性，因此，正本清源是商业银行履行好社会道德责任的关键。

本书以商业银行道德责任作为论题，论述的主体既包括国有控股商业银行，也包括城市商业银行、农村商业银行、民营银行等各类商业银行（如表1-1）。

从我国银行业金融机构资产负债情况看，我国国有控股商业银行资产规模超过39%，政府或政府平台参股的商业银行资产规模超过80%，民营银行体量仅占0.24%②且均由政府扶持引导建立。基于不同类别商业银行都负有道德责任，只是程度强弱与水平层次的不同，且各银行业金融机构

---

① 郭金鸿. 道德责任论 [M]. 北京：人民出版社. 2008, P41.
② 数据根据2019年12月银监会和国家统计局网站公开数据整理。

表1-1　　2019年年底我国银行业金融机构资产负债情况① 　　　　　单位：亿元

| 项目 | 总资产 | | 总负债 | |
| --- | --- | --- | --- | --- |
| | 金额 | 占比 | 金额 | 占比 |
| 大型商业银行 | 1105731 | 39.1% | 1011011 | 39.2% |
| 股份制商业银行 | 508351 | 18.0% | 467328 | 18.1% |
| 城市商业银行 | 372750 | 13.2% | 344974 | 13.4% |
| 农村金融机构 | 372157 | 13.2% | 342504 | 13.3% |
| 其他类金融机构 | 466157 | 16.5% | 416579 | 16.1% |
| 合计 | 2825146 | 100% | 2582396 | 100% |

数据来源：中国银行保险监督管理委员会官网数据统计栏（2019年12月）.

都统一接受中国人民银行的领导、银监会的监管和人民群众的监督，因此，本书对道德责任的论述不再作商业银行分类研究。

## 第三节　商业银行道德责任的生成

商业银行是人格化的组织（主体），其经营管理活动属于人的有意识、有目的的行为，因此，商业银行的经营管理活动是道德判断的对象。从元伦理学可知，伦理行为是受利害意识支配的行为。商业银行经营管理活动是受利害意识支配的行为活动。因此，商业银行经营管理活动是伦理行为，是可以言善恶、道德与不道德的行为。商业银行应该履行道德责任的逻辑是由商业银行具有特定的社会权利、广泛的社会联结性、功能的系统

---

① 大型商业银行特指中国工商银行、中国农业银行、中国银行、中国建设银行、交通银行、邮政储蓄银行。2010年，以中国农业银行股改上市为标志，我国国有商业银行均已完成股份制改革，实现由国有独资银行向股权结构多元化的公众持股上市银行的历史转变；全国股份制商业银行是指中信银行、中国光大银行、华夏银行、广东发展银行、平安银行、招商银行、上海浦东发展银行、兴业银行、中国民生银行、恒丰银行、浙商银行、渤海银行等12家全国性股份制商业银行（截至2019年12月）。城市商业银行一般由各地城市信用社改组而来，其业务一般仅限于在当地城市中经营。近年来，少数行业内领先的城市商业银行已经实现了跨区域经营甚至在境外设立了代表办事处；农村金融机构包括农村商业银行、农村合作银行、农村信用社和新型农村金融机构；其他类金融机构包括政策性银行、国家开发银行、民营银行、外资银行、非银行金融机构、资产管理公司等。

重要性、良好的道德理性、一定的意志自由和行为能力决定的。

## 一、商业银行的权利与行为能力

### （一）商业银行的基本权利

商业银行是依照我国商业银行法和公司法设立的企业法人，是受国家各项法律保护的核心金融机构，享有商业银行法所规定吸收公众存款、发放贷款、办理结算、发行金融债券等十余项基本权利。商业银行依法开展各项业务，具有不受任何单位和个人干涉的权利，商业银行以其全部法人财产独立承担民事责任。

### （二）商业银行道德理性认知能力

商业银行道德理性认知能力在本书中实指商业银行道德责任的认知与反应能力。虽然自由是履行责任的必要条件，但对于道德责任来讲，仅具有自由还是不充分的。如改革开放初期，商业银行向"三高"企业提供了贷款，并不被认为要为其行为负道德责任。其原因就在于行为主体、行为对象以及社会公众尚未对"三高"企业有足够的发展危害性方面的认识。道德责任的承担，除了行为主体的自由能力，还需要有行为主体知道其行为必然或可能带来的相应后果，不同的行为选择将生成一定甚至不确定的或正或负的外部性。换而言之，只有在行为主体具有的理性认知中，才可以找到自由与道德责任的内在联系。

商业银行需要具有认知能力是由商业银行的社会角色和功能定位决定的。认知能力暗含着对知识的理性认知能力和对价值的判断能力。从本体论上讲，理性即认为世界是合理的或合乎规律的；从认识论上讲，理性即认为人具有认识现实世界的能力。实践中将理性扩展到了组织或机构。人或机构均可成为责任主体。责任主体理性的认知能力是在实践中形成的。第一，责任主体的角色与功能定位决定了主体必须具备与其行为息息相关的知识条件。这个知识条件可理解为是责任主体最基本的理性和行为规范，当然也包括了专门知识。这些知识条件既是主体角色或功能作用发挥的条件，也是主体在不同情境下作出正确反应的基础。第二，知识条件同时也是社会赋予行为主体角色和功能定位的基础和前提,这进一步刺激了责任主体认知能力的养成。商业银行对于"银行是货币与信用中介""商业银行极具系统重要性","诚实守信、公平公正是商业银行的生命线"等认识即属于知识条件范畴。依据商业银行法中关于银行设立条件的条款决定了商业银行在成立之初就已经具备了基本的知识条件。商业银行的运行架构与培训体系进一步保障了商业银行的知识条件。价值判断能力体现为责任主体能够领悟或认识正确的内在价值和社会价值。对于"商业银行是以利润为主要目标的金融企业""商业银行追求利润并非唯一目的""商业银行应该坚持义利统一原则""商业银行应以服务实体经济为根本""商业银行应当履行社会道德责任""什么是商业银行的道德责任""商业银行如何更好地履行道德责任"等论题的认识和理解,体现了商业银行的价值判断能力。商业银行的理性认知能力和价值判断能力是商业银行履行好道德责任的必要条件。

(三) 商业银行的意志与行为能力

在伦理学中,责任的追究是与主体的行为能力、意志自由密切联系在一起的,没有一定的行为能力和意志自由是无法承担起一定的责任的。对此,康德说"自由的人是一切道德的根据""责任是自由行为的必要性"[1],即自由是行为主体承担责任的基础。商业银行在构成上是由有行为能力和意志自由的人所建立起来的经济组织,在法律上是人格化了的、依法具有民事权利能力和民事行为能力并独立享有民事权利、承担民事义务的行为主体。商业银行不是物,是法人,也是人格化的组织。商业银行的一切实践都受其自由意志和行为的影响。商业银行经营管理的外部性是其行为选择的结果。据此,商业银行应当承担起一定的社会道德责任。正如卢梭所言:"人是生而自由的,却无往不在枷锁之中。"[2] 黑格尔说:"意志一般说来对其行为是有责任的。""凡是出于我的故意的事情,都可归责于

---

[1] (德)康德. 法的形而上学原理 [M]. 商务印书馆. 1991, P24.
[2] 卢梭. 社会契约论 [M]. 商务印书馆. 1980, P8.

我。"① 恩格斯也讲："一个人只有在他握有意志的完全自由去行动时，他才能对他的行为负完全的责任。"② 当然，这并不能推导出行为主体没有意志的完全自由，就无须负任何责任。本书认为，行为主体有部分自由时，就应当负部分责任。就商业银行而言，它不可能对超出自身控制的任何事情负道德责任，但对于商业银行经营活动中享有的权利与自由所带来的结果应负道德责任，这取决于已发生的行为或事情背后是否至少有部分动因是受商业银行自身控制。商业银行行为选择的可能性是道德责任判断的一个必要条件。

商业银行的自由主要体现在其管理决策与业务选择的自由。例如，制定银行经营策略和形成内部制度的自由；基于存贷基准利率选择利率浮动的自由；信贷审批过程中贷与不贷的自由；是否开展业务合作的自由；是否充分履行社会道德责任的自由等。商业银行的自由也受到法律的保护。在《中华人民共和国商业银行法》（2015年8月29日修订）中规定，商业银行可以经营吸收公众存款、发放短期、中期和长期贷款、办理国内外结算等14项业务，商业银行经中国人民银行批准，还可以经营结汇、售汇业务。商业银行法第四条规定：商业银行以安全性、流动性、效益性为经营原则，实行自主经营，自担风险，自负盈亏，自我约束。商业银行依法开展业务，不受任何单位和个人的干涉。

商业银行日常经营管理活动中，既享有金融企业的权利和自由，又因其功能的特殊性而受到专门法律的约束和保护。因此，商业银行的道德责任是以其意志和行为自由为基础，与其权利相对等的道德方面的责任。

## 二、商业银行广泛的社会联结性

商业银行的道德责任产生于商业银行的社会关系，依托于其承载的社会功能以及扮演的社会角色。道德责任的本质决定了只要行为主体存在某

---

① （德）黑格尔. 法哲学原理［M］. 商务印书馆. 1961，P118.
② 马克思恩格斯选集（第4卷）［M］. 人民出版社. 2012，P78.

种社会关系就一定会有相应的道德责任,不同的社会角色对应不同的道德责任。商业银行以高负债经营、债权人主体多元化为特点,履行道德责任是属于因果逻辑。商业银行负有的社会道德责任,不仅是一种应然,更是一种必然。

(一)商业银行是一个追求利益并因此而建立利益相关者相互关系的经济主体

在银行经营活动中,股东、员工、客户、供应商、经销商、债权人、政府、社区等都是商业银行的利益相关者,处理好与利益相关者的伦理关系是商业银行履行道德责任的重要内容。

(二)商业银行是根据社会契约缔结起来的法人主体

商业银行是企业,而企业是人格化的组织。商业银行是在法律上人格化了的、依法具有民事权利能力和民事行为能力并独立享有民事权利、承担民事义务的社会组织。商业银行法人类似于自然人,是以商业银行自身的意志来行动的独立的行为主体。商业银行的契约关系是构成企业道德责任的重要源泉。

(三)商业银行是依赖社会资源建立和发展起来的社会主体

商业银行是人类社会发展的产物,源自于社会、回馈于社会是自然法则。作为社会的客观存在,商业银行的经营管理耗费着社会的资源、消费着社会的信用、承载着社会的期许;商业银行的生存和发展依赖于社会、国家所提供的各种物质保障和良好的社会环境。可以说,商业银行生于社会,长于社会,融于社会,最终还将回归社会。商业银行在享有社会关系带来利益的同时,也受到社会关系的制约,承担着特定的社会道德责任。

(四)商业银行是经营道德责任的伦理主体

表面上看,商业银行作为企业,是组织,是机构,貌似应是价值中立的。实际上,在经营管理与服务过程中却暗含着诚信、公正、善良等价值判断。以信用道德原则为例:商业银行业不仅仅是在经营货币,更是一种信用道德的经营。纵观银行业的发展历程,从最初的物物交换到实体货币的产生,再到纸币、记账货币、电子货币的广泛应用,早已说明人们对银行机构有了基本的认同和信任，这种从实体信用到虚拟信用、从自用信用到借贷信用、从熟人信用到抵押信用、从个体信用到社会信用的成功转型也充分说明在银行的资本经营中早已注入了信守诺言、诚实践约等诸多的道德因子。商业银行不仅仅是货币信贷关系发展的产物，更是信用道德关系长期发展的社会选择。结合商业银行秉承的诚信、自愿、公平等经营原则，我们甚至可以说道德责任是商业银行存在的基础。

总之，商业银行是经济主体、法律主体、伦理主体，但它首先是社会主体。社会主体具有其特有的社会关系。商业银行千丝万缕的社会联系决定了商业银行的经营活动不可能是道德无涉的，必然需要履行一定的社会道德责任。

### 三、商业银行功能的系统重要性

系统重要性意在衡量处于系统中的主体对整个系统的影响力或作用力大小。商业银行具有业务规模和范围大、业务复杂程度高、业务正负外部性强等特点，商业银行通过调节社会各部门的资金余缺，来实现引导资金流向，促进产业结构调整，调节经济结构和国际收支的功能。因此，商业银行对于社会经济具有系统重要性。商业银行的系统重要性是由其社会功能发挥出的或正或负的外部性影响决定的。

（一）商业银行正面外部性影响

商业银行以金融资产和负债为经营对象，在资金融通过程中为市场主体配置信用和货币资源。商业银行社会功能的正常发挥将广泛服务于社会公众、企事业单位和政府，在国民经济发展中发挥着重要的资源配置作用。

商业银行是经营货币和信用的企业，其最基本的价值在于贡献社会就业率和促进国家税收增长；商业银行是整个国民经济的中枢，通过合理配置信贷资源，可以实现提高社会生产力、改善社会民生和增进人民福祉；商业银行是国家金融机构的核心，通过正确管控资金流向，可以促进实体经济发展，实现社会经济繁荣稳定；商业银行是国家宏观调控政策的重要途径和基础，通过正确引导社会资本运动，可以维护金融与经济秩序稳定，保障国民经济健康发展。

（二）商业银行负面外部性影响

商业银行活动产生的负的外部性，正是源于其经营与管理的对象——信用与货币资源是社会经济活动中最重要的资源。作为国民经济运行的枢纽中心，商业银行是滋生信用风险、市场风险、流动性风险、操作风险、监管风险、战略风险、道德风险、法律风险甚至系统性金融风险等危机的主要风险点。

商业银行的决策失误，可能成为系统性金融风险的"引爆器"，由于商业银行与市场主体的关联性很强，银行一旦陷入经营困境就会对金融市场造成冲击，进而对金融体系和实体经济带来巨大负面影响；商业银行的行为失范，可能成为系统性风险的"放大器"，2007年次贷危机演变为全球金融危机就是最好的实证；商业银行的道德危机，可能变成社会道德危机的"传感器"。商业银行若极端功利，势必引发社会见利忘义的不良风气；商业银行若嫌贫爱富，势必加剧社会拜金逐利的不良影响。反之，商业银行履行好社会道德责任，则会对我国社会道德新风尚有重要的引领和示范效应，这是由商业银行具有的广泛社会联结性和系统重要性决定的。

## 本章小结

本章把研究的对象，道德、责任以及道德责任的概念和内涵作了界定，将道德责任与道德义务、法律责任、社会责任等相似的概念进行了辨析。并指出商业银行的道德责任就是商业银行对其行为及结果应负的道德责任，是商业银行在遵循经营原则、提供银行产品和服务、追求利润目标、创造银行价值的同时，对股东、员工、客户、业务伙伴和政府等利益相关者负责，对自然环境和社会环境负责，以实现政治、经济、文化、社会、生态等各方面可持续发展而应承担的道义责任。流动性、盈利性、安全性是商业银行经营管理的基本原则，逐利性、公共性与政治性是商业银行的内在属性。商业银行特定的社会权利、广泛的社会联结性、一定的意志自由与行为能力共同构成了银行履行社会道德责任的逻辑。银行特殊的社会功能和地位决定了商业银行行为活动富有极强的外部性，这赋予了商业银行履行好社会道德责任对于整个时代特殊的意义。

# 第二章　中国商业银行道德责任的理论基础与借鉴

前文从商业银行特定的社会权利、广泛的社会联结性、功能的系统重要性和一定的意志自由与行为能力几个方面阐释了商业银行应当更好地承担社会道德责任的缘由。本章在责任逻辑的基础上，梳理马克思主义主要伦理思想、中国优秀的传统道德责任思想和西方发达国家企业社会责任理论及经验教训作为研究我国商业银行道德责任的理论基础和借鉴。通过对我国商业银行所处的时代背景、社会条件、制度环境和全球趋势进行分析，尝试回答商业银行行为应当的问题。

## 第一节　马克思主义道德学说是基本依据

马克思主义道德学说是以马克思、恩格斯的道德观为源泉，在批判继承和发掘人类道德理论宝库精华基础上形成的新型道德思想体系，是指导和反应社会主义道德建设与实践经验的超越封建主义、资本主义道德的新的道德学说。马克思主义道德学说主要以符合社会发展规律和无产阶级利益要求为评价主体道德的标准；我国商业银行生长于社会主义条件下，发展于社会主义市场经济环境中，以马克思主义道德学说为基本依据开展商业银行道德责任建设与实践是对我国商业银行建设发展的内在要求。

### 一、马克思恩格斯的道德观

从历史角度讲，马克思与恩格斯经典著作中并没有明确提出道德责任的概念。但我们却可以从马克思的著述中，从字里行间找到其潜在的道德观。马克思、恩格斯的道德观贯穿于他们早期的著作和后期的系统思想，体现于对"自由、人类共同体和自我实现"等道德价值的追求和对资本罪恶的揭露、对阶级的批判、对异化的阐释等经典论述中。

（一）资本主义原始积累邪恶罪行的揭露

马克思指出"资产阶级在它的不到一百年的阶级统治中所创造的生产力，比过去世代创造的全部生产力还要多，还要大。"然而，生产力的极大进步并不能掩盖其原始积累的罪行，尤其是对黑奴的压榨，对工人的剥削，对人力、财力和自然资源的掠夺。"掠夺教会地产，欺占国有资源，盗窃公有地，用剥夺方法、用残暴的恐怖手段把封建财产和克兰财产转化为现代私有财产——这就是原始积累的各种田园诗式的方法。""原始积累只不过是生产者和生产资料分离的历史过程"。英国农奴制度解体后，通过"羊吃人"的圈地运动实现土地大规模集中，进而形成了农场制的生产方式，导致大量农民失去了赖以生存的土地；美国资产阶级独立战争胜利后，肆无忌惮地大规模屠杀印第安人，进行种族灭绝，通过"黑三角"奴隶贸易解决劳动力问题，进行资本原始积累；第一次工业革命后，西方国家掀起了社会化大生产的浪潮，产生了对劳动力、能源、原材料等生产资料的极大需求，资本家们为了最大限度地赚取利润，对自然环境和资源狂暴的掠夺成为长期惯用手段。对此，马克思对资产阶级的发家史总结为"资本来到世间，从头到脚，每个毛孔都滴着血和肮脏的东西。"① 马克思对资本主义原始积累的全面剖析深刻揭露了资本家屠杀掠夺、无视弱小、践踏他人权益、忽视环境利益、罔顾人类文明、唯利是图的原始本色，反映了资本主义剥削、掠夺和侵略等不道德本质。

（二）对资本主义本质及生产方式的批判

马克思认为资本主义的本质是剥削和侵占，其生产方式是非人性化和不可持续的。资本主义生产资料私有制与社会化大生产之间的矛盾是无法

---

① 马克思. 资本论（第一卷）[M]. 人民出版社. 2004，P871.

调和的,工人只能沦为资本家的生产工具。资产阶级和工人阶级的根本利益是相互冲突的,为了资本又快又好的增值,资本家会想尽一切办法生产更多的剩余价值,通过生产机器化、延长工作日等办法加大对工人的剥削进而创造更多的绝对剩余价值;"在整个生产过程中,工人并不具有自由活动的权利,一切行为活动都要与机器做好配合,机器的诞生没有使工人脱离劳动,反而使工人的劳动变得毫无内容。"① 资本的扩大再生产使更多的人沦为工具,异化现象愈发凸显;资本主义生产方式的延续带来社会两极分化不断加剧,还伴随着经济与金融危机的反复,带给普罗大众深重的灾难。与此同时,资本家对大自然进行生产资料毫无节制的攫取,激化了自然环境与社会生产的矛盾,给人类带来难以逆转的环境灾难。资本主义剥削和掠夺的生产本质违背了马克思对于自由、平等、人类共同体的道德主张。

(三) 对于人的异化问题的深刻诠释

马克思认为,异化是同阶级一起产生,是人的物质生产与精神生产及其产品变成异己力量,反过来统治人的一种社会现象。"这是从人自身分离出来的各种力量,逐渐跟自身疏远,从而反过来成为控制、支配自身的异己力量的过程。"② 私有制条件下的分工是异化的根源。异化反映的是人们的生产活动及其产品反过来反对人们自己的性质和关系。在异化过程中,人的主体性和主动性丧失并受到异己力量(如资本)的奴役,人的个性不能得到全面发展,而只能愈发片面甚至畸形发展。

(四) 关于"人的自由而全面地发展"的思想论断

马克思把人类发展的终极目标概括为"人的自由而全面地发展"。马克思认为,人类社会经济的发展只不过是实现人类终极发展目标的手段。他通过对资本主义生产方式的深刻分析,揭露了资本家与工人、企业与员工的剥削关系,阐明了劳动异化的机理。论述了社会发展不能忽略人的全

---

① 马克思. 资本论(第一卷)[M]. 人民出版社. 2004, P486 - 487.
② 王逢贤. 马克思的异化理论与人的全面发展[J]. 教育研究, 1981 (7), P18 - 24.

面发展的需求，更不能单方面地将人放在工具的位置或置于物质财富的奴役之下。追求人的自由而全面发展，是马克思重要的思想主张。历史唯物主义的观点为人的全面发展思想提供了基本依据，而马克思对人的全面发展思想的实现方式的深刻探索使这一理想更富于现实意义。马克思认为，人是在社会关系中生存和发展的，"社会关系实际决定着一个人能够发展到什么程度""一个人的发展取决于他直接或间接进行交往的其他一切人的发展。"马克思主义的全面发展思想的实质是以人为目的。以人为目的可分解为三个层次：一是服务于人的生存和享受的需要；二是人的本质的充分展现和自我实现；三是自身的发展与完善。人自由而全面的发展代表着充分的自我发展与自我实现，以及个人与社会、他人和自身关系的全面协调。片面发展和畸形发展都不能很好地展现人的全部本质，只有马克思关于"人自由而全面地发展"的思想是站到了人类和社会发展的高度，展望了人类可期望的共同而美好的发展前景。

（五）关于人和自然和谐相处的思想

对于人与自然的关系，马克思认为"整个自然界——首先就它是人的直接生活资料而言，其次就它是人的生命活动的材料、对象和工具而言——是人的无机身体。人靠自然界来生活，人的物质生活和精神生活同自然界不可分离，即是说，自然界同人本身不可分离，因为人是自然界的一部分。"[①] 结合马克思的观点，恩格斯进一步强调"不要过分陶醉于我们人类对自然界的胜利。对于每一次这种胜利，自然界都要对我们进行报复。每一次胜利，起初确实取得了我们预期的结果，但是往后和再往后却发生完全不同的、出乎预料的影响，常常把最初的结果又消除了。"[②]工业革命的发生极大的解放和发展了社会生产力，伴随而来的是资本家对自然资源的过度开发致使地球环境持续恶化。在人类面临日益严峻的资源和环境挑战面前，马克思、恩格斯关于人属于自然，自然是人类赖以生存的前提和

---

[①] 马克思.1844年经济学一哲学手稿［M］，刘王坤译.人民出版社.1979，P49.
[②] 马克思恩格斯选集（第4卷）［M］.人民出版社.2012，P313.

基础等论述将持续指导着人类的行为活动。

中国特色社会主义是在马克思列宁主义、毛泽东思想、邓小平理论等系列科学理论的指导下产生、发展和完善的。马克思恩格斯的道德观贯穿于社会主义道德体系，并在社会主义实践中得以不断继承和发扬，并持续焕发出新的生机与活力。社会主义道德观、社会主义核心价值体系、习近平新时代中国特色社会主义伦理思想等即是对马克思恩格斯道德观的继承、发展和创新。我国商业银行扎根于社会主义市场经济环境中，坚持马克思恩格斯的道德观是商业银行履行好道德责任的基石。

## 二、社会主义思想道德体系

社会主义思想道德体系是以为人民服务为核心，以集体主义为原则，以爱祖国、爱人民、爱劳动、爱科学、爱社会主义为基本要求，以社会公德、职业道德、家庭美德、个人品德为着力点的系列道德观的有机组成。它涵盖了社会主义道德的基本方面，继承了中华民族的传统美德和优良革命道德，是对马克思主义道德观、社会主义道德观和共产主义道德理想的高度概括。商业银行践行社会主义道德主要是坚持为人民服务的道德核心、集体主义的原则，坚持社会主义市场经济道德原则、社会主义义利观等。

### （一）坚持为人民服务的道德核心

为人民服务是毛泽东最早提出的共产主义道德的基本特征和规范之一，意指为人民的利益而工作的思想和行为。"为人民服务也是一切向人民负责，一切从人民利益出发的思想观点和行为准则。"[①] 为人民服务这一思想理论的重要意义在于：一是它揭示了人民群众是创造历史的动力这一真理，集中体现了马克思历史唯物主义的群众观；二是它肯定了个人利益的合理性，把维护人民群众正当利益作为了社会主义道德的基本内容；三是它提倡把国家和人民的利益放在首位，坚决反对个人主义、损公肥私和

---

① 杨浩文. 为人民服务与集体主义的联系［J］. 道德与文明. 1997（5），P8-9.

一切向钱看的歪风；四是它鼓励人们把个人利益和国家、集体利益统一起来，为全体人民的利益而奋斗。

为人民服务自提出之日起，以其高度的概括性和实践性成为党和国家建设核心的道德要求。十一届三中全会以后，邓小平提出以"人民是否拥护、是否赞成、是否高兴和是否答应"作为检验"全心全意为人民服务"的重要标准，从而把党和政府的领导作用和全心全意为人民服务紧密地联系起来。党的十四届六中全会明确了"为人民服务"是社会主义道德的核心。随后，"三个代表"重要思想、"科学发展观"和"社会主义核心价值观"等治国理论都一脉相承的强调了为人民服务这一核心的道德观。在习近平新时代中国特色社会主义思想的引领下，以人民为中心坚持高质量发展战略，脱贫攻坚全面奔小康，建设富强民主文明和谐美丽的现代化强国等系列重大战略举措使为人民服务这一道德核心得到更深刻的发展和体现。

作为道德规范，为人民服务就是要求行为主体服务人民、造福人民；作为道德原则，为人民服务就是以人民群众的根本利益为判断善恶是非的根本标准。为人民服务的道德观是社会主义道德与资本主义道德主要的分水岭，反映了人民的主体性。作为货币资本的集散地，社会主义市场经济条件下的商业银行不是为资本或资本家服务，而是为人民服务，为社会主义建设服务。服务群众、提高群众满意度和信任度是商业银行为人民服务的集中体现。中国共产党是社会主义各项事业的坚强领导核心，始终代表着最广大人民的根本利益，商业银行拥护党的领导是为人民服务的重要体现。

（二）坚持集体主义的基本道德原则

集体主义是社会主义社会道德的基本原则。要实现为人民服务的道德要求，就需要坚持集体主义的道德原则。中国共产党第十二届中央委员会第六次全体会议明确提出"鼓励和发扬国家利益、集体利益、个人利益相结合的社会主义集体主义精神"。利益是道德的基础。道德从来都是调节人们之间的利益关系的。集体主义的核心问题就是如何处理好国家利益、集体利益与个人利益的关系，如何辩证的将三者有机地结合起来。邓小平指出"在社会主义社会，国家、集体和个人的利益在根本上是一致的，如果有矛盾，个人的利益要服从国家和集体的利益。"① 当发生不可调和矛盾时，集体利益先于个人利益，国家和民族的利益先于集体的利益。爱祖国、爱人民、爱社会主义是集体主义的主要体现，这是每个行为主体都应当承担的法律义务和道德责任。

集体主义主要包括三个层面的内涵，即集体利益优先于个体利益，集体利益和个体利益的辩证统一以及集体主义重视和保障个体的正当利益。② 集体主义是相对个人主义而言，强调个人利益服从社会、国家和人民利益的道德主张，体现了人的社会性本质。集体主义并不反对个人利益，它既肯定和保障个人的正当利益，又倡导和鼓励个人利益与社会、国家和人民利益相结合；倡导以集体利益的巩固和发展来更好地满足个人利益；倡导当个人利益与集体利益发生不可调和矛盾时，适当放弃或牺牲个人利益以实现集体利益。正如马克思所言"既然正确理解的利益是整个道德的基础，那就必须使个别人的私人利益符合全人类的利益。"③ "只有在集体中才可能有个人自由。"④ 当然，集体主义也强调对作出奉献或牺牲的行为者的补偿，并以此来维护社会的公平正义。在集体主义公正观中"补偿原则"是一种积极价值追求的具体措施，其目的是促进人与人之间互助合作的实现，使人与人、个人与社会和谐一致地发展。⑤ 此外，整体利益大于个体利益、全局利益大于局部利益、个体利益服从整体利益、局部利益服从全局利益、当前利益服从长远利益，也是集体主义的重要内涵。

商业银行坚持集体主义的道德原则，就是要正确处理好银行利益和集体利益的辩证关系，紧密结合银行利益与社区、社会、国家和人民的利

---

① 邓小平文选（第 2 卷）［M］. 人民出版社 . 1994.
② 罗国杰 . 关于集体主义原则的几个问题［J］. 思想理论教育导刊 . 2012（6），P36 - 39.
③ 马克思恩格斯全集（第 2 卷）［M］. 人民出版社 . 1995，P157.
④ 同上第 3 卷，P84.
⑤ 卢黎歌，何志敏 .《思想道德修养与法律基础》课内容拓展——经济伦理视域下的阐释［J］. 思想政治教育研究 . 2010，26（03），P4 - 6.

益。在谋求国家和人民利益的过程中努力实现银行自身的利益,在追求银行利益的过程中不断增进国家和人民的利益。就是要树立大局意识、服务意识和担当意识来服务社会主义的现代化建设,服务人民群众的现实需要,助力人民共同富裕和中华民族伟大复兴中国梦的实现。

(三)坚持社会主义市场经济道德内涵

市场经济的出现极大地解放了社会生产力和创造力,属于人类文明的极大进步。市场经济的基本内涵既是法制经济又是道德经济。市场经济的健康有序发展不仅需要法律的强制力保障,而且需要伦理道德的规范、引导和调节。市场经济绝无可能超越伦理道德而成为纯粹的经济机制或法治机制。作为指引人们行为规范的道德准则,市场经济道德原则是维护市场经济秩序的有力手段,发挥着重要的基础作用。市场经济普遍的道德原则有平等、公平、诚信和自愿等。第一,平等。平等既是市场经济的一般特征,也是市场交易的重要原则,强调的是人与人之间的平等关系。在市场上,买卖双方的地位都是平等的,任何"势利眼""客户歧视"或以地位和权势的高低干预买卖的现象都是违反平等交易原则的,是对市场秩序的破坏。第二,公平。公平是市场交易的重要内容,是市场交易的灵魂,是衡量市场交易活动是否有序、是否规范的试金石。公平原则强调的是等价交换问题。在交易中明码标价、秤平尺准、童叟无欺是公平行为,而缺斤短两、坑蒙拐骗、黑市交易等现象,则是违反公平原则的。第三,诚信。诚信是市场经济的本质要求。在社会实践中,体现为诚实、守信用,正当的行使权利和履行义务,在日常生活中,诚信因其对社会秩序的极端重要性而成为民法的基本原则,实现了诚信道德的法律化。第四,自愿。自愿是市场经济的基本要求。市场交易是产权的交换,交易顺利完成的前提在于对产权的界定和保护。自愿原则就是对市场经济主体产权的肯定和保护。其中,平等、自愿原则是公平原则的前提和基础,诚信、公平原则是平等、自愿原则的体现和保证。市场经济的道德原则从不同方面规范了市场上买卖双方的交易方式和交易行为,肯定了市场主体的地位平等与人格尊严,体现了互利共赢、义利兼顾的道德价值。

社会主义市场经济是与社会主义基本制度相结合的市场经济，是强调市场在资源配置方面起决定性作用，同时更好的发挥政府作用的经济体制。在社会主义市场经济条件下，市场主体除了坚持市场经济普遍的道德原则外，还要求体现社会主义的道德准则，反映社会主义本质的要求。社会主义市场经济鼓励市场主体重视和追求正当的自身利益，倡导市场主体把国家和人民利益放在首位，主张市场主体坚持为人民服务的道德核心和集体主义的道德原则，引导市场主体树立共同富裕、人类命运共同体和共产主义道德理想等道德观。政府发挥宏观调控作用是社会主义市场经济的内在要求。

从全球视域来看，市场经济普遍性的道德原则尚不足以指导各国的实践。市场经济发展出了以美国为代表的"自由主义的市场经济"，德国为代表的"社会市场经济"、日本为代表的"社团市场经济"和我国的"社会主义市场经济"等模式。不同市场经济模式下的银行业可以折射出社会制度的优劣。在市场经济条件下，资本主义国家的银行业历来难逃周期性金融危机的厄运。因为银行资本肆虐引发的次贷危机、金融危机、生态环境危机、贸易摩擦、地区冲突乃至世界战争等带给人类深重的灾难。相反，在社会主义市场经济条件下的中国，不仅从未爆发过经济、金融危机，反而在国际社会陷入危机时施与援手，为世界重归安定繁荣作出重要贡献。这在很大程度上源于银行业对社会主义市场经济道德原则的贯彻落实，源于社会主义市场经济对为人民服务、集体主义、共同富裕、人类命运共同体和共产主义道德理想等马克思主义道德思想不断深入的认识和实践，源于社会主义制度的优越性。

（四）践行社会主义义利观

社会主义义利观是倡导义利统一、义利并重的内在于社会主义市场经济发展要求，并以其特有的功效推动社会主义各项事业健康发展的科学价值观和道德观。它是在继承中国传统道德理想、先义后利、见利思义、义利并重等合理道德主张和批判资本主义社会中利己主义、个人主义、极端功利主义基础上，形成的可以真实反映社会主义经济政治制度要求，正确协调社会主义社会各种利益关系的基本观点。社会主义义利观中的"义"，就是正确处理社会主义社会中各种利益关系的道德准则。其中的"利"，则包括公利和私利，如国家和人民的整体利益、社会组织的集体利益，以及公民的个人利益等。社会主义义利观既肯定利益是道德的基础，又强调道德对社会物质利益关系的调节作用；既强调把国家和人民利益放在首位，又鼓励人们重视和追求正当的个人利益。国家和人民的利益是社会主义义利观中"义"的基本内涵，是最大的义。把国家和人民利益放在首位的前提下，充分尊重个人的合法利益，鼓励和引导每个公民维护和争取自己的合法利益。公民个人的合法利益增加了，国家和人民的利益也就增加了。"把国家和人民利益放在首位而又充分尊重公民个人合法利益"的社会主义义利观，根本区别于资产阶级的个人主义义利观，也不同于历史上重利轻义、重义轻利的义利观。此外，社会主义义利观强调义利的统一还强调以义导利、以义取利、见利思义等。社会主义义利观体现了为人民服务道德核心和集体主义道德原则的根本精神。它把国家利益、集体利益放在更加重要的位置上，国家利益最为重要，集体利益次之，个人利益再次之。个体利益只有在不违背国家利益和集体利益的前提下，才是正当的，才是受到保障的。

商业银行身处于社会经济金融活动的中枢，沉浸在复杂的利害关系中，唯有更全面的认识社会主义道德，更好地践行社会主义义利观，把国家和人民群众的利益摆在前面，不断实现自我发展的"利"跟国家和人民群众的"利"的统一，才能促进自身和行业健康发展，才能以其国民经济核心中枢的地位发挥出引领社会主义科学道德的示范作用。

（五）贯彻落实习近平新时代中国特色社会主义经济伦理思想

不同社会发展时期决定着银行业对道德责任承担的具体范围、方式与特征。计划经济时期商业银行的行为特点体现为执行好社会主义国家的政治命令；改革开放初期的商业银行则置身市场化中更多地关注企业的经济责任；在全面建设小康社会时期，现代企业制度在商业银行的普遍建立，承担社会责任成为商业银行的基本义务；在决胜全面建成小康社会阶段，习近平新时代中国特色社会主义经济伦理思想为商业银行的发展提出了新的要求。①

1. 高质量发展

党的十九大报告明确定位"人民日益增长的美好生活需要和不平衡不充分的发展之间的矛盾"为我国主要矛盾，明确提出建设我国成为"富强、民主、文明、和谐、美丽"的现代化强国的目标，提出社会主义各项事业要努力践行"创新、协调、绿色、开放、共享"的发展理念，坚持以人民为中心的发展思想，不断促进人的全面发展，努力实现全体人民的共同富裕。高质量的发展要求主要是对主体道德责任的要求。商业银行作为国民经济的中枢，为社会主义各项事业的发展输送着"血液"，更应当由高速增长阶段转向高质量发展阶段。通过保障银行资金安全、防范系统性风险、维护金融稳定、服务实体经济，不断实现银行业与实体经济的良性循环，不断促进社会经济可持续高质量发展，为实现共同富裕、助力实现中华民族伟大复兴的梦想贡献应有的力量。

2. 银行与政府的关系

习近平指出：社会主义市场经济改革的核心问题是处理好政府和市场的关系，要坚持和完善公有制为主体、多种所有制经济共同发展的基本经济制度，实现"使市场在资源配置中起决定性作用、更好发挥政府作用"。银行是政府宏观调控的重要抓手，清晰理解社会主义基本经济制度，深刻认识银行与政府的关系是商业银行履行好道德责任的关键。

3. 银行的地位和作用

习近平指出：金融是现代经济的核心，是国家重要的核心竞争力，金融安全是国家安全的重要组成部门，要不断提高金融体系服务实体经济能力，形成金融和实体经济良性循环。商业银行是金融行业的核心机构，对落实货币政策、实现资金融通和调节市场经济发展等具有至关重要作用。鉴于其行为强大的外部性，社会经济对商业银行道德责任的要求远超对一

---

① 中央宣传部. 习近平新时代中国特色社会主义思想学习纲要 [M]. 人民出版社. 2019.

般市场经济主体的要求。商业银行社会道德责任水平的提升势必对社会主义各项事业道德责任水平的提升发挥着提纲挈领的引领示范作用。

总之，以为人民服务为核心，以集体主义为基本原则的社会主义道德体系是在批判继承奴隶社会、封建社会和资本主义社会等人类社会历史形态中的道德观基础上形成的当今世界最先进的社会道德体系。社会主义道德体系的先进性体现在它始终关注的是最广大人民群众的利益，并以实现人的自由而全面发展为目标。因此，我国商业银行立足于为人民服务的社会主义道德核心，以最广大人民群众的利益为行为出发点，坚持集体主义的道德原则，体现社会主义市场经济的道德要求，践行社会主义的义利观，坚持贯彻习近平新时代中国特色社会主义经济伦理思想，以系统的社会主义思想道德体系来指导商业银行道德责任建设才是提升我国商业银行道德责任水平的关键。

### 三、共产主义社会道德理想

共产主义是人类社会生产力高度发达，人们科学文化水平、思想觉悟和道德水平极大提高，劳动者自由联合实行各尽所能、按需分配原则的社会经济形态。在共产主义社会，每个人的自由发展是一切人的自由发展的条件。物质财富极大丰富，消费资料按需分配，社会关系高度和谐，人们精神境界极大提高，每个人获得自由而全面的发展是共产主义社会的主要特征。共产主义理念是在批判资本主义社会弊端的基础上提出来的，它既有对资本主义剥削、掠夺、异化、危机和冲突等社会固有矛盾的科学批判，又蕴含着人类崇高的道德理想和追求。在共产主义社会阶级消亡、国家消亡，没有了剥削，没有了贫富两极的分化，有的是人类的物质和精神获得了全面的发展，人们的综合素质得到了全面的提升，人和社会获得了和谐发展、自由发展和充分发展。共产主义是比资本主义更高级的人类社会形态，也是未来人类理想的社会形态，具有人与人、人与社会、人与自然关系上旺盛的生命力和不竭的活力。

中国共产党从成立起就把为共产主义、社会主义而奋斗确定为自己的纲领，坚定共产主义远大理想和中国特色社会主义共同理想，不断把为崇高理想奋斗的伟大实践推向前进。① 邓小平强调："要实现共产主义，一定要完成社会主义阶段的任务。"② 作为掌握货币资本的商业银行，认识资本主义道德缺陷，立足社会主义本质要求，践行社会主义道德体系，坚定共产主义道德理想是提升银行道德责任水平的关键。

## 第二节　中华民族优秀的传统道德是宝贵传承

中国传统道德是中华民族思想文化传统的核心，是中华民族宝贵的精神财富。无论是儒家的"仁义"之说，墨家的"兼爱"思想，还是法家的"法治"学说，或是道家的"上善若水"等都提供给社会主义丰富的道德建设资源。其中，传统道德思想中儒家"仁爱""先义后利""诚信"和"以人为本"思想，墨家的"兼相爱、交相利"的责任以及近现代的"儒商思想"，对于我国商业银行的行为道德依然具有重要的指导意义。

### 一、"仁爱""诚信"的道德观

"仁爱"是中华民族传统文化中最核心的价值理念。儒家文化中"仁"是最高的道德境界。孔子明确把"仁"作为礼乐文明的核心精神，把"仁"界定为"爱人"，正如"樊迟问仁，子曰'爱人'"，他强调"己欲立而立人，己欲达而达人""己所不欲勿施于人"。孔子高度肯定"博施于民而能济众"的行为，强调"泛爱众"，即普遍性的爱。孟子称"仁"为"恻隐之心"，即是一种怜悯爱人之心，"恻隐之心，人皆有之；羞恶之心，人皆有之；恭敬之心，人皆有之；是非之心，人皆有之。"③ 孟子主张修己安人，即不仅要对自己负责，还要对他人负责。唐代韩愈阐释为"博爱之谓仁"，强调博爱的精神。朱子说"仁者，爱之理，心之德也。""仁爱"

---

① 习近平在庆祝中国共产党成立95周年大会上的讲话. 2016年7月1日.
② 邓小平文选（第3卷）[M]. 北京：人民出版社. 1993, P137.
③ 出自《孟子·告子上》.

的内涵还包括"忠恕"关系,"忠"即尽己所能,"恕"即设身处地为他人着想,主张尽己之"忠",推己之"恕",忠恕互动,一体两面。儒家"仁爱"思想还体现到了职业道德中,《礼记·学记》中主张"敬业乐群",敬业就是对待工作要兢兢业业、恪尽职守,乐群则是要关爱他人、与人和睦相处。"仁爱"思想体现了利他的本质,是中国传统道德文化的核心。倡导仁爱思想有利于行为主体身心关系的和谐,有助于社会关系的稳定有序,进而实现最大多数人的最大幸福。这对于商业银行履行好社会道德责任起到了积极正向的思想引领作用。

"诚"是传达真信息的行为,"信"是真心诚意,恪守信用。诚与信可以分为两个层面来理解:一是与自己的主观思想相符,谓之诚;二是言行一致,谓之信。将两个范畴结合起来,即"在人际交往中要恪守自己的诺言,言行一致,诚实无欺",谓为诚信。《管子·枢言》有云"诚信者,天下之结也。""信,战之器也"①;在孔子看来"人而无信,不知其可也",他反复强调"言必信,行必果"。中国传统社会生活及商业活动中,"诚信观"具有很重要的地位,正所谓"自古皆有死,民无信不立"。经商的关键就是要重信用。从古至今,商人都在强调"利从诚中出,誉自信中来""货真价实,童叟无欺"。诚信是固国之本,是民族精神之魂,也是个人或组织进德修业之根、立身之本。作为古老的德目,诚信被列入了社会主义核心价值观,成为公民价值准则的重要内容。历史积淀了其丰厚的道德内涵,时代赋予了它鲜活的历史使命。市场经济本质上是契约经济,缔结契约的各方都应遵守诚信原则,这也是契约题中应有之意。商业银行的经营管理活动同样应以诚信为本,对待股东和债权人应该准确及时告知企业的真实经营情况,对待消费者要讲信用并为其提供真实可靠的产品和服务。

## 二、"先义后利、以义取利"的义利观

"义"可以理解为义利之说,反映了人们用什么样的观念来调节义和

---

① 出自《左传·成公十六年》.

利的关系①，孔孟儒家重义轻利的义利观在古代占据主导地位，也对历代社会商业活动的道德责任思想产生了深远的影响。儒家的义利观思想主要包括义利合一、先义后利、以义取利、兴天下之利四个方面，主张义和利冲突时利益服从于道义，谋取利益要符合道德规范。"仁中取利真君子，义内求财大丈夫""君子爱财，取之有道""财自道生，利缘义取"等民间谚语，正是对上述义利观的写照。在社会主义市场经济条件下，市场主体同样应以服务国家和人民的大义为先，不能唯利是图，见利忘义；企业追求利润的动机也要义利结合，所谓君子爱财取之有道；商业银行盈利应遵守各项法律法规和伦理纲常，遵守银行业协会的各项行业规则，积极"兴天下之利"，做到义利兼顾、义利并举。

## 三、"兼相爱、交相利"的责任观

"兼相爱　交相利"是墨子的重要思想主张。他提出"有力者疾以助人，有财者勉以分人，有道者劝以教人。"②主张人们相亲相爱、互惠互利、共谋发展，反对自私自利、相互争夺。墨家的"兼相爱"与托尔斯泰的利他主义相近，而"交相利"则近乎科尔普特金的互助主义。"兼相爱交相利"原则之实质，是一种柔性的治理理念。这一主张既符合人的自然性（利）的需要，又符合社会道德规范（义）的要求，对于改善人际关系、消除破坏性冲突、创造良好的社会环境具有重要意义。同时，义利统一、互利共赢、共谋发展的思想要义，对于当今商业银行的稳健发展亦具有重要的参考价值。

## 四、"经世济民"的儒商思想

儒商是指以传统儒家主要思想为指导、有一定文化修为的商人。商人的经营法则与传统的儒家思想相融合，产生了独具特色的儒商思想。儒商

---

① 王泽应. 义利观与经济伦理［M］. 湖南人民出版社. 2005, P12.
② 出自《墨子·尚贤下》.

思想倡导商人要具有经世济民、修身齐家治国平天下的情怀、责任和使命。经世济民意指使社会繁荣，百姓安居，以经世的智慧达成济民的结果。经世济民是儒商思想最具代表性的道德原则。为实现经世济民、惠己及人的目的，儒商思想还倡导：第一，"以人为本"的经营理念。提倡"人治""德治"，注重将"推己及人""推物及人"的思想贯彻到商业活动中。第二，"以和为贵"的经营态度。把"和"的方法运用于商业竞争中，注重不同经营者之间的互利合作，和谐经营，和气生财；注重系统内部的人际和谐，上下沟通，淡化内部消耗性竞争；注重对待顾客的态度，不强买强卖、让利于民、以诚相待。第三，"重义守信"的经营原则。强调以义驭利、义而取信、无信不立，倡导"见利思义""先义后利"，认为只有这样才能带来更长远的获利机会。儒商把儒家为人处世之道、经世济民思想与经商谋利相融合，实现了自我价值与追求社会价值的统一。

我国传统道德思想为社会主义建设提供了丰富的道德资源。道德原则虽具有一定的稳定性但却并非是一成不变的，它属于经济基础决定的上层建筑，随着社会经济环境的发展变化而变化。对于传统道德中形成的优良道德原则，应当予以倡导和贯彻；对于专制主义的道德等阻碍社会生产力发展的、脱离社会发展实际的恶劣道德原则应当予以抵制和批判。改革开放40多年的实践证明，"诚信""仁爱""互利共赢""义利兼顾""以人为本""经世济民"等道德规范是社会主义市场经济健康运行的道德基础。作为窗口单位的商业银行更应当努力践行我国优秀的传统道德，"以兴天下为己任"的情怀开展银行经营管理活动。

## 第三节 国外社会责任理论与实践的批判借鉴

一、西方国家社会契约论的源流

霍布斯（Hobbes，Thomas）被学界普遍认为是社会契约理论的创始人。1651年，其著作《利维坦》（Leviathan）中提出："国家作为社会契约产生的前提是人在自然状态下的平等，大自然赋予人身体和精神的力量是基本平等的，人在自然状态下的平等是社会契约的前提条件，国家作为社会契约是大多数人定的，个人必须服从大众，因为签订社会契约时，这个行为本身就隐含着他必须服从大众的意思。"① 社会契约理论反应的契约自由思想对西方道德和法律的理论和实践产生了深远影响。

从社会契约论来看，企业与社会之间存在契约关系。企业作为一个经济组织，社会之所以允许和鼓励其经济活动不是因为它是所有者利润的来源，而在于它能服务社会。因此，企业对利益相关者和社会公众应有正确的态度，企业有义务遵守这种契约。随着社会生产不断进步带来了社会意识的进步，企业的社会契约突破了生产有价值产品和服务的局限，站到了社会企业的高度，开始评估企业经营对社会造成的综合影响，从而将最初的企业只对股东、员工及客户负有责任，拓展到了包含对社区、对政府、对环境等利益相关者的责任。

从企业契约责任理论来看，企业是一系列合约的联结，是利益各方契约的结合点。"这一系列合约关系，包括法律拟制物与原材料或服务的卖方即供应商签订的供应合同，同向企业提供劳动力的个人签订的雇佣合同，同债券持有人、银行及其他资本供应方签订的借贷合同，以及同企业产品的卖方签订的销售合同。它们包括文字的和口头的、显性的和隐性的、明示的和默示的各种契约。"② 简而言之，企业就是由利益相关者（包括但不限于股东、债权人、经理、员工、消费者、供应商及其他利益主体）组成的契约组织。

总体来看，社会契约论与企业契约责任理论都有强调尊重人权，正如学者唐纳森所言："所有契约论方法的核心乃是承认并尊重人的主权"③，这与中国传统道德"以人为本"的道德理念基本一致；同时，社会契约论

---

① ［英］霍普斯·利维坦［M］．黎思复，黎廷弼译．北京：商务印书馆．1985，P97-135.

② Michael C. Jensen And William H. Meckling. Theory of the Firm: Managerial Behavior, Agency Costs and Ownership Structure［J］, Journal of Financial Eeonomics, 1976, P305, P360.

③ （美）托马斯．唐纳森、托马斯．邓菲．有约束力的关系：对企业伦理学的一种社会契约论的研究［M］．赵月瑟译．上海社会科学院出版社．2001, P35.

与企业契约责任理论都暗含着企业应符合社会公众的期望的内在要求，如在市场经济条件下，企业的契约关系表现为一种平等交易的关系，社会契约理论反应了社会公众对于企业的普遍性期望和要求，在一定程度上体现为企业的道德责任。值得注意的是，企业的本质是以营利为目的的社会组织，追求利润最大化是企业的内在本能，追求利润甚至一度成为企业经营的唯一目的。而承担企业社会责任需要付出一定的成本，如果没有外力的约束，作为理性经济人的企业一般不会主动承担社会责任的。为了保障交易公平，维护市场秩序，促进社会和谐，需要强制力对企业行为进行干预。法律是刚性约束，道德是柔性约束，法律是最低限度的道德。就企业而言，社会责任、契约责任、道德责任因约束到企业行为而成为一种恶，一种必要的"恶"。

## 二、欧美国家企业利益相关者理论

"利益相关者"这一概念的定义最早是在美国斯坦福研究所的一份内部备忘录中提到，它被认为是"那些如果没有他们的支持，企业组织将不复存在的群体"[①]。关于利益相关者概念的学术表述很多，如弗里曼（Freeman）与克拉克森（Clarkson）的研究最具有代表性。弗里曼认为，利益相关者是指"能影响组织行为、决策、政策、活动或目标的人或团体，或者是受组织行为、决策、政策、活动或目标影响的人或团体"[②]。与此类似的表述还有"利益相关者是影响组织实现目标的个人或团体，是可以帮助或损害企业实现利益的个人或组织"[③]

克拉克森则认为，"那些对企业及其过去、现在或未来的活动享有或

---

① 冉毅波. 七国企业社会责任调查——美国人力资源协会调查报告 [J]. 中国民营科技与经济，2007（7）.
② Freeman R E. Strategic management: A stakeholder approach [M] Boston: Pitman/Ballinger 1984, P27.
③ Richard Lee Miller, William F. Lewis. A Stakeholder Approach to Marketing Management Using the Value Exchange Models [J]. European Journal of Marketing, 1991, 25（8）, P55-68.

主张所有权、权利或利益的自然人或社会团体就属于利益相关者。"①利益相关者理论的提出对根深蒂固的"股东至上论""唯利润论"提出了挑战,也在某种程度上为企业社会责任理论的发展提供了理论支持。第一,利益相关者理论明确了企业社会责任的范围对象。一定程度上避免了以往研究的企业社会责任范围不明确的现象,为企业社会责任提供了明确的对象。企业社会责任关系也因此被界定为"企业与利益相关者之间的关系"②。第二,利益相关者理论提供了企业社会责任实践的内容。在企业经营过程中,利益相关者势必会对企业带给自身的负面影响进行权益维护,诉求的结果正是企业社会责任实践的内容。

利益相关者理论最重要的意义在于,它强调了企业是处于社会关系网中的企业,而非一个孤立存在的经济组织。企业生存与发展的基础都源自于所缔结的社会关系。既然企业在经营运作中与其内外部的利益相关者是密不可分、休戚与共的,那么企业在追求利润过程中就不可能仅仅考虑自己的利益,而置其他利益相关者的利益诉求于不顾。

## 三、发达国家倡导企业公民理论

西方现代企业社会责任理论中还内含着"企业公民"的思想。即把企业当作社会公民来看待,企业开展业务经营为社会提供价值的同时,也向社会公众显示其应承担的公民责任③。企业公民理论发端于英国早先的"企业社会"思想,1996年美国乔治敦大学举行的"企业公民会议"进一步推动了西方的企业公民运动。Dirk Matten 认为企业公民大致有三方面的责任:一是遵纪守法、讲道德文明,努力创造利润的责任;二是参与慈善和社会投资的责任;三是对协作者、社区和环境负有的相应责任。企业公

---

① See Clarkson: A Stakeholder Framework for Analyzing and Evaluating Corporate Social Performance [J]. Academy of Management Review. 1995, 20 (1), P92-117.

② Clarkson. A Stakeholder Framework for Analyzing and Evaluating Corporate Social Performance [J]. Academy of Management Review, 1995, 20 (1), P92-117.

③ 任荣明,朱晓明. 企业社会责任多视角透视 [M]. 北京大学出版社. 2009, P60.

民的责任范围甚至可以扩展到全球①。通俗地讲，企业公民就是企业作为社会成员是国家的也是地球的公民，它有责任和权利为社会乃至人类的发展作出贡献。

企业公民理论弥补了企业利益相关者论的诸多不足，它从企业的功能特点和身份属性来揭示企业履行社会责任的内在机理，将企业的角色和本质拓展到了公民身份，形成了企业应该合理承担与公民权利相对应的责任认识，强化了企业"责任伦理"行为的自律性。企业在享有社会赋予的权利的同时，应承担起企业公民的责任，从而达到权利与义务责任的统一。

## 四、百年来资本主义金融危机的警示

（一）美国次贷危机的缘由、影响

2007年美国房地产市场泡沫破裂引发了全球次贷危机。次贷危机的缘由可追溯到2001年，网络泡沫的破灭和"9·11"恐怖袭击的发生，使美国经济面临衰退的危机。为了刺激经济增长，美联储前主席格林斯潘采取连续13次降息，实行低利率政策，到2003年6月25日，美联储将联邦基金利率下调至1%，创45年来最低水平。这一政策极大地刺激了美国房地产市场，房地产产业成了拉动经济增长的主要力量，导致房地产市场泡沫不断的集聚。

美国房地产抵押贷款分为优质抵押贷款、次优抵押贷款和次级抵押贷款三类。次级抵押贷款市场面向信用评级低、收入证明缺失、负债较重的客户，因信用要求程度不高，其贷款利率比一般抵押贷款利率高出2%—3%，其特点是"高风险、高收益"。巨大的利润诱使商业银行大量投放次级贷，其业务量甚至占到美国房贷市场的20%。楼市升温的时候，次级贷的风险并不算高，坏账率会保持在低水平。问题在于商业银行和按揭贷款机构发行短期票据，取得大量资金发放房贷。为取得流动性偿还短期票

---

① See Dirk Matten, Andrew Crane. Wendy Chapple. Behind the Mask: Revealing the True Face of Corporate Citizenship. Journal of Business Ethics. 2003, 45, P109-120.

据，商业银行和按揭贷款机构又将房贷卖给投资银行，投资银行则为了获得利润，通过特殊目的实体（Special Purpose Entity）将这些贷款包装为按揭贷款证券（Mortage Backed Securities）出售给投资者，从中赚取手续费。同时，投行还将不同类型的按揭贷款衍生证券进一步打包成结构投资产品，如担保债务权证（Collateral Debt Obligation，CDO）。CDO受到众多国际投资者的追捧，销售到了世界的各个角落。另外，投资银行为避免MBS和CDO的违约风险，还向保险公司和投资者购买保险，即信用违约掉期（CDS，Credit Default Swap）。当然，在这个长长的传导链条过程中，评级公司、审计公司等中介机构不可缺少。在这繁杂的体系中，美国房地产市场和全球金融市场被前所未有地紧密联系起来。2003年美国经济开始复苏，为避免通货膨胀反弹，美联储在两年内连续17次提息，贷款利率开始不断升高，房价逐步走低，房产出手趋难，次贷的借款人无法按期偿还借款，坏账率上升，次贷市场发生了异常。为了避免损失，投资者加速赎回或抛售，引起市场信心严重不足，进而导致市场的加速下降，危机持续恶化。

约瑟夫·斯蒂格利茨2007年8月在法国《回声报》上发表文章指出，美国次贷危机的爆发跟美联储前主席格林斯潘在任时施行的货币政策密切相关，认为格氏应对次贷危机负责，并最后总结说：斯人已去，贻害犹存！格氏在2008年10月23日美国国会发言时，也承认了自己过去在金融监管方面存在的错误，承认这是导致次贷危机的首要深层次原因。商业银行"见利忘险"，违背放贷标准，大量发放次贷是危机爆发的主要原因。银行放贷机构被次贷市场的巨额利润冲昏了头脑，对次贷抵押贷款原有的放贷标准在高额利润面前成为一纸空文，大量发放次贷。次贷债券具有高收益高风险的特征，其实是属于"垃圾债券"。此外，资信评级机构（如标准普尔公司和穆迪氏公司）失职，严重背离诚信原则，在次级抵押贷款骗案中，它们向隐瞒可能存在风险的无核查贷款发放了评级证书；美国监管部门监管履职不足，没能及时发现次贷市场和次贷资产证券化存在严重的不能及时还贷的风险，更没能及时采取措施，防范、控制次贷市场风险的爆发和蔓延。所有这些原因在房地产泡沫破裂的导火线下，最终引发了全球性的次贷危机。

次贷危机致使全球经济放缓，至今十余年仍深陷其中未能恢复；危机使世界各国遭遇的损失超过 20 世纪 80 年代末的美国储蓄和贷款危机、20 世纪 90 年代的日本金融萧条以及 1997 年的亚洲金融风暴损失的总和。直接或间接的引发了大规模的银行、投资机构亏损或倒闭，投资民众遭遇投资损失，进出口贸易不景气，实体经济萎缩，社会失业率增加，国际军事摩擦加剧等严重后果。在危机爆发的前两年（2006 年和 2007 年），美国资本家们财富掠夺最为疯狂、赚得最多，2008 年虽然华尔街精英们赚的少了，可随后几年又快速的恢复上去。全球范围内持续的经济下滑、贸易摩擦、地区冲突、民众疾苦等深重的灾难却依然持续。危机的损失最终还是一如既往的主要由社会乃至全球的普通大众来承担。

这场危机表明"非干预主义国家""市场之看不见的手""可调节的市场"等新自由主义教条是错误的，资本主义再次展示了它的本性及其固有的深刻矛盾。资本主义体系非但没有解决人类社会面临的问题，反而使不平等、非正义和贫困进一步恶化。余永定总结："美国的次贷危机不是一次简单的周期性危机或类似 1998 年的长期资本管理公司危机这种局部、短暂的金融危机。美国当前的这场危机是盎格鲁—撒克逊式资本主义生产方式的危机，是华盛顿共识的危机。"[1]

（二）东亚金融危机的成因与影响

1997 年爆发的东亚金融风暴，也与商业银行道德责任的缺失息息相关。可以说，商业银行不道德行为势必会成为金融不稳定因素，为金融危机等风险埋下导火索。

危机爆发前（1993—1996 年），泰国、韩国等国商业银行对外债务每年以 12% 的幅度增加，而外汇资产每年最多增加了 7%。[2] 二者显著的差

---

[1] 余永定. 美国次贷危机：背景、原因与发展 [J]. 当代亚太. 2008 年第 5 期，P15.
[2] 胡祖六. 东亚的银行体系与金融危机 [J]. 国际经济评论. 1998 年 Z3 期，P13–16.

距意味着商业银行净外债迅速累积。大量的外资借道国内的银行体系进入房地产和股市，引起了资产价格上升。资产价格的暴涨膨胀了借贷者的现金流量和账面财富，又进一步诱使商业银行扩张信贷规模。与此同时，银行贷款抵押物被不切实际地高估。到1996年，东南亚国家的资产价格已明显包含很大的泡沫成分。到1997年危机前，银行不良资产占总资产的比例在韩国高达14%，在泰国高达18%。大量不良资产的出现，对整个金融和经济体系带来威胁。外国投资者（基金经理与债权人）开始对泰国和韩国银行体系的不良资产感到忧虑，纷纷回撤资本，于是先后触发了泰铢（1997年5月至7月）与韩元（1997年11月至12月）汇率的大幅贬值。

外资流入中的相当一部分是私人商业信贷，特别是国内银行借入大量的短期外债。韩国商业银行甚至借短期美元外债，投资于其他如东欧和俄罗斯等新兴市场的"垃圾债券"，进行风险极高的套利投机。为了弥补经常账户上的赤字，其中有很大一部分又转贷给了国内房地产开发商和金融公司。其间商业银行至少违反了两条基本的审慎原则：其一，把外资借贷给只有本币收入的以房地产行业为代表的国内非贸易品机构；其二，用短期融资来支撑长期开发性项目。

在开放经济条件下，薄弱的银行环节就成了国际资本流动影响甚至控制国内经济的主要渠道。当外国投资者发觉银行的平衡表中坏账充斥，有严重支付问题时，其理性反应就是立即抽出资本。消息灵通的本国公司和个人也会争先恐后地抛售本币资产，购入外汇资产。资本突然大量外流不可避免地造成汇市压力，使本国货币急剧贬值。而本币的大幅贬值使本国银行体系与非银行公司部门的外汇债务一夜之间变得不堪负荷。与此同时，资本的大量流出直接导致了房地产与股票市场的陡跌，从而抹去了银行资产担保品的大部分价值。在开放资本账户的环境中，银行部门受到双向夹击，即货币贬值使外债负担变重，证券、地产狂泻使银行担保化为乌有，使得本来脆弱的银行体系更显得岌岌可危。到此阶段，东亚的汇率危机与外债危机引发了全面的银行危机。

在亚洲不少国家，政府官员与银行股东或银行高层经理之间，以及政府官员与商人之间形成了密切的裙带关系，因此许多借贷决策都不是基于一种清晰、有距离和受公平合同制约的商业关系，而是建立在并不可靠的人际信任交往基础之上，被西方人讥为"密友资本主义"。这种密切的三角关系，加上政府过度干预的本能，政府对银行放贷的隐含担保也就自然而生。这种政府担保完全扭曲了银行的经营动机，使其放贷行为失去了客观商业尺度的衡量，从而产生了众所周知的"败德行为"，使银行贸然扩张信贷，承担过度的风险，从而损害了银行部门的健康。美国麻省理工学院经济学教授保罗·克鲁格曼（Paul Krugman）把东亚银行享受的隐含政府担保视为亚洲金融危机的根源。东亚庞大的银行部门垄断了大部分金融资源，但作为中介机构没有起到有效率地分配国内储蓄与国外储蓄（外资）的功能。国际收支经常账户的失衡，引发商业银行不良资产比例的上升与经常账户赤字的恶化，使市场丧失信心，资本开始急速外流，从而使本国货币大幅贬值，地产股市价格崩溃，外债偿付成本猛烈上升。资产市场泡沫破灭，使没有效益的银行贷款项目现金流量荡然无存，银行担保品价值化为乌有，进一步破坏了银行资产负债平衡，使银行体系更加脆弱。到第二阶段，银行危机引起利率飙升，信用紧缩，加剧了金融与宏观经济的不稳定，开始涉及实质经济部门，严重影响了正常的生产与进出口贸易，国内需求严重萎缩、企业破产、工人失业，最终导致经济陷入全面萧条。

1997年由泰国金融动荡引发的东亚金融危机，一直蔓延到亚洲的北部乃至俄罗斯，马来西亚、印度尼西亚、中国台湾、日本、中国香港、韩国均受重创。由于银行倒闭，金融业崩溃，导致经济瘫痪。经济衰退，激化了国内的矛盾。东南亚金融危机期间，印度尼西亚、马来西亚等国社会动荡，人心涣散，秩序混乱。

东南亚金融危机又一次表明，金融投机者无时不在窥测方向，制造风波，追逐高额利润。他们的嗅觉非常灵敏，一旦有套利的机会就会闻风而至，无利可图时就会迅速撤离。留下的是被资本席卷后广大民众置身其中的社会破败与萧条。

(三) 其他代表性金融危机的成因与影响

1. 日本经济与金融危机。

日本 1985 年 9 月《广场协议》签署后，在 1986 年 1 月至 1987 年 2 月不到一年的时间里连续 5 次降息，从 1987 年 2 月到 1989 年 5 月，日本银行 2.5% 的超低利率政策维持了两年零三个月，长期的低利率政策，导致了货币供应量大幅度增加，泡沫经济迎来最高峰。接下来，日本资产价格上升无法得到实业的支撑，经济开始持续走低。1989 年 12 月 29 日，日经平均股价达到最高点 38915 日元，此后开始下跌，土地价格也在 1991 年左右开始下跌，泡沫经济开始破裂。1992 年 3 月，日经平均股价跌破 2 万日元，仅达到 1989 年最高点的一半，同年 8 月，进一步下跌到 14000 日元左右，大量账面资产在一两年间化为乌有。这场危机造成日本十余年的衰退和萧条。

2. 1929 年美国金融危机

1922—1929 年，美国经济空前的繁荣和巨额回报让不少人进入到华尔街狂热的投机活动中。1929 年 10 月 24 日，纽约股票交易所的股票价格突然从高峰暴跌。从 1929 年 10 月到 1932 年 8 月，纽约股市道指从 380.33 点跌到了 42.84 点，累计跌幅近 90%。美国国民生产总值下降了 30%，进出口贸易锐减 77.6%，企业利润下降 90%，银行业破产 49%，失业率高达 25%。这次大危机不仅对世界经济造成巨大损害，而且带来了全球性极惨重的后果——法西斯主义兴起和第二次世界大战爆发。

(四) 近现代金融危机的共同点

1. 从危机的主体上看

近现代金融危机既有发生在金融体系不太完善的亚洲新兴国家、发展中国家，又有爆发在金融市场比较健全的美国。经济与金融危机是金融机构、政府和商人联合导演的资本运动。

2. 从仅为危机的成因上看

无论是次贷危机还是金融危机，其直接原因多始于资本疯狂的逐利和政府监管的失效。危机是市场狂热、过度投资或投机的结果。危机发生前，都曾经出现过货币与信用扩张过快的金融自由化过程。金融活动的本性是资本逐利，金融自由化势必加剧资本盲目逐利的现象。Laeven 与 Valencia（2008）通过分析 1970—2007 年共计 42 次系统性银行危机得出结论，金融危机往往是不可持续的宏观经济政策（如巨额的贸易逆差、债务）、过度的信用扩张和外部冲击等的产物。何德旭（2009）认为，金融自由化和监管制度不到位是金融危机爆发的重要诱因，完善金融自由化的监管体系是防范金融风险的核心要求。

经济与金融危机根本诱因还是在于资本主义的生产方式。即生产资料私人占有下自由的市场经济制度。在自由的市场经济制度下，资本通过不断扩张来实现价值增值。资本的本性就是增值，而作为资本的操控者——资本家，同样具有无穷尽的追求利润的欲望。这种无节制的欲望和盲目的利润扩张，促使资本陷入"恶"的泥潭。正如马克思所言："资本主义的生产动机就是赚钱。生产过程只不过是为了赚钱而不可缺少的中间环节，只是为了赚钱而必须干的倒霉事。因此，一切资本主义生产方式的国家，都周期性的患上一种狂热病，企图不用生产过程作媒介而赚钱。"① 在这种贪婪本性的驱使下，经济、金融危机成为资本自由运动的必然结果。

3. 从危机的结果上看

危机必然导致企业大量倒闭、失业率提高、社会经济萧条，甚至引发政局动荡、社会混乱、经济摩擦、地区冲突乃至世界大战。危机给社会经济带来严重的创伤，危机过后社会、经济恢复过程漫长而曲折，而作为危机的始作俑者——资本，其掌握者——资本家，却常常赚得盆满钵满、全身而退，或者在遭受损失过后重组继续新一轮的资本运动，虽试图以史为鉴，却难逃酝酿下一场危机的厄运。

4. 从道德责任角度分析

经济与金融危机是资本自由运动的必然结果，在资本自由运动中充满着冒险、逐利和异化的本质。经济与金融危机是银行业、政府与资本家联

---

① 马克思恩格斯全集（第 2 卷）[M]．人民出版社．2002，P86，P121．

合主导的资本运动。作为普通大众，未能主导甚至参与这场运动，却不得不接受和承受运动洗劫社会财富的系列后果。危机破坏社会福祉、损害社会公共利益、加剧人的异化、有损社会公平、正义的道德原则，因此是不道德的存在。

值得一提的是，我国是70多年来在世界经济体中从未发生过经济金融危机的国家，这主要仰仗于我国的社会主义体制以及社会主义市场经济渐进式的双轨制度，这也体现了社会主义市场经济制度的优越性。

（五）经济与金融危机的启示

1. 政府对银行业金融机构的监管需常抓不懈

政府对银行业等金融机构的放任势必带来资本的流动性监管走弱、资本逐利的盲目性凸显等，进而为经济与金融危机埋下隐患。可以说，不管金融市场多么发达，金融体系多么完善，放松对金融市场的监管，都可能膨胀金融安全隐患。

2. 多环节的委托代理关系必然加剧金融风险

作为承担风险的投资者，若距离直接放贷者、打包者隔了好几层的委托代理关系，将无法行使有效的监督进而势必加剧金融风险。

3. 需要重新审视资本主义国家商业银行社会责任原则

西方发达国家虽然具有完善的社会道德责任相关的理论与实践，如"赤道原则"的指导，SA8000标准的确定等却最终未能规避以政府、银行业和商人联合主导的因道德失范而引发的金融危机。这进一步表明：第一，西方国家的道德制度和道德标准是表面的、浅显的，甚至于是脱离实际的。第二，资本主义生产方式和制度的缺陷是难以克服的。

## 本章小结

道德责任的存在和发展离不开特定的社会历史环境。我国商业银行生长于中国特色社会主义市场经济条件下，应当坚持以马克思主义伦理思想为依据，坚持马克思主义道德观、社会主义道德观和共产主义道德理想，坚持以为人民服务为核心，以集体主义为原则，坚持商业银行道德建设的社会主义方向。同时，应当客观地认识到国外在商业银行社会道德责任方面的实践较早，积累丰富的如社会契约论、企业社会责任理论、企业利益相关者理论和企业公民理论等思想和实践，这些理论和实践具有一定的合理性。然而，周期性的经济与金融危机反复揭示出资本主义不道德的本质，西方国家各种社会责任相关的理论和实践根本不能治愈也无法掩盖资本主义固有的恶和顽疾。中国特色社会主义的本质与商业银行的特殊性质决定了我们不能照搬资本主义国家社会道德责任建设经验和模式。实践证明，只有社会主义道德体系才是当今世界最先进、最优越的社会道德体系。以社会主义道德思想来引领商业银行的道德责任实践是社会主义制度对商业银行的客观要求。

# 第三章　中国商业银行道德责任的构成及特征

我国商业银行的道德责任是中国特色社会主义道德责任的具体实践。商业银行的道德责任是由商业银行的社会角色、功能定位以及特殊金融地位决定的。本章在结合商业银行履行道德责任的理论依据基础上，深入剖析了商业银行道德责任的基本要素、主要原则和评价标准等内容构成，构建了商业银行道德责任的调控体系，总结了商业银行道德责任的主要特征，从而进一步回答商业银行道德责任的行为应当问题。

## 第一节　商业银行道德责任的主要内容

### 一、商业银行道德责任的基本构成

商业银行的道德责任是商业银行在道德方面的责任，也是商业银行对其行为及结果应负的道德责任，体现为商业银行对他人、对社会的道德义务。

从商业银行道德责任的要素上说，商业银行道德责任主要包括三个要素：一是道德责任意识。商业银行道德责任意识是银行实践过程中的善恶价值取向和观念，是商业银行行为选择的内在机制，包括道德原则、道德规范、道德意志和道德理想等。二是道德责任行为。商业银行的道德责任行为是对商业银行经营管理活动中的道德责任审视，是商业银行依据道德原则和规范所进行的具有善恶意义的行为实践，包括道德行为选择、道德责任养成等。三是道德责任评价。商业银行道德责任评价是对商业银行思想意识、行为规范和行为结果的善恶评价。

从道德责任的履行过程来看，商业银行履行道德责任主要分为三步：第一步是商业银行分内应做之事（尽责的过程）。商业银行应尽的责任紧紧依附其社会功能与角色定位。商业银行经营活动反映社会主义本质的要求、践行社会主义核心价值体系，履行好对政治、经济、文化、社会、生态方面的道义责任，履行好对于利益相关者的道义责任就是商业银行分内应该做的事；商业银行增进利益相关者利益，实现经济价值与社会价值统一协调发展的过程，就是商业银行履行社会道德责任的过程。第二步是商业银行做好或没有做好应做之事时应受到的赞赏或谴责（问责的过程）。在社会主义条件上，商业银行以社会主义市场经济为生存环境，对商业银行通过科学合理的资金融通，实现银行规模和效益快速增长、促进社会进步与经济发展等积极行为和结果应该给予奖赏，但同时，对商业银行产品与服务避实就虚加剧经济泡沫、嫌贫爱富拉大社会贫富差距、极端功利促使社会功能异化等违背社会主义道德和社会主义本质要求的行为及结果，同样应当给予谴责和惩罚。第三步是对商业银行行为的道德评价（评价与反馈的过程）。商业银行是社会经济活动的中枢，其行为活动属于社会活动，其表现应当受到源自于社会公众和利益相关者的客观评价。评价结果应当作为商业银行行为改进的重要依据。一般而言，商业银行处于相对强势的社会主体地位，组织、收集和反馈商业银行的社会道德评价有赖于监管部门、行业协会或媒体等第三方机构的力量。

二、商业银行道德责任的基本规范

商业银行道德责任的行为规范是社会主义道德行为规范在银行业的具体应用。在第一章中我们将商业银行的道德责任定义为：商业银行在遵循经营行为准则、提供银行产品和服务、追求利润目标，创造银行价值的同时，对投资者、客户、业务伙伴、员工、社区、政府等利益相关者负责，对自然环境和社会环境负责，实现政治、经济、文化、社会、生态等各方面可持续发展而应承担的道义责任，其中饱含着商业银行丰富的道德责任规范。在社会主义核心价值观的引领下，参考《新时代公民道德建设实施纲要》和《新时代爱国主义教育实施纲要》可以明确商业银行行为道德的基本规范。

（一）爱国守法

爱国是公民（含企业公民）基本的道德准则。从总体上看，商业银行爱国就是要坚持以马克思主义伦理思想为基本依据，以习近平新时代中国特色社会主义经济金融思想为指导，以助力实现中华民族伟大复兴的中国梦作为鲜明主题，坚持银行经营管理活动与爱党爱国爱社会主义相统一。从微观上看，商业银行爱国就是要开展好银行各项业务，履行好各项职能，确保国家经济金融的安全与稳定。守法是对公民（含企业公民）行为的基本要求。商业银行守法就是要自觉遵守银行业相关的各项法律法规，正确行使权利、积极履行义务、严格遵守禁令。我国商业银行需要遵守的法规包括我国的宪法、法律、行政法规、部门规章、地方性法规、银行业相关的经济金融类法规等。

商业银行爱国守法，既是对银行法人机构的道德规范更是对银行从业者行为道德的具体要求。爱国守法要求商业银行处理好与国家、与社会的关系，履行好对祖国、对社会、对他人的义务和责任；要求银行从业者做到知法守法敬法，努力实现个人价值与银行价值最大化的有机统一。爱国守法是商业银行从业人员最基本的职业道德素养。对商业银行从业者而言，爱岗敬业、尽忠职守就是爱国守法的重要体现。

（二）诚实守信

诚信是金融的本质，也是市场经济健康运行的内在需要。"人无信不立，业无信不兴"，中国古代的钱庄、票号、典当行开展汇兑典当业务就已经以信用为立业、兴业之本。现代商业银行更无不把诚信作为生存发展的基础。商业银行的诚信体现于对行业规范的遵守，对存贷契约的履行和对客户的承诺。这既是商业银行获得客户信赖、维护自身健康发展的需要，也是商业银行减少交易成本、赢得市场竞争的重要手段。在经营管理活动中，商业银行不仅要付出诚信的实践，更需要引导客户的诚信行为，在银行行为与价值理念传导过程中，系统内外达成"诚信"的共识，才能更好地实现诚信的效用，增进共同的福利。

（三）公平正义

公平正义是对商业银行作为窗口单位的基本道德要求，它直接关系到社会主义市场经济秩序的稳定和人民群众的幸福感。亚里士多德讲"在各种德性中，人们认为公正是最重要的。"① 对人类社会而言，公正是最基础、最重要的道德，它比仁爱、宽容更为根本。对此，亚当·斯密也说"仁爱是社会大厦的花环，公正是社会大厦得以建立的栋梁""没有仁慈，社会固然处于一种令人不快的状态，却仍然能够存在；但是，不公正的盛行则必定使社会完全崩溃。"② 商业银行对于公正原则的坚守，体现于排除等级、身份、特权等不平等因素，实现对利益相关者的地位平等、相互尊重、公平交易、互惠互利等。

（四）敬业友善

敬业是对工作忠于职守、精益求精的态度。商业银行践行敬业精神体现为从业者热爱本职工作、忠于本职工作、勤于本职工作、精于本职工作。商业银行践行敬业精神不应仅限于一人一事的单项业务，还应当充分发挥银行资源配置的功能特点和优势，在安全稳定的前提下以"兴天下""利天下"的胸怀开展好经营管理活动。友善即友好待人，与人为善，是待人接物、处理人际关系的基本道德规范。商业银行践行友善的道德规范体现为积极助人、减少争执矛盾，在思想上为他人和社会着想，在行动上能有利于他人和社会。商业银行作为货币资本流通的中枢，既是支付中介、又是信用中介，践行友善的职业道德有助于创造可信赖的经营环境，处理好复杂的利益关系。

商业银行践行敬业友善的职业道德应当认识到商业银行既是金融业又

---

① 《亚里士多德全集》第 8 卷 [M]，中国人民大学出版社 1997 年版，P96.
② Adam Smith, The Theory of Moral Sentiments [M], China Sciences Publishing House Chengcheng Books Ltd. 1979, P86.

是服务业，只有"热情、周到、专业、快捷、个性、创新、优质、高效"的服务才能打造出银行更好的社会形象，争取到更多更优质的客户，创造出更高的银行利润和社会价值。

（五）以人为本

以人为本体现了尊重人的权利，爱护人的生命，关心人性合理需求的道德理念。以人为本与资本主义国家惯用的人道精神相对应，"人道"的反面是"不人道"，最显著的不人道就是"异化"。[①] 我国商业银行强调以人为本的道德理念就是要明确商业银行跟其服务对象"人"的伦理关系。商业银行服务于"人"还是"资本"是社会主义商业银行与资本主义商业银行的根本区别。货币资本具有天使的职能，它可以发挥资金杠杆作用，提高市场效率，推动企业、行业乃至社会的健康发展；货币资本也有魔性，它要求高的投资回报和快速增值，甚至不惜代价。社会主义商业银行经营的对象是资本，服务的对象是人，其基本职能就是要掌控和引导货币资本发挥天使职能，消解资本的魔性，而资本主义制度下的商业银行却正好相反。社会主义制度下的商业银行，其服务对象是人，也可以说是服务于社会主义建设，然而其出发点和落脚点都是为了更好地满足人民群众的物质或精神需要进而促进人的全面发展，确切地说是为人民服务。资本主义商业银行经营资本的目的就是资本的增值，人只会沦为资本的工具。商业银行最显著的异化就是为"资本"而不是为"人"服务，为"资本的增值"服务，而不是为"人的自由、幸福和全面发展的目的"服务。商业银行的功能异化，即"不人道"是商业银行履行道德责任、实现社会价值的主要障碍。

商业银行践行以人为本的道德理念，就是要深刻认识其经营的对象——货币资本要服务于人的本质，要防范银行经营管理活动走入为"资

---

[①] 以为人本与人道主义在内涵上有交集，却又本质的区别。首先，阶级基础不同，人道主义以资产阶级为基础，以人为本以工人阶级为基础；其次，目的不同，人道主义旨在掩盖资本主义社会的阶级矛盾，以人为本却反映了以满足最广大人民群众的根本利益为出发点和归宿。二者详细的论述可参考张莉的文章《以人为本与人道主义、人本主义和民本主义的区别》（实事求是．2006年第3期）。

本"服务的歧途，做到尽职尽责为社会主义建设服务，全心全意为人民服务。

此外，商业银行在遵守以上道德规范的同时，应当坚决抵制拜金主义、享乐主义、极端个人主义等道德失范现象，坚决抵制见利忘义、唯利是图、损人利己、损公肥私、造假欺诈、不讲信用等突破公序良俗底线、妨害人民幸福生活、伤害国家尊严和民族感情的不道德行为，确保商业银行及其从业者的行为统一于社会主义道德体系的实践。

### 三、商业银行道德责任的基本原则

商业银行发扬善行、规避恶行正是其履行社会道德责任的根本体现。对于善恶的判断，马克思主义伦理思想倡导只有符合社会发展规律和最广大人民群众利益的道德原则和规范才是判断行为善的客观的科学的标准。我国商业银行的道德责任是马克思主义中国化伦理思想的具体实践。作为社会主义市场经济的重要主体，商业银行的行为活动应当遵循利国利民和义利统一的基本原则。

（一）利国利民原则

利国利民是商业银行践行社会主义义利观的重要体现。中国特色社会主义建设和发展了商业银行，客观上就要求商业银行经营管理活动要做到利国利民，做到把国家和人民的利益摆在首位，不断服务于社会主义各项事业的发展建设。从宏观上讲，商业银行利国利民就是要维护国家的金融安全与稳定，履行好服务实体经济的天职，合理配置银行资本促进社会主义各项事业的高质量发展；从微观上看，商业银行利国利民就是要维护好股东、员工和客户等利益相关者的正当权益，以健康的运营状态促进社会的和谐稳定。商业银行的系统重要性和广泛外部性决定了商业银行利国利民行为的极端重要性。国家和人民的利益是中国特色社会主义的根本利益，商业银行只有做到利国利民，才会实现自身利益与人民利益、国家利益的统一，才能最终促进自身的成长发展。

(二) 义利统一原则

义利关系问题既是伦理学的基本问题也是不同社会意识形态区别主体行为善恶的分水岭。"君子爱财，取之有道"，社会主义义利观既讲求功利又注重道义。国家和人民的利益是"义"的基本内涵。商业银行遵循义利统一的原则就是要把国家的利益、人民群众的利益和银行自身的利益结合和统一起来。

第一，要充分认识在社会主义条件下，国家利益、集体利益和商业银行自身的利益在根本上是一致的，社会主义义利观是保障个体正当利益，尊重国家利益、集体利益，义利兼顾、义利并重的与社会主义市场经济相适应并能促进社会主义市场经济健康发展的义利观。国家利益、集体利益体现着商业银行根本的、长远的利益，因此，商业银行要积极关心、维护国家的利益和集体利益；国家利益、集体利益本身也包含对商业银行正当的、合理的利益的重视、维护和保障。在社会主义制度下，商业银行是国家实施宏观调控政策的重要抓手，商业银行维护国家利益的重要性和紧迫性比一般市场主体更加突出。商业银行应当坚决贯彻执行国家的货币政策，努力确保国家的金融安全与稳定，不断实现"银行利益最大化与社会利益最优化"相结合。

第二，要把国家利益、集体利益放到首位，充分尊重人民群众的正当利益。商业银行的成长发展依赖于社会主义集体、依赖于国家。集体利益、国家利益是满足商业银行利益的保障和前提。一般而言，人民群众的正当利益就是集体的利益，就是国家的利益，因此，商业银行应当充分尊重人民群众的正当利益，在为人民服务的过程中发展创造银行自身的利益，不断实现人民群众利益和银行自身利益的统一。

第三，在国家利益、集体利益和银行自身利益发生矛盾冲突时，商业银行应当以大局为重，使商业银行的利益服从于国家利益、集体利益，必要时应当作出自我牺牲。当然，集体主义原则提倡无私奉献、不怕牺牲的精神，同时也注意到了对道德高尚者的行为补偿。为了确保高尚行为能够长盛不衰，同时维护社会公平正义，国家或集体对作出牺牲和奉献的商业银行进行适当补偿是合宜的。

## 第二节 商业银行道德责任类型与范围

商业银行道德责任的类型范围是由商业银行所处的特定社会历史环境、社会功能定位与角色决定的。结合我国商业银行社会道德责任的基本原则和行为规范，笔者对银行社会道德责任的类型、范围、强度等进行了大致的梳理（如图3-1所示）。

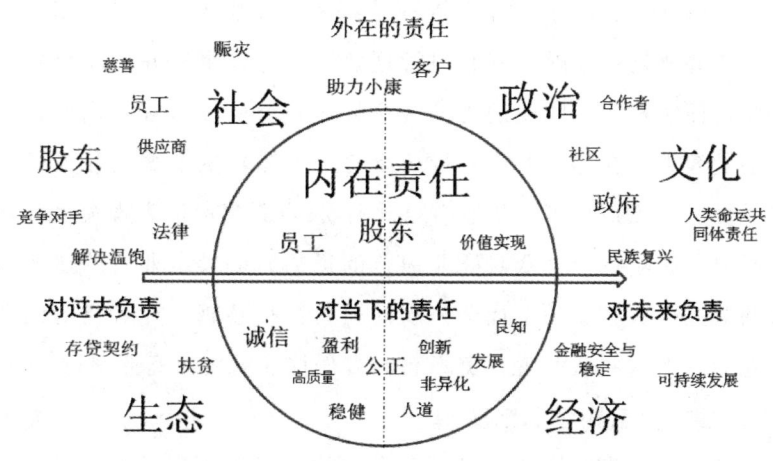

图3-1 商业银行社会道德责任类型与范围

### 一、商业银行道德责任的主要维度

从不同的维度审视商业银行及其行为活动可以更全面的洞悉其道德责任类型。从主体上看，可分为商业银行法人机构（整体）的道德责任，商业银行从业者（个体）的道德责任；从主体角色上看，商业银行具有货币中介、企业公民和国家核心金融机构等道德责任；从责任对象来看，可分解为对股东、员工、客户、政府、社会公众和自然环境等利益相关者的道德责任；从时间序列上看，商业银行有对历史的、当代的和对未来的道德责任；从层次上看，可以分为对商业银行自身的道德责任、对社会、对国家和民族的道德责任、对人类文明的道德责任;从责任目标上看,商业银行具有盈利的道德责任,又有服务于人民,促进社会主义建设发展,助力中华民族实现伟大复兴的道德责任。

(一)行为主体的维度

商业银行的道德责任从行为主体上看,既有商业银行法人机构(整体)的道德责任,又有商业银行从业者(个体)的道德责任。银行法人机构的道德责任一般源自于对银行发布或认同的制度规范和行为的结果的道德责任承担,例如,商业银行的运行制度是否合乎道德规范、商业银行的业务是否绿色环保、商业银行产品与服务是否公开透明公平公正、商业银行针对弱势群体是否收取小额账户管理费等。这种责任并不能被机构中的成员个体责任所替代,即便是成员(个体)离开或不存在,商业银行整体的责任也是客观存在的。商业银行从业者(个体)的道德责任涉及从业者的职业道德、公民道德等。从业者(个体)的道德责任表现关系商业银行的道德形象,影响社会公众对商业银行的道德判断;从业者的道德失范行为带来的对银行、客户乃至社会公众的损害往往超越从业者自身的偿付或负责的能力,而这些从业者背负不起的责任往往需要由商业银行来承担。

(二)银行社会角色的维度

从角色上看,商业银行同时具有企业的公民道德责任和国家核心金融机构的道德责任。作为企业,商业银行具有一般企业公民的道德责任。主要体现在四个方面:一是对银行存在和发展的责任,包括可持续盈利、防范金融风险、遵守法律法规、反对腐败贿赂、遵守行业道德行为准则和普适的商业原则等;二是对人的责任,包括员工安全计划,就业与薪酬机会均等、反对歧视等;三是对环境的责任,包括支持节能减排、维护环境质量、共同应对气候变化和保护生物多样性等;四是对社会发展的广义贡献,包括对社会和经济福利的贡献,例如,改进社会生产、生活方式,为贫困地区提供金融救助等。商业银行企业公民道德责任的履行情况决定了其在社会上的公众形象,是商业银行社会投资、慈善行动与社区服务的综合体现。作为核心的金融机构,商业银行因对社会的繁荣稳定、国民经济的健康运行有更直接的影响,而担负着比普通企业或金融机构更广泛、更重要的责任。对此,朱慈蕴有言:"商业银行作为特殊的公众性、社会性很强的企业,是现代经济的核心和资源配置的枢纽,其行业特性要求其对环境和社会承担更多的责任。"①

商业银行与广大群众的利益、社会的总体福祉、国家的金融安全密切联系,其道德责任应当:一是更加坚守诚信、公平、正义等普适道德原则;二是密切配合中国人民银行及监管部门,维护好国家经济与金融的安全与稳定;三是不断改进自身产品与服务质量,以为人民服务为出发点和落脚点助力社会主义各项事业的发展建设。

商业银行的价值目标除了追求利润最大化,还应当履行与其社会功能、地位、系统重要性相称的道德责任。商业银行社会道德责任的积极表现,因其与社会千家万户有普遍联系而具有重要的示范、引领效应;反之,商业银行社会道德责任的消极表现,势必引发拜金主义、唯利是图和社会冷漠等不良风潮。在习近平新时代中国特色社会主义建设大潮中,商业银行更应当注重高质量发展,以为人民服务为道德核心,以提高效益为工作重点引领社会主义道德风尚,为社会主义事业作出新的更大贡献。

(三)道德责任对象的维度

商业银行道德责任的对象主要是商业银行经营管理活动中的利益相关者。具体而言,商业银行对股东、员工、客户、政府、合作伙伴、社会公众、资源与环境等利益相关者负有道德责任。

对于股东,商业银行负有为银行所有者(股东)创造利润和价值的道德责任。利润是第一位的,享有利润也是股东入股企业的根本动力;这也是企业存在与发展的基础。为商业银行的股东创造利润无可争议,为商业银行的股东创造价值意义却颇为复杂。商业银行多元化的股东构成给统一思想、寻求共同的、高层次的价值意义带来难度,但是对于盈利、公正等

---

① 朱慈蕴. 论金融中介机构的社会责任——从应对和防范危机的长效机制出发[J]. 清华法学. 2010 (1).

普世的价值却应当成为银行的价值基础。

对于员工,商业银行负有以人为本,提供给员工健康安全工作环境、维护员工合法权益、提升员工福利待遇、给予员工人文关怀的道德责任。然而,现实中,银行非法延长工时,加班不按国家规定标准补贴薪资,银行高管与普通从业者薪资差距过大等现象显著存在,这意味着商业银行在保障员工权益与构建社会主义和谐劳资关系方面还存在较大改进空间。

对于客户,商业银行的利润主要依赖于银行存贷利差和第三方服务。商业银行通过吸纳客户闲散资金形成存款,对此商业银行负有债务人应该具有的,例如,诚信、保障资金安全、按期支付本金和收益等道德责任;商业银行通过资产业务向融资客户提供贷款支持,对此商业银行负有债权人应该具有的,例如,保证信贷资源配置的公平性、杜绝向不合规客户发放贷款等道德责任。

对于政府,以确保金融安全和防范发生系统性风险为首要任务,积极响应国家财政与货币政策,维护金融体系稳定、促进国家经济发展、持续改善社会民生,严格遵守国家法律法规、密切配合政府推进国家治理体系和治理能力现代化,创新商业银行治理和管理方式是商业银行的主要道德责任。商业银行对于政府的责任是由政府是我国绝大多数商业银行的重要股东,以及商业银行是政府货币政策调控的重要工具和抓手的角色地位决定的。

对于合作伙伴,坚持公平合作、互利共赢、确保供应商、合作方获得正当的利益是商业银行对于合作伙伴的道德责任。

对于社会公众,商业银行具有高度的社会性。从狭义上看,与商业银行联系最紧密的社会是社区。社区是商业银行赖以生存的重要外部环境。商业银行通过社区窗口向辖内客户提供便利的金融服务,通过融入社会先进文化、解决社区就业、发展普惠金融业务、加强对社区民众金融知识的宣传和教育,增进社区群众对现代金融知识的理解,不断提高群众的风险防范意识和风险承受能力等方式反哺社区是商业银行对社区的责任。随着金融科技的不断发展,数字化银行、网络银行愈发成熟稳定,社区的外延不断被打破，商业银行对社区的作用范围愈发广泛。从广义上看，商业银行掌握着社会公众的货币资本，商业银行安全与稳定问题具有极强的敏感性和传导性，保障银行资金安全、防范金融风险、维护金融稳定、促进社会经济可持续高质量发展是商业银行对于社会公众最重要的责任。

对于资源与环境，商业银行对资源与环境负有直接或间接的道德责任。直接的道德责任体现于商业银行的绿色发展理念和实践，如商业银行的节能减排计划、无纸化办公以及资源环境的公益活动等方面。商业银行对资源与环境的间接责任，主要是靠银行运用金融资源配置手段引导或监督利益相关者节约资源、保护环境来达成的。例如，商业银行在经营过程中坚持绿色信用贷款准则，在对项目投资前评估该项目对环境的影响，严格限制高能耗、高污染以及产能过剩企业的融资规模。相对于商业银行自身的绿色环保节能的实践，商业银行对资源与环境的间接责任的作用更为显著。虽然是间接责任，作用的价值、意义却十分重要。

（四）时间序列的维度

商业银行对过往的道德责任，主要体现在遵守存贷契约、对过往行为负责等。例如，对历史存单是否公正兑现、对贷款协议是否履行义务、对理财业务是否尽职尽责等。对过往道德责任的履行直接影响商业银行现在和未来的道德形象；商业银行对当下的道德责任，这是商业银行经营管理活动最重要的时间节点。商业银行的行为是否诚信、是否公正、是否人道直接影响商业银行的道德评价。当下就是过去的未来，当下也是未来的过去，履行好当下的社会道德责任就是对未来负责；商业银行对未来的道德责任体现在银行的战略决策、制度设计和银行科技产品的开发与运用上。制度与战略对系统行为的影响具有持续性和长久性。商业银行订立制度的合德性体现了其对未来的责任。一般而言，在道德责任制度规制下的行为主体将以道德的方式运行；反之，则以道德中立或无道德的方式运行。对此，奥尔利欧·佩奇曾说："我们正处在一种与以往不同的新地位，负有各种前所未有的责任；如果我们无知、疏忽、目光短浅和愚蠢，那么我们将会造成一个灾难性的未来"①。

值得一提的是，金融科技的普遍应用对商业银行履行未来责任提出新的课题。科学技术的巨大进步既带来了前所未有的生产力，同时也带来了前所未有的破坏力，它在为社会创造巨大物质和精神财富的同时，也可能带来破坏人类生存基础的严重后果。其间的分水岭往往在于科学技术是否以道德的方式被应用，或者科学技术是否由具有道德责任的行为主体把握。随着金融科技的发展，科技手段已经愈来愈从后台的辅助走向了前端的引领，科技产品越来越为人们所依赖，商业银行科技产品与服务的设计愈发需要融于道德责任的元素。尽管商业银行的经营环境瞬息万变，银行履行道德责任的要求、内涵和本质却未曾改变，只有把道德责任理念与实践深入贯彻到银行制度和科技的底层设计中，才能有效避免灾难性未来的发生。

（五）责任层次与目标的维度

从层次上看，可以分为对商业银行自身（内部）的道德责任、对社会、对国家和民族的道德责任、对人类文明的道德责任。社会主义道德思想倡导将国家和人民的利益放于首位，通过促进国家和人民的利益来实现银行自身的利益；从责任目标上看，商业银行具有盈利的道德责任，又有服务于人民，促进社会主义建设发展，助力中华民族实现伟大复兴的道德责任。商业银行及其从业者的责任担当是责任目标实现的前提，秉持优良的道德理念是责任目标实现的思想保障。

## 二、商业银行道德责任的基本范围

道德责任是人类有意识、有目的活动的产物，属于人类文明的成果并持续的规范着人类的活动，作用于人类的文明与进步。当主体的行为与他者构成利益关系，主体的行为可以用善恶进行评价，则他者就是行为主体

---

① 奥尔利欧·佩奇著. 世界的未来——关于未来问题一百页 [M]. 中国对外翻译出版公司. 1985，P8-9.

道德责任的范围。

（一）社会主义事业发展的范围

如第一章所述，只要行为主体与他者缔结有社会联系，行为主体对他者就负有道德责任。商业银行是社会主义市场经济条件下的重要经济主体，它与社会主义各项事业都广泛缔结了利益联系，其利益关系涉及社会主义经济、政治、文化、社会和生态各个方面。可以说，商业银行的道德责任就是对社会主义事业发展过程中相关行为主体的道德责任。

在经济方面，商业银行是企业，是经济活动的主体，应当履行好与利益相关者经济契约的责任。同时，作为市场经济的重要主体，坚持平等互利、公平竞争、诚实守信的市场经济原则，也是商业银行在经济方面重要的道德责任；在政治上，商业银行是在中国特色社会主义市场经济大潮中发展起来的，服务于中国特色社会主义建设是商业银行基本的道德责任。商业银行除追求自身利益最大化的价值追求外，还有"为人民服务"、为社会主义"共同富裕"的根本目的服务的责任，尤其是国有商业银行，服从党和国家利益、为人民服务是其最根本的政治；在文化上，中华民族优秀的传统文化需要每一个华夏子女去继承和发扬，这既是商业银行的责任也是使命；在社会方面，商业银行的社会道德责任集中体现于对股东、员工、客户、行业伙伴、社区、广大群众及自然环境等利益相关者的道德责任。社会性是商业银行的基本属性，生长于斯，回馈于斯，积极履行社会道德责任是对商业银行的基本要求；对于环境方面的责任，环境责任是人类活动作用于环境的客观要求。因为当前突出的环境矛盾，从而跻身到了重要的位置。商业银行的环境责任除去直接作用的节能减排、无纸办公等，更重要的还在于商业银行资金投放去向对环境的影响程度。商业银行资本调控的指导思想和行为，如是否实施绿色信贷，虽是间接作用于环境，却会对资源与环境产生或正或负的更深重的影响。在资源环境矛盾尖锐、问题突出的当代，商业银行任何违背"绿色发展"理念，与"美丽中国"建设背道而驰的行为都是不负责任的。

## (二) 社会主义核心价值体系的范围

社会主义核心价值体系是当代中国主流伦理思想的集中反映，是马克思主义伦理思想中关于中国特色社会主义道德文化建设的积淀和精神集结。社会主义核心价值体系是社会主义道德的价值提升，社会主义道德是社会主义核心价值体系的道德支撑。[①] 社会主义核心价值体系包括四个方面的基本内容，即马克思主义指导思想、中国特色社会主义共同理想、以爱国主义为核心的民族精神和以改革创新为核心的时代精神、社会主义荣辱观[②]。随着社会主义核心价值体系实践的不断深入，党中央进一步总结凝练成了涵盖国家的价值目标、社会的价值取向和个人的价值准则的社会主义核心价值观。"社会主义核心价值观是社会主义核心价值体系的内核，体现社会主义核心价值体系的根本性质和基本特征，反映社会主义核心价值体系的丰富内涵和实践要求，是社会主义核心价值体系的高度凝练和集中表达。"[③] 商业银行作为社会主义市场经济条件下的重要经济主体，其应当在社会主义核心价值体系范围内，在社会主义核心价值观的价值引领下开展经营管理活动。

1. 在国家层面

商业银行应朝着有助于国家实现"富强、民主、文明、和谐"发展目标的方向开展经营管理活动，努力创造出比其他社会形态中的商业银行更为文明、先进、发达的生产方式，为社会主义各项事业的发展奠定坚实的银行业基础。

2. 在社会层面

商业银行应致力于不断维护和促进"自由、平等、公正、法治"的社会价值，充分尊重客户和人民群众的权益，以增进客户、股东等利益相关者以及广大人民群众的福祉为出发点和落脚点，构建银行业的管理、服务

---

① 迟成勇. 论社会主义道德与社会主义核心价值体系建设 [J]. 桂海论丛. 2014 (4).
② 中国共产党新闻网. 中共中央《关于构建社会主义和谐社会若干重大问题的决定》. 2006 年 10 月 11 日.
③ 中国共产党新闻网. 中共中央《关于培育和践行社会主义核心价值观的意见》. 2013 年 12 月 23 日.

与保障体系。

3. 在公民与个人层面

商业银行应倡导"爱国、敬业、诚信、友善"的价值准则。爱国是每一个社会主体的首要美德，也是商业银行作为企业公民基本的道德责任。在行业全球化的竞争与挑战大潮中，商业银行应当立足于国家金融安全、稳定与发展的立场，彰显爱国的热情、品质与责任；敬业是商业银行社会功能得以充分发挥的关键，反映着商业银行从业者的职业素养和从业精神，作为社会窗口单位，商业银行应当体现出更好的敬业精神；诚信是商业银行存在与发展的基石，包含着对从业者的行为要求和对商业银行履行产品、服务等契约的要求；友善是对商业银行善待客户、善待社会、善待自然等广义的利益相关者的伦理要求。爱国、敬业、诚信、友善直接体现于商业银行从业者的行为活动中。

商业银行应充分认识社会主义核心价值观的三个层面是互为条件、相互融合、不可分割的有机构成，是共同统一于中国特色社会主义的道德实践。商业银行履行社会道德责任其本质上就是商业银行从业者践行社会主义核心价值观的集中体现。

(三) 奖励、惩罚二重性的范围

商业银行道德责任的范围还应包括奖励和惩罚两个维度。商业银行履行道德责任的过程也是商业银行在道德方面尽责、问责与评价反馈的过程。没有道德的评价就没有科学的道德。对商业银行的道德评价是褒奖还是责罚，体现了银行道德责任的二重性。叔本华认为，一切责任的观念和意义纯粹、完全来自于它威胁性惩罚和允诺的奖赏的关系。[①] 商业银行道德行为的赏罚同样影响商业银行道德行为的取舍。对于商业银行道德责任行为最好的激励在于：商业银行的道德行为获得了社会的普遍认同与尊重，这种认同和尊重以自然的方式转化为商业银行的美好声誉，进而提升商业银行的盈利能力和水平；对于商业银行道德失范行为最好的责罚在

---

① (德) 叔本华. 伦理学的两个基本问题 [M]. 北京：商务印书馆. 1996, P146.

于：商业银行的败德行为受到社会的普遍抵制与谴责，这种抵制和谴责以自然的方式折损到商业银行的声誉，进而削减商业银行的盈利能力和水平。商业银行道德责任的赏罚二重性体现了对商业银行道德责任的"行为应当""合宜性"的价值引导和判断。

1. 承受道德失范后果的责任

作为企业公民，遵守法纪，履行好爱国、诚信、公平、正义等基本社会道德责任是商业银行的义务。违背了这些基本的义务，商业银行应当受到行为道德失范的谴责，并承担相应的后果。行为主体道德失范的后果，最直接的是受到社会舆论的谴责，若道德失范行为触及法律的红线，行为主体还需要承担法律责任。就商业银行而言，受到社会舆论的谴责势必影响到银行声誉，在市场竞争白热化的时代，银行声誉受损直接关系客户稳定、银行利润，甚至影响生存；商业银行因其产品与服务关涉千家万户，经营的对象又是货币资本，这决定了商业银行的系统重要性，也因此突破道德底线、触及法律红线的经营行为，必须受到法律的严惩。目前，政策与监管部门对于商业银行道德责任失范的处罚，主要是通过通报批评、处以罚单、取缔网点等方式来实现的。

**案例**：民生银行航天桥支行行长及其他工作人员，向在该支行多次购买理财产品的众多高净值客户推销"非凡资产安赢"等"非凡"系列理财产品，年化收益率高达 8.4% 至 9.16% 不等。众多投资者在民生银行航天桥支行营业场所购买了理财产品，有投资者反映所签文书包括《中国民生银行理财产品说明书》《中国民生银行理财产品协议书》《中国民生银行理财产品转让协议》《交易资金监管协议》四份。这些文书都加盖了"中国民生银行北京航天桥支行储蓄业务公章"。然而，这些所谓的保本高收益理财产品是在民生银行总行从未备案、从未有过的理财产品，实则为假理财产品。也就是说，航天桥支行发售的理财产品涉嫌非法，俗称"飞单"。

2017 年 4 月 28 日，民生银行在公告中表示，在贯彻银监会"三违反"检查中，航天桥支行行长使用伪造的理财合同和银行印章，骗取客户的理财资金。这是一起由从业者以权谋私引发的操作风险事件，涉嫌违法犯罪。公安部门对嫌疑人执行拘留，进行立案调查。2017年11月，案件宣判，民生银行超过8人涉案。①

2. 享受道德示范奖励的责任

除了商业银行对道德失范行为负责之外，商业银行同样应为其好的道德行为负责任。作为核心金融机构，讲诚信、守法纪、重公平正义是对商业银行基本的道德要求，属于道德责任层次中起码的责任。当商业银行积极履行道德责任，甚至有追求更高理想的道德责任，并因此增进了社会总体福利时，商业银行应当享受来自社会公众、行业协会或监管部门的奖励。在公平的市场竞争环境下，商业银行在道德责任方面的良好表现必然转化为客户的信赖、利润的增长，进而提升商业银行的可持续发展能力。目前行业协会或监管部门对于履行道德责任良好的商业银行开展的激励机制，主要是通过评选"最具社会责任金融机构奖""最佳企业公民综合奖""最佳绿色金融奖""最佳社会责任实践案例奖""公益慈善优秀项目奖"等评奖方式实现的。

此外，因商业银行股权结构复杂、行为主体多元化或把银行单纯的看成是机构、是物的存在，而忽视其法人的意志与主观能动性，进而无视其道德责任的意识和行为是错误的。商业银行应当根据不同利益相关者对银行价值实现的影响强度来合理分配有限资源，在判定商业银行是否负有道德责任时，既要注意商业银行行为带来的外部客观性、规范性是否有不妥或错误，防止过度指责，对商业银行造成"道德绑架"；同时，也不能忽视商业银行的主体性、能动性，避免商业银行将责任推卸给社会或制度规范。在商业银行履行道德责任过程中，既要履行好对股东的责任，又要兼顾好对其他利益相关者的责任。对于任何一方利益相关者责任的缺失都可能影响银行价值的正常实现，甚至触及银行稳健、盈利、发展等根本利益。

---

① 人民网. 银行频道. 民生银行北京分行航天桥支行"飞单"案系列报道.

### 三、商业银行道德责任的行为类型

对主体道德责任的判定一般是以其行为手段和行为结果为依据。参考新伦理学对主体行为类型的划分，可将商业银行的行为划分为16种伦理行为类型（如表3-1所示），不同的行为类型影响对商业银行善恶的判断和商业银行道德责任的承担。

表3-1　　　　　　商业银行的16种伦理行为类型①

| 手段＼目的 | 利己 | 利他 | 害己 | 害他 |
|---|---|---|---|---|
| 利己 | a. 完全利己 | e. 为他利己 | i. 利己以害己 | m. 利己以害他 |
| 利他 | b. 为己利他 | f. 完全利他 | j. 利他以害己 | n. 利他以害他 |
| 害己 | c. 害己以利己 | g. 自我牺牲 | k. 完全害己 | o. 害己以害他 |
| 害他 | d. 损人利己 | h. 害他以利己 | l. 害他以害己 | p. 完全害他 |

以社会主义道德体系为依据，参考为人民服务的道德核心、和谐友善以人为本的道德规范和社会主义义利统一的道德原则，可以判断商业银行行为的善与恶。第一，完全利他、为他利己和为己利他三种行为类型是符合商业银行善的行为。其中完全利他是最高的善——是至善，为己利他或为他利己在客观上或主观上符合为人民服务、和谐友善的道德规范，是最普遍的善。值得注意的是，对于自我牺牲的道德判断应当一分为二的来看。社会主义道德倡导国家利益、集体利益高于个体利益，当集体利益、国家利益跟个体利益难以两全时，必要时个体应当作出自我牺牲。当商业银行利益和国家、人民的利益发生冲突时，商业银行牺牲自身利益以保全国家和人民的利益同样是最高的善——是至善。反之，当银行利益与国家利益、集体利益能协调、统一甚至具有一致的情况，银行害己以利他（自我牺牲）则是盲目的、无谓的。无谓的害己和牺牲因不符合社会主义义利统一原则，因此不是社会主义道德提倡的善。②完全利己和完全害己因不

---

① 商业银行的行为类型参考王海明《新伦理学导论》主体的伦理行为类型．

产生与他者的利益联系，因此可以判断为无以言善恶。当然，商业银行是社会关系的联结机构，完全利己、完全害己的行为几乎不可能发生。③其余各项行为因不符合为人民服务、和谐友善、与人为本和义利统一等社会主义道德规范和原则，应当视为商业银行恶的行为。

## 第三节　商业银行道德责任的调控机制

道德责任的调控通常是指社会共同体依据所选择和认同的基本道德原则和道德规范，通过舆论、制度等手段对行为主体施加影响，从而促使基本道德原则、规范最终为行为主体所认同、接受和实践的过程。道德责任的调控路径一般由明确道德责任、内化道德责任、监督与保障实施、道德评价构成，这也是认知道德责任、落实道德责任、道德评价与监督、调适道德责任的循环提升过程。

商业银行的道德调控是银行社会道德责任功能发挥的途径，也是商业银行道德责任形成、内化和实施的重要条件。结合商业银行道德责任的构成分析，我们构建了商业银行道德责任的行为调控体系（如图 3-2 所示）。

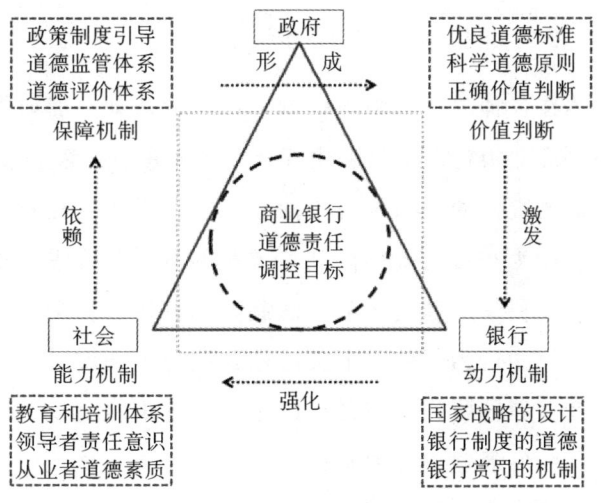

图 3-2　商业银行社会道德责任调控体系

商业银行道德责任的调控体系以商业银行道德责任目标为中心，在政府、银行和社会间不断互动达成均衡。通过价值判断形成的道德责任标准，监管与评价形成的保障机制，国家政策引导等形成的动力机制，常态化的教育和培训提升领导者和从业者的道德责任素质实现的能力机制共同形成商业银行社会道德责任调控体系。

以马克思恩格斯的道德观、社会主义道德观和共产主义道德理想构筑的马克思主义伦理思想是我国商业银行的价值标准；政府的政策引导、监管部门的道德监管、社会舆论营造的监督机制共同构成了商业银行道德责任行为的保障机制；银行生存发展的需要、国家的宏观调控、市场经济的道德要求以及道德责任的赏罚制度等提供给商业银行履行好社会道德责任的动力；不断完善的商业银行道德责任教育与培训机制，不断提升的从业者的道德素质是商业银行履行好道德责任的能力保障。良好的道德责任保障机制有利于激发商业银行履行好道德责任的动力；动力机制强化商业银行履行道德责任的能力；商业银行社会道德责任水平的提升将助推社会道德文明的进步，在增进社会福祉的同时实现更科学、更合理、更文明的社会价值标准。

## 一、商业银行道德责任的行为机制

行为是主体在各种内外部刺激影响下产生的活动。商业银行道德责任的行为机制即是商业银行产生道德责任行为的原理、要素和过程。

商业银行道德责任的行为源自于商业银行的道德责任意识。商业银行最直接的意识、行为和目的就是盈利。盈利的目的是合乎道德的，盈利的手段和过程却需要科学道德（也包括法制）的调控。科学的道德将引导主体作出有道德价值的行为。社会主义道德是被历史和实践反复证实的科学道德。它引导商业银行履行道德责任以不断满足人民群众的现实需要，不断助力社会主义的发展建设的中心目标。

在中国特色社会主义条件下，商业银行的利益和人民群众的利益、社会的利益和国家的利益高度统一。商业银行通过优化资源配置，充分发挥货币杠杆作用，不断满足国家、社会和人民的同时，也在不断实现自身的利益。银行生存发展的内在动力和社会主义的道德要求共同激励商业银行开展合乎道德的经营活动。社会主义市场经济赋予商业银行功能和角色的同时也保障了其相应的行为能力，社会舆论和监管机构常态化的监管不断给予了银行评价反馈，调适着银行的行为。商业银行履行道德责任的价值准则、内外动力、行为能力和评价反馈共同构成了商业银行道德责任的行为机制。

## 二、商业银行道德责任的反馈机制

评价反馈是实现道德责任调控的重要路径。商业银行履行道德责任的评价可以分为自我评价与社会评价、动机评价和结果评价。

### （一）自我评价与社会评价

就道德责任而言，自我评价是行为主体对自身行为作出的善恶判断；社会评价是以社会舆论等方式对行为主体的行为作出的善恶判断。作为道德评价的内外两方面，两者是一个辩证统一的关系。自我评价有赖于行为主体的良心，良心是主体行为自我认识、自我控制、自我调节和自我评价的统一体；社会评价是外在于行为主体的评价力量，具有大众化、普遍化特征。

商业银行道德责任自我评价的过程，就是以商业银行履行道德责任的评价标准进行自我审视、自我调节的过程。在商业银行责任主体（股东、从业者）多元化的条件下，寻求商业银行的道德责任共识，形成商业银行的"良心"是开展好自我评价的关键。例如，商业银行每年发布的《社会责任报告》可视为银行的自我评价。

商业银行道德责任社会评价的过程，就是借助社会舆论或利益相关者的信息反馈，以利益相关者和社会公众的意志、情感和价值取向来调节银行行为活动的过程。社会评价有利于达成商业银行的发展目标与社会发展目标协调一致，防止单纯追求银行的财务效益而损害他人利益；有利于商业银行与所在社区利益协调一致，减少社会矛盾和纠纷，防止可能产生不利的社会影响和后果，促进社会稳定；有利于避免或减少商业银行经营管理活动的社会风险，提高银行经营的经济和社会效益。商业银行以配置货币信用为抓手，以获得社会的广泛信赖为存在发展的前提，决定了商业银行依赖于社会道德评价以调适其经营管理行为的必然性。

（二）动机评价与结果评价

商业银行首先属于企业，一般而言，企业最主要的行为原动力是追求利润最大化。商业银行追求经营效益最大化是合乎其本性的、也是合乎道德的。然而作为社会主体，追求效益最大化的合德性是以不损害他人利益、不损害社会公共利益为前提的。同时，我国绝大部分商业银行属于国有控股、国有参股或在国家政策扶持基础上成立的。这决定了商业银行还具有遵循政府意志、协助政府开展社会公益事业或支持社会公共事业发展的责任。因此，商业银行追求利润和维护股东、政府、客户等主要利益相关者利益的动机都是合乎道德的。此外，作为行为主体——"人"而言，善恶的道德还作为内在的目的存在，如以追求做一名道德高尚的人为目标的动机同样是值得倡导、富于道德价值的。商业银行自身（所有者）的道德情操与良善的道德品质（品牌）的建设——对道德自我完善的动机的评价值得关注。

企业创造了多少利润常常被视为企业经营的终极结果。作为经济主体，商业银行获得了利润，为主要利益相关者创造了利益自然是合乎道德的。但是将利润作为唯一的结果评价却是片面的。商业银行作为社会主体，其经营活动产生的结果不仅仅限于自身的经济业绩，同时还带来广泛的外部影响。商业银行在创造经济结果的同时还产生了社会结果，将商业银行创造的经济和社会效益综合纳入评价才是全面的和合理的。

动机评价和结果评价各有其优缺点，单纯的动机评价带有先天的主观性，缺乏对客观效果的考量；单纯的结果性评价却又忽视了道德责任行为本身超功利性的特征，容易抹杀道德行为本身善恶的本质。尤其是在社会主义条件下，应避免商业银行道德评价沦为利益的附属品。商业银行道德责任评价体系的建立，应充分考虑自我评价、社会评价相辅相成的实际，充分结合动机评价与结果评价的优势与不足。唯有确保建立系统完善的评价体系,才能形成科学合理的评价结果,进而正确的指导商业银行实践。

### 三、商业银行道德责任的保障机制

商业银行的道德调控必须配合法律制度的强制约束功能。正如邓小平指出"制度更带有根本性、全局性、稳定性和长期性""制度好可以使坏人无法任意横行,制度不好,可以使好人无法充分做好事,甚至会走向负面"①。商业银行所掌握的货币资本具有强势逐利的天性,掌握货币资本的债权人或银行从业者同样具有追求利益的强烈本性。要规范逐利这股强势力量,靠柔性的道德说教,势必收效甚微,唯有靠合理的法律制度强制引导和管束方能凑效。

(一) 政策、制度与法规的合德性是银行履行好道德责任的基础

政策、制度和法规对组织行为的影响是根本性的。一方面,行为主体的道德良知正为制度与组织纪律所取代。现代社会精细的分工在提高社会生产力的同时带给了行为主体片面化的发展,直到行为主体成为分工制度下的机器。"分工使工人越来越片面化和越来越有依赖性"②。分工是靠制度来明确和约束的,理性的、严格的制度束缚可能导致行为主体失去道德自觉意识,认识不到自己的败德行为,甚至以行为合乎制度规则来为自己的败德行为辩护,进而逃避责任。另一方面,制度工具的普及滋生了现代组织中介,使行为主体的行为动机和实际行动之间产生差距,实际行动者看不见或认不清其自身行为的结果,最终导致行为主体与行为结果的联系模糊甚至中断,进而影响到主体对道德责任的承担。如 2008 年的次贷危机,银行家、金融家与政治首脑只是起草文件、电话交谈与参加会议等,而商业银行从业者只是按部就班的审贷、批贷、放款等,在一切看似波澜不惊的局面下却隐藏着不断积聚的风险,最终给全球经济带来了巨大的灾

---

① 邓小平文选(第一卷)[M]. 人民出版社. 2014,P149.
② 马克思恩格斯全集(第 42 卷)[M]. 人民出版社. 2002,P229.

难。组织与制度中介的存在让真正的行为者找到了承担责任的替代品，使行为主体只是承担不完全责任甚至完全不承担责任。因此，商业银行履行道德责任的保障机制首先就是确保商业银行系统的政策、制度与法规具有广泛的合德性。

（二）经常性教育和培训是履行好道德责任的重要保障

道德教育是思想政治教育的重要内容，道德教育是提升行为主体思想道德素质的重要手段。道德责任的调控有赖于经常性的道德教育。江泽民提出"以科学的理论武装人，以正确的舆论引导人，以高尚的精神塑造人，以优秀的作品鼓舞人"，其中蕴含着丰富的道德教育内涵。当行为者在潜移默化的影响中形成优良的道德认知、道德心理和道德品质时，富于道德责任的行为方能得以实现，而承担道德责任的行为习惯一旦养成，就会持续地、相对稳定的发挥作用。商业银行道德责任教育机制作用的发挥在于明确商业银行的权利义务、找准道德教育的目标和对象、形成科学系统的教育内容和评价体系。

1. 商业银行的权利和义务

开展商业银行道德教育首先要明确商业银行的权利和义务，厘清商业银行的权利义务，关键在于认清商业银行不仅仅只是经济主体或市场主体，而首先是社会主体，是中国特色社会主义市场经济条件下发展起来的社会主体。只有处理好商业银行联结的社会关系，才能获得从中衍生出的经济利益。因此，商业银行不仅具有经济或市场的权利和义务，还具有商业银行所广泛联结的与政治、经济、文化、社会、生态方面相关联的权利和义务。

道德责任的义务和权利并不是简单的相互对应，而是互为前提、相互融合。没有商业银行的义务，商业银行的权利便不再存在；没有商业银行的权利，便没有商业银行义务存在的必要。在新时代社会主义条件下，充分发挥商业银行资金融通、中间业务等职能，追求商业银行资产运行效率最优化，实现经营效益最大化，正是商业银行的权利；而遵循社会主义核心价值体系、反映社会主义本质的要求、依法合规的开展商业银行经营管理活动，履行好政治、经济、文化、社会、生态责任，履行好对于利益相关者的责任，正是商业银行的义务。

2. 道德教育的对象、内容和根本目的

商业银行道德教育的对象重点是商业银行系统（含央行、监管部门、行业协会以及商业银行各部门）的从业者，尤其是领导者和决策者。商业银行道德教育的内容主要是马克思主义道德学说、社会主义核心价值体系、社会主义义利观、社会主义共同理想、社会主义道德原则与道德核心、金融伦理学等。商业银行道德教育的根本目的是提升商业银行从业者的思想道德素质，形成更加切合新时代社会主义发展要求的思想道德共识，进而将道德责任意识渗透于商业银行的实践，实现商业银行经营、管理与服务道德水平的提升。商业银行道德教育作用的发挥，将形成商业银行道德文明的传导示范效应，有助于引领社会主义道德文明风尚，促进社会主义各项事业健康、蓬勃的发展。

（三）媒体、社会舆论与监管部门的道德监管是必要保障

媒体、社会舆论与监管部门对于商业银行道德责任的履行起到重要的监管作用。长久以来，对我国商业银行的监管主要是针对银行合规性和银行风险的监管。要进一步提升商业银行的社会道德责任水平可以将合规和风险监管扩展到对商业银行行为道德的监管，通过发挥媒体、社会舆论以及监管部门综合的力量建立商业银行行为道德监管体系来实现对银行的道德监管。这并非是对资本或商业银行逐利本性的压制而是因势利导，以商业银行资本逐利之势服务于利益相关者、造福于实体经济，增进社会利益最大化，实现商业银行与社会主义民生、社会主义各项事业的互利共赢。商业银行增进利益相关者利益，实现经济价值与社会价值最优化的过程，就是商业银行履行社会道德责任的过程。将道德舆论与银行法制相结合，更有助于实现对商业银行道德责任的调控。

建立商业银行道德责任行为的保障机制既要考虑维护银行间竞争的公平性，还要体现银行道德行为赏罚原则的公正性；既要包括商业银行道德责任治理内在的保障，也包括社会道德责任环境治理外在的保障。例如，

商业银行的道德行为为社会公众所无视，被当作理所当然，甚至为社会道德无良主体当作可乘之机，进而让银行遭遇损失，势必打击到商业银行履行道德责任的积极性；同理，对于商业银行的败德获益行为若不予相应的责罚，就会使原本富于道德责任的商业银行质疑制度的公正性，这将诱使原本良善的商业银行跌入不道德的深渊。

## 第四节　商业银行道德责任的主要特征

### 一、责任范围的广泛性与有限性

商业银行道德责任的广泛性是由商业银行广泛的社会性和深远的系统重要性决定的，其渗透于其经营管理活动的各个层面，甚至于商业银行履行的政治责任、经济责任和法律责任等都隐含着道德责任，反映了社会对商业银行共同的和较高的道德要求。商业银行道德责任的有限性则是对商业银行意志自由、行为能力有限性的客观描述。

商业银行道德责任的广泛性并不表示其适用范围的无限性。商业银行的道德责任以商业银行行为意志自由为基础，商业银行有多大的自由与权利，则应当负多大的责任。对于超出自身影响或控制范围的事则不负道德责任。商业银行道德责任的有限性体现于商业银行经营活动中对于享有的权利与自由所带来的或正或负的外部效应需负道德责任。如果否定商业银行道德责任的有限性，从而让商业银行承担无限道德责任，表面上看是极大地肯定了商业银行的能力和价值，实质上，沉重的责任只会使商业银行不堪重负，最终选择推卸或逃离责任。给商业银行赋予超过其权利、自由（行为能力）的责任，本身就存在权利、自由与行为能力不相称的问题，这个行为实质上已经是不道德。

### 二、责任目标的现实性与理想性

商业银行道德责任的重要功能就在于以其理想、道义的力量，不断促进银行业的发展进步和社会功能作用的发挥。商业银行的道德责任水平不仅因其功能与系统重要性而具有现实意义，还因为其强大的外部性和窗口效应而具有道德示范意义。其坚持的道德原则、道德主张与道德规范，对于社会各行业的道德与责任担当具有引领作用。

商业银行道德责任的目标不仅意味着现实条件所需要达到的最佳道德状态，而且意味着将要去达到的道德理想要求，商业银行道德责任是现实性与理想性的统一。商业银行不能仅仅停留于低层次的道德责任，还应当凸显与其地位与作用相称的道德引领性。这种引领性体现于承担超越法律的强制责任、社会的一般道德责任要求，追求高品质下道德实践与责任担当，体现于商业银行立足实然、遵循必然、指向应然，最终实现道德理想自由境界的全过程。

### 三、责任类型的层次性与整体性

道德责任作为行为准则和规范要求，既具有一定的层次性又具有整体性。对于层次性，罗尔斯把道德责任区分为"责任"与"超责任"[①]；包利民提出道德责任的四层次"公正、伦理（责任层、亲密好友关系亲密圈）、超责任层和普爱层"[②]；朱塞佩·马志尼将责任由高到低分为四个层次：对人类的责任、对国家的责任、对家庭的责任和对自己的责任。[③] 格特鲁德·努纳尔—温克勒尔（Gertrud Nunner - Winkler）将责任分解为三个层次，即：用"不"一类禁令表述的责任——起码的责任，用"应该"一类道德规范表述的道德义务——积极的责任，用"使命"一类表述的道德境界——理想的责任。商业银行遵守"商业银行法"等法律法规是起码的责任，商业银行应该在社会道德风尚方面发挥正面的示范作用是积极的责任，商业银行不忘初心、坚守使命、追求共产主义道德理想则是理想的责任。

---

① （美）罗尔斯. 正义论 [M]. 中国社会科学出版社. 1988，P32.
② 包利民. 生命与逻格斯——希腊伦理思想史论 [M]. 东方出版社. 1996年版.
③ （意）朱塞佩·马志尼. 论人的责任 [M]，吕志士译，商务印书馆 1995，P34.

对于整体性，行为主体既面临特定场景的道德选择，履行特定的道德责任，接受特定的道德评价，又有着社会公众对行为主体的道德评价；行为主体在不同的情境下，从来不是面对单一的道德责任层次，而是面临多层次的道德选择，接受多层次的道德评价，最终在社会公众心目中形成一个综合（整体）的道德责任形象。商业银行管理者、从业者不同的道德责任表现和行为结果，构成了社会公众对商业银行道德责任的整体印象和评价。同时，商业银行作为有机的整体，有自己独立的行为意志，并且作为行为主体能够为自己的行为承担道德上的责任，这种责任并不能被团体中的个体成员的责任所替代，即便是一些个体成员离开或不存在，商业银行整体的责任也是客观存在的。

### 四、责任实现的自律性与强制性

道德责任作为约定俗成的行为规范和准则，既是行为主体的内在要求也是社会对行为主体的客观要求。当行为主体意识到自我保存有赖于社会或他人的自我保存时，行为主体就会使自己提高到道德的水平。然而行为主体并非都能够自觉的认识、自愿的履行道德责任，因此，政策的引导和制度的监督就显得很必要。商业银行自觉自愿的履行道德责任和在国家政策、监管机构的监督和指导下承担的道德责任是同时存在的，这体现了商业银行道德责任实现自律性与强制性相结合的特点。

对于道德责任，当行为主体意识到是"我要干……"，而不是"要我干……"时，才能成为负有道德责任的主体，才能实现行为主体将"外在的客观要求"内化、升华为自身的真正需要。正如商业银行社会责任报告的发布，自2006年浦发银行发布中国银行业第一本企业社会责任报告以来，社会责任报告的发布越来越受到银行业的重视，截至目前，我国主要商业银行均发布了反应银行责任与担当的年度社会责任报告。这一转变源自于银行、政府和社会可持续发展观的深入实践，商业银行清醒地意识到：遵守社会道德原则、履行社会道德责任、发布社会责任报告，对于彰显银行公众形象、取得客户信赖、赢得市场竞争、入驻全球市场具有重要价值和意义。商业银行履行社会道德责任既契合自身的利益也符合社会公众的福祉，这种认识强化了商业银行践行社会道德责任的自律性。

在这个过程中，商业银行也曾出现为争取更大利益，心存侥幸、热衷投机、纵使机会主义大行其道、置社会公共利益于不顾，出现如违反诚信、违规放贷等积聚系统性风险的现象。对此，必须有强力的制度约束或监管部门来予以引导、矫正甚至威慑。强有力的行为规范与制度约束，依赖于银行业协会、银保监会和中国人民银行等组织机构的作用发挥，这体现了商业银行践行社会道德责任的强制性。

## 本章小结

本章以马克思主义伦理思想为依据，论述了商业银行道德责任的构成和特征。商业银行道德责任的构成要素包括责任意识、责任行为与责任评价，履行道德责任的过程也是尽责、问责和评价反馈的过程。本书对商业银行的 16 种伦理行为类型进行了善恶区分，从行为主体、社会角色、责任对象、时间序列和责任层次等维度阐述了商业银行应该履行的道德责任，认为商业银行既具有企业公民的道德责任又具有国家核心金融机构的道德责任，既有对股东、员工、客户、政府、社会公众、自然环境等利益相关者的道德责任又有对历史的、当代的和对未来的道德责任，既有对自身、对社会、对国家和对民族的道德责任又有对人类命运共同体的道德责任。本书以爱国守法、诚实守信、公平正义、敬业友善、以人为本为商业银行主要的行为规范，提出以"五位一体"的社会治理体系和社会主义核心价值体系所涵盖的对象为主要责任范围，同时辅以奖励、惩罚机制来增强商业银行履行道德责任的内在动力。本书结合商业银行道德责任的构成、类型和范围，论述了道德责任行为调控机制，总结了商业银行道德责任的主要特征。本章系统阐述了商业银行的行为应当如何的问题，为下一章评定商业银行的行为事实如何提供参照依据。

# 第四章 中国商业银行道德责任现状评析

道德责任判定与评估的直接目的在于找出可赞赏或谴责的原因,从而营造或减少产生这种原因的条件,以达到有利结果的发生或有害结果的消除。本章以商业银行在遵循经营行为准则、提供产品服务、追求利润目标的同时应当承担的社会道德责任为立足点,围绕商业银行道德责任履行的现状进行多角度调研和材料分析。通过收集社会公众和银行从业者调查问卷,提炼监管部门发布的监管数据,分析商业银行公开披露的年报数据,对比商业银行与其他行业履行社会责任的基础数据,从中发现我国商业银行履行社会道德责任情况处于较好水平。与此同时,还比较显著的存在银行资本脱实向虚、拉大社会贫富差距、道德风险案件频发和银行系统性风险加剧等问题。本书对我国商业银行在道德方面的积极贡献与突出问题进行了系统梳理,进而为探寻进一步提升我国商业银行社会道德责任水平的路径提供重要参考。

## 第一节 中国商业银行履行道德责任现状的分析

改革开放40多年来,我国银行业发生了沧桑巨变,从一元银行体制到多种类型银行业金融机构并存,从长期封闭发展到全面对外开放,银行业的发展历程跌宕起伏、波澜壮阔。社会主义制度下的商业银行,衡量其社会道德责任履行的状况,不仅仅看商业银行创造了多少利润,缴纳了多少税费,为VIP客户或为发达地区量身定做了多少优质的产品和服务,而且还要看占绝大多数的普通群众的银行服务可获得性,更要看透过商业银行的发展是否增进了广大人民群众的福祉,是否解放和发展了社会主义生产力,是否为消灭剥削、消除两极分化,实现人民共同富裕作出了贡献。

## 一、普通群众的直观感受

作者以社会公众为对象发放调查问卷,共收集问卷2799份,其中有效样本2429份,样本遍及全国各个省市。样本性别分布男性44.22%,女性55.78%;学历分布本科及以上75.96%,大专及以下24.04%。在受访者的职业结构上大学生占18.6%、教师占9.67%、职员占9.22%、企业主占6.88%、公务员占6.3%。

### (一)总体情况

关于商业银行发展对国民经济和社会民生的影响,48.33%的受访者认为商业银行发展促进了国民经济健康、繁荣和稳定;51.3%的受访者认为商业银行在帮穷救困、改善人们社会生活方面发挥了积极作用;41.05%的受访者认为商业银行改善了生态环境。在社会风气与社会主义道德方面,超过40%的受访者认为商业银行经营活动对于社会道德风气有积极影响,超过50%的受访者认为商业银行经营活动在践行社会主义核心价值观、体现社会主义道德核心方面有较好或很好的表现。对于"商业银行社会道德水平总体评价",66.88%的受访者认为我国商业银行社会道德水平是比较好或非常好的。

同时,社会公众对商业银行履行道德责任现状也存在较多负面的评价。31.86%的受访者认为商业银行的发展扩大了社会贫富差距;59.29%的受访者认为商业银行业务活动存在客户歧视、地区歧视现象;16.55%的受访者认为在帮穷救困、改善人们社会生活方面作用不足;17.92%的受访者认为商业银行没能主动考虑他人或社会公共利益;10.86%的受访者认为商业银行的发展对于社会道德风气有消极影响,9.1%的受访者认为商业银行在不同程度上背离了社会主义道德和核心价值观;9.78%的受访者认为恶化了生态环境。此外,社会公众对于商业银行"资本碾压,强势逐利,为资本服务""极端功利主义"等表现也存在不同程度的感知。

## （二）具体状况

关于我国商业银行近年来的发展对国民经济的影响，问卷显示：48.33%的受访者认为商业银行近年来的发展促进了国民经济的健康与繁荣，36.85%认为银行发展对国民经济的影响利弊参半，认为加剧了国民经济扭曲恶化、对国民经济没有什么影响的样本各占5.8%，剩余选项占3%。

关于我国商业银行近年来的发展对社会民生方面的影响（如表4-1所示），51.3%的受访者认为商业银行在帮穷救困、改善人们社会生活方面有积极影响；16.55%的受访者认为银行唯利是图，让穷者越穷、富者越富；18.9%的受访者持中立态度，认为没有影响；12.47%的受访者认为说不清楚或其他。其中，在对商业银行影响社会贫富差距情况调研中，有31.86%的受访者认为商业银行的发展扩大了社会贫富差距，29.85%的受访者认为缩小了社会贫富差距，20.46%的受访者认为没有影响，17.04%的受访者认为说不清楚。

表4-1　　　　　　　　商业银行对民生方面影响调查

| 指标选项 | 有积极影响 | 有消极影响 | 没有影响 | 说不清楚 | 其他 |
| --- | --- | --- | --- | --- | --- |
| 我国商业银行近年的发展对社会贫富差距直接或间接的影响怎样 | 29.85% | 31.86% | 20.46% | 17.04% | 0.78% |
| 我国商业银行经营活动在帮穷救困、改善人们社会生活方面的影响怎样 | 51.3% | 16.55% | 18.9% | 12.47% | 0.78% |

对商业银行社会道德责任方面的调查（如表4-2所示）显示，82.71%的受访者认为商业银行体现了诚信的品质，64.55%的受访者认为商业银行主动考虑他人或社会公共利益，63.2%的受访者认为商业银行体现了公平公正性。同时，24.45%的受访者认为商业银行日常业务活动中，存在客户、地区歧视等不公正现象；17.29%的受访者认为当今商业银行不

会主动考虑（兼顾）自身利益以外的他人利益或社会公共利益。

表4-2　　　　　商业银行履行社会道德责任情况调查

| 指标选项 | 非常同意 | 一般同意 | 说不清楚 | 不太同意 | 完全不同意 |
|---|---|---|---|---|---|
| 我国商业银行经营活动做到了诚信为本 | 27.54% | 55.17% | 11.49% | 5.31% | 0.49% |
| 当今商业银行各项业务活动不存在嫌贫爱富、客户歧视与地区歧视等形象 | 19.56% | 39.73% | 16.26% | 19.02% | 5.43% |
| 当今商业银行能主动考虑（兼顾）自身利益以外的他人利益或社会公共利益 | 17.58% | 46.97% | 18.16% | 14.9% | 2.39% |

鉴于选择"商业银行各项业务活动存在客户歧视、地区歧视等不公正现象"的受访者较多，因此作者计算了不同地区选择"商业银行存在客户、地区歧视等不公正现象"各自的比例，前十名的省市（如图4-1所示）中，北京达19.19%，广东为10.61%，山东为9.26%。占比越高，说明该地区普通群众对商业银行存在的客户、地区歧视等不公正现象感受越普遍和越强烈。

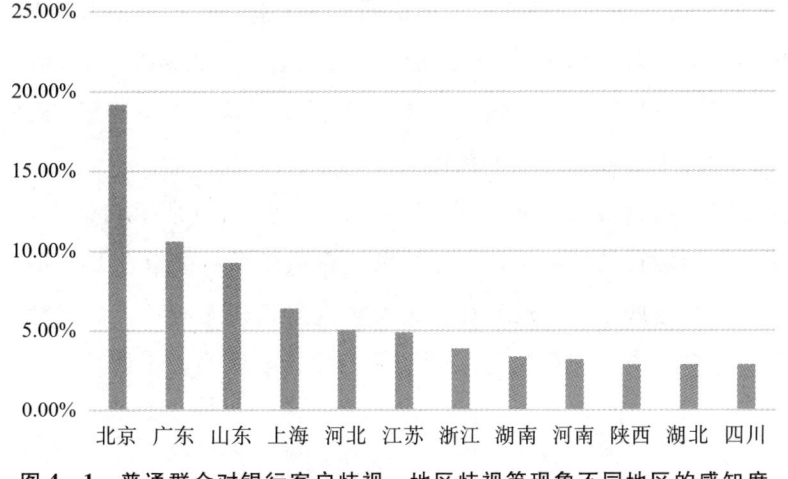

图4-1　普通群众对银行客户歧视、地区歧视等现象不同地区的感知度

关于我国商业银行对社会发展方面的影响（如图4-2所示），52.16%的受访者认为银行"推动了实体经济的发展"，37.17%的从业者认为银行"推动了社会共同富裕"，36.11%的从业者认为银行"增加了社会、环境的和谐美好"。同时持否定态度占比较高的选项分别是"助长了投机经济、泡沫经济"（32.61%），"拉大了社会贫富差距"（29.93%），"助长了拜金主义等不良社会风气"（21.41%）。

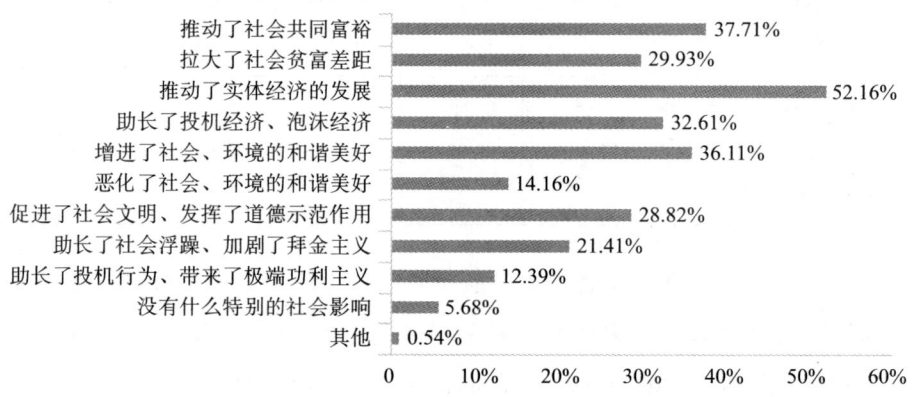

**图4-2 商业银行对社会发展方面的影响**

对于当今商业银行信贷投资等资本流向都很注意节约资源、保护环境，59.58%的受访者认同或比较认同，23.18%的受访者说不清楚，17.25%的受访者不太认同或完全不认同；对于商业银行近年来的发展对生态环境的影响调研，41.05%的受访者认为改善了生态环境，29.64%的受访者认为对生态环境没有影响，18.69%的受访者认为说不清楚，9.84%的受访者认为对生态环境造成了恶化。

关于商业银行对社会道德风气的影响（如表4-3所示），约56%的受访者认为商业银行的发展对社会道德风气有积极影响；超过10%的受访者认为商业银行这些年的发展对社会道德风气有消极影响，在彰显社会公平正义、公序良俗方面存在不足；约33%的受访者认为说不清楚或保持中立态度。

表 4-3　　　　　商业银行对社会道德风气的影响调查

| 指标选项 | 非常好 | 较好 | 中立 | 较差 | 非常差 | 说不清楚 |
|---|---|---|---|---|---|---|
| 我国商业银行近年来的经营活动对社会道德风气的影响怎样 | 13.83% | 41.83% | 27.54% | 8.6% | 2.26% | 5.15% |
| 我国商业银行的经营活动是否有考量社会伦理道德因素，如社会公平正义、公序良俗、公共利益等 | 20.67% | 34.25% | 28.78% | 8.6% | 2.55% | 4.49% |
| 我国商业银行经营活动中体现出的道德品质与社会主义道德的核心"全心全意为人民服务"关系如何 | 12.68% | 49.49% | 23.05% | 6.38% | 2.22% | 6.18% |
| 我国商业银行经营活动中体现的道德风貌与社会主义核心价值观关系如何 | 16.26% | 51.05% | 18.61% | 6.63% | 2.47% | 4.98% |

在对社会主义核心价值体系的践行方面，接近70%的受访者认为银行在践行社会主义核心价值观、体现社会主义道德核心方面有较好或很好的表现；约10%的受访者认为银行在践行社会主义核心价值体系方面表现较差或非常差；约20%的受访者认为说不清楚或保持中立态度。

关于居民对商业银行道德形象感受的调查（如图4-3所示），积极评价排在前三位的指标是"合理逐利、互利共赢，为人民服务""明礼诚信、先进文化的代表""富于社会道德责任"，但感受度在总体占比中都不足50%；负面评价排在前三位的是"资本碾压、强势逐利，为资本而不是为人民服务""极端功利（利己）主义""无视社会道德责任"，感受度都超过了17%。

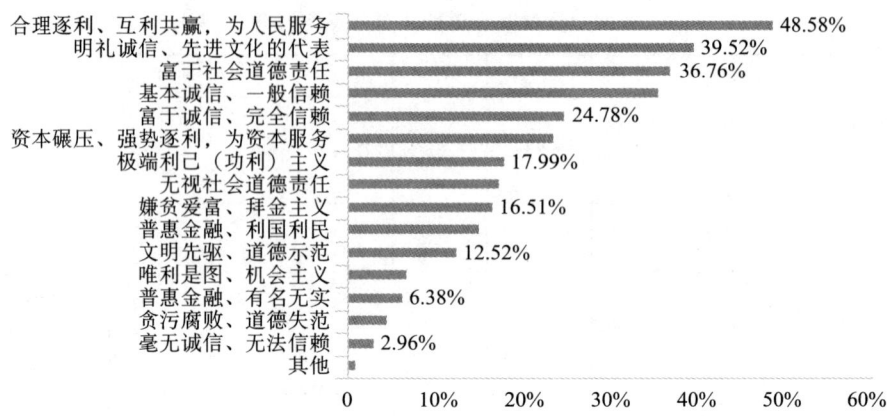

图 4-3 居民对商业银行道德形象直观感受

同时，超过 28% 的受访者认为，商业银行在"以人为本，重视和保护员工的合法权益""诚信经营，维护消费者合法权益""改善社区金融服务，促进社区发展""反商业贿赂，反洗钱，营造良好市场竞争秩序""关心社会发展，支持社会公益事业""节约资源，保护和改善自然生态环境""维护股东合法权益、公平对待所有股东""诚信经营，维护消费者合法权益""重视道德责任、发挥道德示范、促进良好社会风气的养成"等方面存在不足。

在对商业银行社会道德责任水平总体评价方面，66.88% 的受访者认为比较好或非常好，26.92% 的受访者认为一般，6.19% 的受访者认为比较差或非常差。

此外，对于普通群众对商业银行道德责任方面的调研，超过半数的受访者给出了比较正面的评价，但是也有相当一部分受访者在一些问题上对银行做出了负面的评价，表 4-4 统计了普通群众负面评价占比较高的几个方面。

二、商业银行的业内调查

为了更全面的获得商业银行履行社会道德责任的状况，作者以商业银行从业者为对象展开问卷调研。2018 年、2019 年连续两年共收回问卷 393

第四章 中国商业银行道德责任现状评析 | 117

表4-4  普通群众对商业银行负面评价占比前十个选项

| 序 | 选项 | 比例 |
| --- | --- | --- |
| 1 | 助长了投机经济、泡沫经济 | 32.61% |
| 2 | 拉大了社会贫富差距 | 31.86% |
| 3 | 资本碾压、强势逐利、为资本服务 | 23.59% |
| 4 | 存在嫌贫爱富、客户歧视与地区歧视现象 | 24.45% |
| 6 | 助长了社会浮躁，加剧了拜金主义 | 22.83% |
| 7 | 助长了投机行为，带来了极端功利主义 | 20.42% |
| 8 | 以利为本，维护群众合法权益不足 | 21.41% |
| 9 | 极端利己（功利）主义 | 17.99% |
| 10 | 无视社会道德责任 | 17.37% |

注：本表系问卷中独立的对普通群众进行的"我国商业银行改革开放以来的蓬勃发展对社会各方面带来的影响（多选）"调研整理得出。部分项目数据与前边就某方面调研存数据在差异，是单选、多选统计口径不同所致。综合来看，二者数据具有趋同的趋势，一定程度上反映了数据的有效性。

份，数据源于全国29个省市（如图4-4所示）。观察受访者的年龄结构：44.78%的受访者在20—30岁，47.07%的受访者在30—40岁，40岁以上的受访者占6.87%。受访者性别比例：男性占54.71%，女性占45.29%；受访者学历结构：本科占65.65%，硕士占21.37%，博士占6.62%，大专占5.34%。

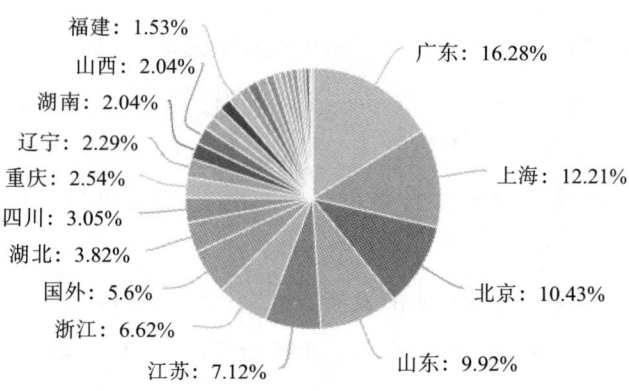

图4-4  从业者调查问卷来源分布

## （一）总体状况

在对从业者关于商业银行履行道德责任现状看法的调研中，在国民经济与社会民生方面，65.39%的从业者认为商业银行近年来的发展促进了国民经济的健康与繁荣；64.89%的从业者认为银行在帮扶济困，改善社会民生方面发挥了积极作用；54.45%的从业者认为商业银行的发展改善了生态与资源环境；82.69%的从业者基本认同银行在经营过程中有注意节约资源和保护环境。在社会风气与社会主义道德方面，75.07%的从业者认为银行注重道德形象，有良好的社会道德示范作用；77.86%的从业者认为银行经营活动体现了"为人民服务"；82.19%的从业者认为银行在经营活动中体现了社会主义核心价值观的要求。对于商业银行社会道德水平总体评价，16.54%的从业者认为非常好；61.07%的从业者认为比较好。

同时，从业者对商业银行履行道德责任现状也存在比较显著的负面评价。23.41%的受访者认为商业银行业务活动助长了投机经济与泡沫经济；19.34%的受访者认为商业银行的经营活动拉大了社会贫富差距；12.21%的受访者认为商业银行的发展助长了社会浮躁，加剧了拜金主义；7.12%的从业者认为商业银行资金投放恶化了生态环境。此外，"资本碾压、强势逐利""嫌贫爱富、客户与地区歧视""拜金主义、为资本增值而不是为人民服务、功能异化"也都是从业者对于商业银行的负面评价。

## （二）具体情况

我国商业银行近年来的发展对国民经济的影响（如图4-5所示），有65.39%的从业者认为商业银行近年来的发展促进了国民经济的健康与繁荣，27.48%的从业者认为银行发展对国民经济的影响利弊参半，只有1.27%的从业者认为商业银行加剧了国民经济的扭曲与恶化，剩余选项占1.27%。

关于我国商业银行近年来的发展对社会民生方面的影响，有61%的从业者认为商业银行在帮穷救困、改善社会民生方面，发挥了积极作用；12%的从业者持中立态度，认为没有影响；16%的从业者认为银行唯利是图，穷者越穷，富者越富。其中，商业银行对社会贫富差距的直接或间接

第四章　中国商业银行道德责任现状评析 | 119

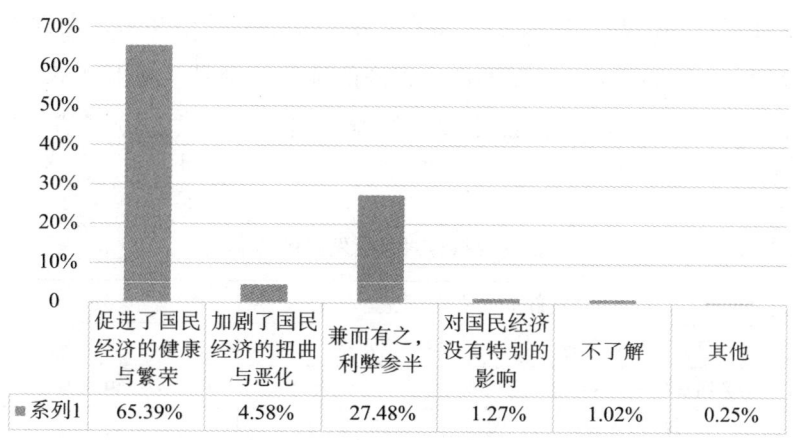

图4-5　改革开放以来银行发展对国民经济的影响

影响（如图4-6所示），有29.77%的从业者认为银行的存在拉大了贫富差距，40.97%的从业者认为银行的存在减小了贫富差距，16.03%的从业者认为对贫富差距没有影响。可以看出，针对银行对贫富差距的影响这个问题，银行从业者的意见分歧较大。

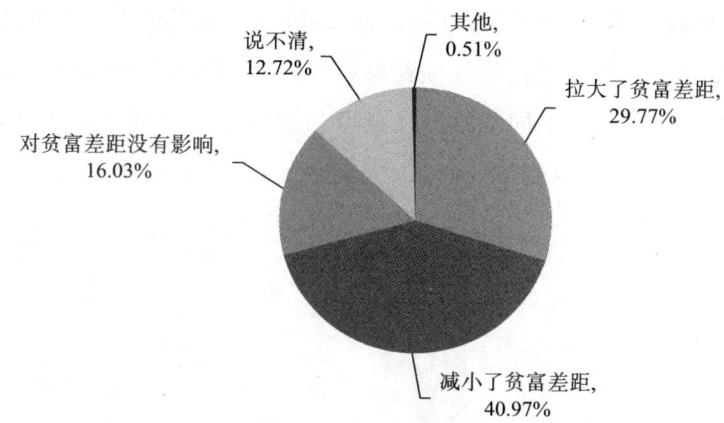

图4-6　改革开放以来银行发展对社会贫富差距的影响

关于商业银行对社会发展方面的影响（如表4-5所示），59.54%的从业者认为银行"推动了实体经济的发展"，50.89%的从业者认为银行"推动了社会共同富裕"，40.46%的从业者认为银行"增加了社会、环境的和谐美好",40.20%的从业者认为银行"促进了社会文明,发挥了道德示范作用";同时,持否定态度占比较高的选项分别是"助长了投机经济、泡沫经济"和"助长了社会浮躁,加剧了拜金主义",分别占23.41%和12.21%。

表4-5　　　　　　　　我国商业银行对社会发展的影响

| 评价指标 | 比例 |
| --- | --- |
| 推动了实体经济的发展 | 59.54% |
| 推动了社会共同富裕 | 50.89% |
| 增加了社会、环境的和谐美好 | 40.46% |
| 促进了社会文明,发挥了道德示范作用 | 40.20% |
| 助长了投机经济、泡沫经济 | 23.41% |
| 助长了社会浮躁,加剧了拜金主义 | 12.21% |
| 助长了投机行为,带来了极端功利主义 | 11.45% |
| 没有什么特别的社会影响 | 2.54% |

关于银行在经营过程中对资源环境的影响,有54.45%的从业者认为银行的发展改善了生态与资源环境,28.24%的从业者持中立态度,7.12%的从业者认为银行恶化了生态与资源环境(如图4-7所示)。同时,有73.84%的从业者基本上同意银行注意节约资源、保护环境,18.14%的从业者持中立态度,极少数从业者持否定态度(如图4-8所示)。

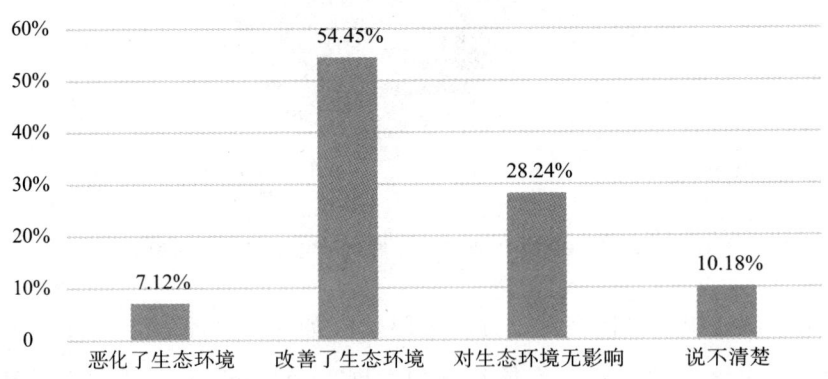

图4-7　商业银行发展对国家生态环境的影响

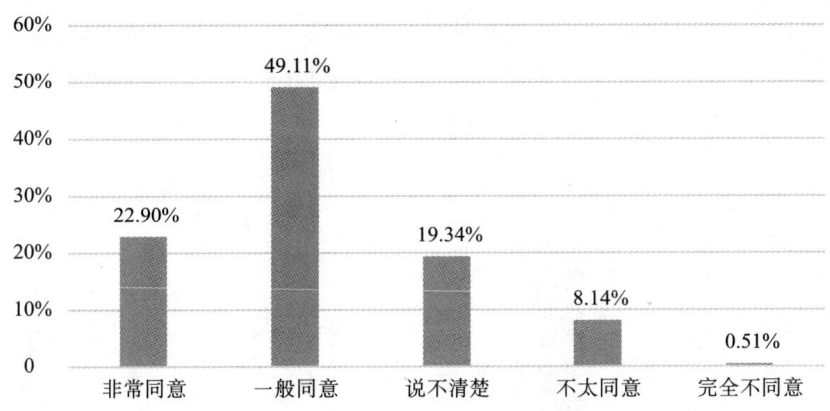

图4-8 商业银行从业者对银行注重节能环保方面的同意度

关于我国商业银行近年来对社会道德风气的影响，75.07%的从业者认为银行注重道德形象，有好的社会道德示范作用，其中18.58%的从业者认为银行有很好的社会道德示范作用，49.79%的从业者认为银行有较好的道德示范作用（如表4-6所示）。17.05%的从业者持中立态度，持否定态度的从业者比例非常小。在回答我国商业银行的经营活动是否有考虑社会伦理道德因素，如公平正义、社会良俗、公共利益这个问题时，34.86%的从业者认为银行充分考虑了社会伦理道德因素，37.4%的从业者认为银行偶尔会考虑，20.36%的从业者持中立态度，只有不到6%的从业者认为银行没有考虑社会道德伦理因素。

表4-6　　　　　银行经营活动对社会道德风气的影响

| 选项 | 数量 | 占比 |
| --- | --- | --- |
| 注重道德形象，有较好的社会道德示范作用 | 222 | 56.49% |
| 注重道德形象，有很好的社会道德示范作用 | 73 | 18.58% |
| 中立，对社会道德风气没有什么影响 | 67 | 17.05% |
| 唯利是图，有较大的负面影响 | 21 | 5.34% |
| 唯利是图，有很大的负面影响 | 2 | 0.51% |
| 说不清楚 | 8 | 2.04% |

在回答我国商业银行经营活动中体现出的道德品质与社会主义道德的核心"全心全意为人民服务"关系问题时（如图4-9所示），77.86%的

从业者认为银行体现了"为人民服务"的观念，其中17.05%的从业者认为充分体现，60.81%的从业者认为较好体现。15.78%的从业者持中立态度，只有5%左右的从业者持否定态度。

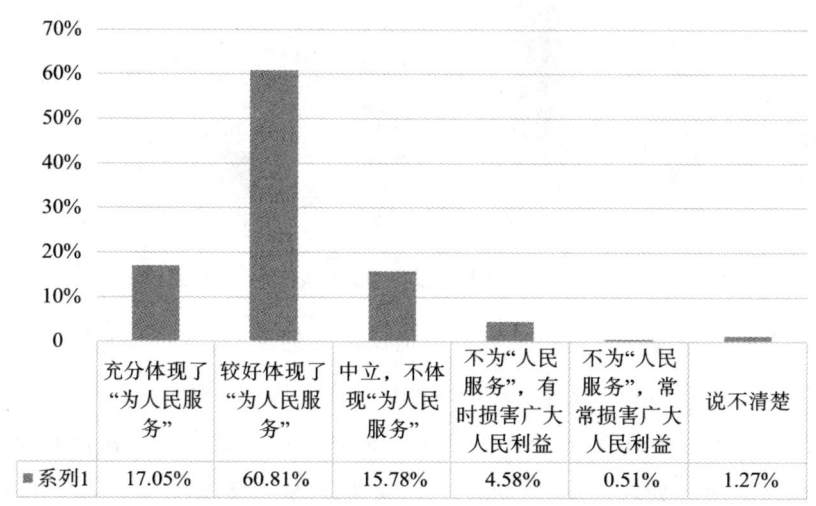

图4-9 商业银行在"全心全意为人民服务"方面的表现

对于我国商业银行经营活动中体现的道德风貌与社会主义核心价值观吻合程度如何的调研，82.19%的从业者认为银行在经营活动中体现了道德风貌与社会主义核心价值观，其中24.43%的从业者认为充分体现，57.76%的从业者认为较好体现。其他从业者不同程度的认为没有体现，如9.67%的从业者认为几乎没有体现核心价值观的精神，6.11%的从业者认为一定程度上背离了核心价值观，0.76%的从业者认为很大程度上背离了核心价值观。

关于商业银行在经营中做到了诚信为本，不存在嫌贫爱富、客户歧视与地区歧视现象，能主动考虑（兼顾）自身利益以外的他人利益或社会公共利益，社会道德形象具有很好的正面、示范作用这些问题（如图4-10所示），银行从业者持非常同意与一般同意的比例合计均超过了60%，但也有22.13%的从业者认为银行存在嫌贫爱富、客户歧视和地区歧视问题，10.68%的从业者认为银行不能兼顾自身利益以外的他人利益或社会公共利益。

第四章 中国商业银行道德责任现状评析

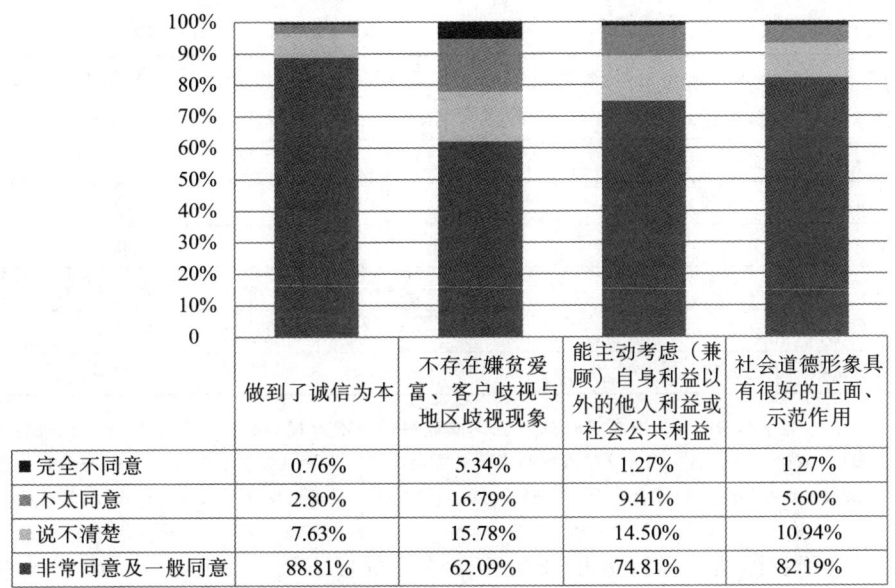

| | 做到了诚信为本 | 不存在嫌贫爱富、客户歧视或地区歧视现象 | 能主动考虑（兼顾）自身利益以外的他人利益或社会公共利益 | 社会道德形象具有很好的正面、示范作用 |
|---|---|---|---|---|
| ■ 完全不同意 | 0.76% | 5.34% | 1.27% | 1.27% |
| ■ 不太同意 | 2.80% | 16.79% | 9.41% | 5.60% |
| ■ 说不清楚 | 7.63% | 15.78% | 14.50% | 10.94% |
| ■ 非常同意及一般同意 | 88.81% | 62.09% | 74.81% | 82.19% |

图 4-10　对商业银行在诚信等道德责任方面表现的态度

在对我国商业银行社会道德形象的最直观感受这个问题上（如表 4-7 所示），正面评价最高的 3 个选项分别是商业银行合理逐利、互利共赢、为人民服务，占比达 61.32%；商业银行富于社会道德责任，占比达 51.91%；商业银行是明礼诚信、先进文化的代表，占比达 48.6%。而反面评价中占比最高的是"资本碾压、强势逐利，为资本服务"，比例为 12.72%；其次是"无视社会道德责任"，占比达 8.65%。

表 4-7　对商业银行社会道德形象的最直观感受

| 选项 | 比例 |
|---|---|
| 合理逐利、互利共赢，为人民服务 | 61.32% |
| 富于社会道德责任 | 51.91% |
| 明礼诚信，先进文化的代表 | 48.6% |
| 普惠金融、利国利民 | 40.46% |
| 基本诚信、一般信赖 | 31.3% |
| 富于诚信、完全信赖 | 30.53% |
| 文明先驱、道德示范 | 23.41% |

续表

| 选项 | 比例 |
| --- | --- |
| 资本碾压、强势逐利、为资本服务 | 12.72% |
| 无视社会道德责任 | 8.65% |
| 极端利己主义（功利） | 7.63% |
| 嫌贫爱富、拜金主义 | 7.38% |
| 普惠金融、有名无实 | 7.12% |
| 唯利是图、机会主义 | 5.85% |
| 贪污腐败、道德失范 | 2.29% |

注：本表系问卷中对从业者进行的"我国商业银行对商业银行社会道德形象的最直观感受（多选）"调研整理得出。部分项目数据与本节某方面调研数据存在差异，是单选、多选题目类型和选项数量等差异所致。综合来看，数据具有趋同性，一定程度上反映了数据的有效性。

对于我国商业银行近年来在社会道德责任方面的缺陷，有46.56%的从业者认为银行在以人为本，正视和保护从业者的合法权益方面存在不足，同时有27.99%的从业者认为银行在维护股东合法权益，公平对待所有股东方面存在不足。

在对商业银行社会道德责任水平总体评价方面，16.54%的从业者认为非常好，61.07%的从业者认为比较好，18.58%的从业者持中立态度，3.31%的从业者持否定态度，没有从业者认为银行的社会道德水平非常差。

此外，对于从业者对商业银行道德责任方面的调研，很多从业者给出了正面的评价，但是也有部分从业者在一些问题上对银行做出了负面的评价，表4-8统计了银行从业者负面评价占比较高的几个方面。

表4-8　　　　银行从业者对商业银行负面评价占比前十项

| 序号 | 选项 | 比例 |
| --- | --- | --- |
| 1 | 助长了投机经济、泡沫经济 | 23.41% |
| 2 | 存在嫌贫爱富、客户歧视与地区歧视现象 | 22.13% |
| 3 | 拉大了社会贫富差距 | 19.34% |
| 4 | 唯利是图、拜金主义 | 13.23% |
| 5 | 资本碾压、强势逐利、为资本服务 | 12.72% |
| 6 | 助长了社会浮躁，加剧了拜金主义 | 12.21% |

续表

| 序号 | 选项 | 比例 |
|---|---|---|
| 7 | 助长了投机行为,带来了极端功利主义 | 11.45% |
| 8 | 不能主动考虑(兼顾)自身利益以外的他人利益或社会公共利益 | 10.68% |
| 9 | 几乎没有体现核心价值观的精神 | 9.67% |
| 10 | 无视社会道德责任 | 8.65% |

注:本表系问卷中独立的对从业者进行的"我国商业银行改革开放以来的蓬勃发展对社会各方面带来的影响(多选)"调研整理得出。部分项目数据与前边就某方面调研数据存在差异,是单选、多选类型口径不同所致。综合来看,二者数据具有趋同的趋势,一定程度上反映了数据的有效性。

### (三)交叉分析

结合"我国商业银行近年来的发展对国民经济的影响"和"我国商业银行近年来的发展对社会贫富差距直接或间接的影响"两题作交叉分析,以前者为行变量,后者为列变量分析可得表4-9。

表4-9　　银行对国民经济与社会贫富差距的影响交叉分析

| X \ Y | 拉大了贫富差距 | 减小了贫富差距 | 对贫富差距没有影响 | 说不清 | 其他 | 小计 |
|---|---|---|---|---|---|---|
| 促进了国民经济的健康与繁荣 | 54 (21.01%) | 132 (51.36%) | 41 (15.95%) | 29 (11.28%) | 1 (0.39%) | 257 |
| 加剧了国民经济的扭曲与恶化 | 11 (61.11%) | 0 (0.00%) | 5 (27.78%) | 2 (11.11%) | 0 (0.00%) | 18 |
| 兼而有之,利弊参半 | 51 (47.22%) | 27 (25%) | 15 (13.89%) | 14 (12.96%) | 1 (0.93%) | 108 |
| 对国民经济没有特别的影响 | 1 (20%) | 2 (40%) | 1 (20%) | 1 (20%) | 0 (0.00%) | 5 |
| 不了解 | 0 (0.00%) | 0 (0.00%) | 0 (0.00%) | 4 (100%) | 0 (0.00%) | 4 |
| 其他 | 0 (0.00%) | 0 (0.00%) | 1 (100%) | 0 (0.00%) | 0 (0.00%) | 1 |

由图 4-11 可知，认为我国商业银行促进了国民经济的健康与繁荣的银行从业者中，有 51.36% 的人认为商业银行减少了贫富差距，但仍有 21.01% 的人认为银行拉大了贫富差距。这一比例在选择"对国民经济没有特别的影响"中减少到 40%。

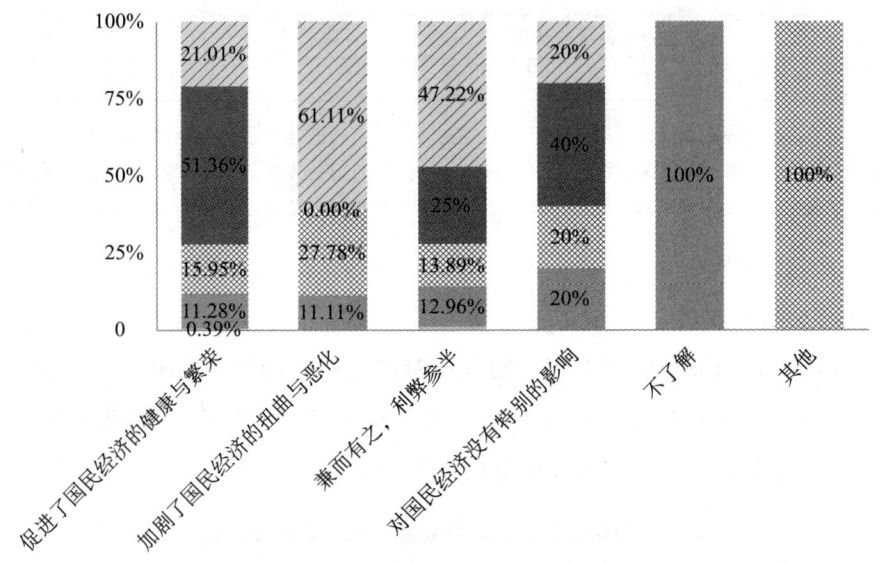

图 4-11 银行对国民经济与社会贫富的影响交叉分析

选择"兼而有之，利弊参半"的从业者中，有将近半数认为银行拉大了贫富差距。选择银行加剧国民经济的扭曲的人群中有超过 60% 的从业者认为商业银行拉大了贫富差距，说明商业银行如何作用于贫富差距对国民经济健康发展有重要影响，贫富差距拉大是导致我国国民经济扭曲的主要原因之一。

结合"我国商业银行近年来的发展对社会贫富差距直接或间接的影响"和"我国商业银行经营活动在帮穷救困，改善人们社会生活方面的影响"两题作交叉分析，以前者为行变量，后者为列变量分析可得表 4-10。

由图 4-12 可知，认为我国商业银行减小了贫富差距的银行从业者中，有 85.71% 的人认为银行"帮穷救困，改善社会民生，发挥积极作用"；认为我国商业银行对贫富差距没有影响的银行从业者中，也有高达 63.49%

表 4-10　银行对社会贫富差距与帮穷救困的影响交叉分析

| X \ Y | 唯利是图，穷者越穷，富者越富 | 帮穷救困，改善社会民生，发挥积极作用 | 对帮穷救困，改善社会生活没有影响 | 说不清楚 | 其他 | 小计 |
|---|---|---|---|---|---|---|
| 拉大了贫富差距 | 40 (34.19%) | 47 (40.17%) | 20 (17.09%) | 9 (7.69%) | 1 (0.85%) | 117 |
| 减小了贫富差距 | 8 (4.97%) | 138 (85.71%) | 8 (4.97%) | 7 (4.35%) | 0 (0.00%) | 161 |
| 对贫富差距没有影响 | 3 (4.76%) | 40 (63.49%) | 16 (25.40%) | 4 (6.35%) | 0 (0.00%) | 63 |
| 说不清 | 4 (8%) | 30 (60%) | 4 (8%) | 11 (22%) | 1 (2%) | 50 |
| 其他 | 0 (0.00%) | 0 (0.00%) | 1 (50%) | 0 (0.00%) | 1 (50%) | 2 |

的人认为银行在"帮穷救困，改善社会民生，发挥积极作用"。这些数据表明，银行从业者对银行积极消除社会不公，帮穷救困方面做出努力的认可，这说明银行的社会道德责任履行更加到位。

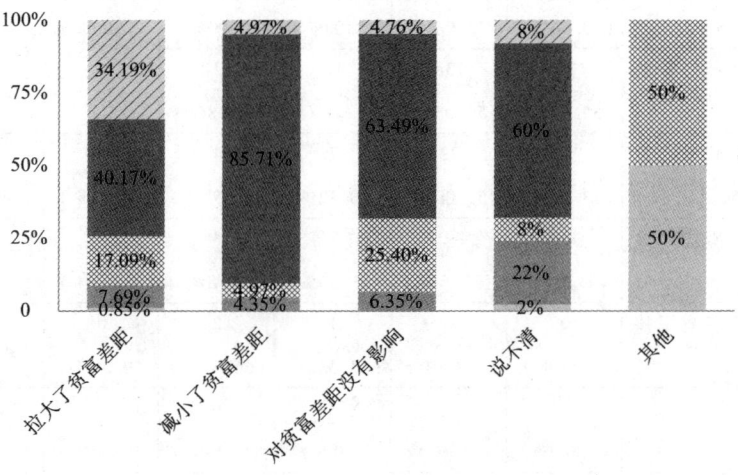

图 4-12　银行对社会贫富差距与帮穷救困的影响交叉分析

在认为我国商业银行减小了贫富差距的银行从业者中，出现了一定比例的看法对立，有 34.19% 的被从业者认为银行"唯利是图，穷者越穷，富者越富。"但也有 40.17% 的从业者认为银行"帮穷救困，改善社会民生，发挥积极作用"。由此看来，站在从业者的角度，银行"唯利是图，穷者越穷，富者越富"的行为，对我国贫富差距的拉大并不直接相关，结合前文的分析，但贫富差距拉大是导致我国国民经济扭曲的主要原因之一。

结合"我国商业银行经营活动中体现的道德风貌与社会主义核心价值观（富强明主文明和谐、自由平等公正法治、爱国敬业诚信友善）关系"和"当今商业银行经营管理活动是否做到了诚信为本"两题作交叉分析，以前者为行变量，后者为列变量分析可得表 4-11。

表 4-11　　　银行对社会主义核心价值观与诚信为本的
经营管理理念交叉分析

| X \ Y | 非常同意 | 一般同意 | 说不清楚 | 不太同意 | 完全不同意 | 小计 |
|---|---|---|---|---|---|---|
| 充分体现了核心价值观的精神 | 71 (73.96%) | 23 (23.96%) | 2 (2.08%) | 0 (0.00%) | 0 (0.00%) | 96 |
| 较好体现了核心价值观的精神 | 81 (35.68%) | 134 (59.03%) | 10 (4.41%) | 2 (0.88%) | 0 (0.00%) | 227 |
| 几乎没有体现核心价值观的精神 | 5 (13.16%) | 22 (57.89%) | 7 (18.42%) | 4 (10.53%) | 0 (0.00%) | 38 |
| 一定程度上背离了核心价值观 | 1 (4.17%) | 9 (37.5%) | 8 (33.33%) | 3 (12.5%) | 3 (12.5%) | 24 |
| 很大程度上背离了核心价值观 | 0 (0.00%) | 0 (0.00%) | 1 (33.33%) | 2 (66.67%) | 0 (0.00%) | 3 |
| 说不清楚 | 1 (20%) | 2 (40%) | 2 (40%) | 0 (0.00%) | 0 (0.00%) | 5 |
| 其他 | 0 (0.00%) | 0 (0.00%) | 0 (0.00%) | 0 (0.00%) | 0 (0.00%) | 0 |

由图 4-13 可知，商业银行经营活动中体现的道德风貌与社会主义核心价值观关系同诚信为本的经营管理理念高度相关。认为我国商业银行"充分体现了核心价值观的精神"的银行从业者中，仅有 2.08% 的人认为"说不清楚"；非常及一般同意"当今商业银行经营管理活动做到了诚信为本"的占比达 97.92%，这一比例在选择商业银行"较好体现了核心价值观的精神"的人中占比 95.59%；选择"一定程度上背离了核心价值观"的从业者中，仍有 41.67% 的人非常及一般同意"当今商业银行经营管理活动做到了诚信为本"。这些数据表明，银行从业者对银行诚信经营上的表现较为认同，但有 65 位从业者认为商业银行"几乎没有体现、一定程度或很大程度上背离核心价值观"，占比达 16.54%，说明仅做好诚信一个方面是远远不够的，商业银行仍需重视社会主义核心价值观建设，加强自我约束。

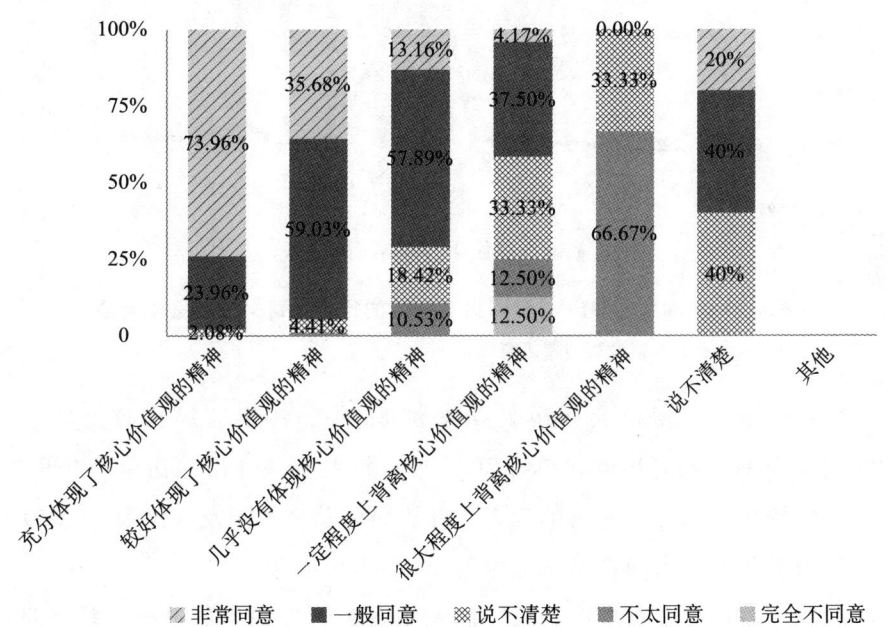

图 4-13 银行对社会主义核心价值观与诚信为本的经营管理理念交叉分析

## 三、监管部门的监察报告

### (一) 监管数据总览

我国商业银行主要受中国人民银行、中国银行保险监督管理委员会的监管,银监系统发布的监管数据和处罚文书一定程度上反映出我国商业银行道德责任的履行情况。作者搜集整理了中国银保监会及36家银保监局于2016年1月至2019年年底披露的行政处罚案例共计3196件(如图4-14所示)。以上数据不包括全国范围内各银监分局、派出机构的罚单数①。

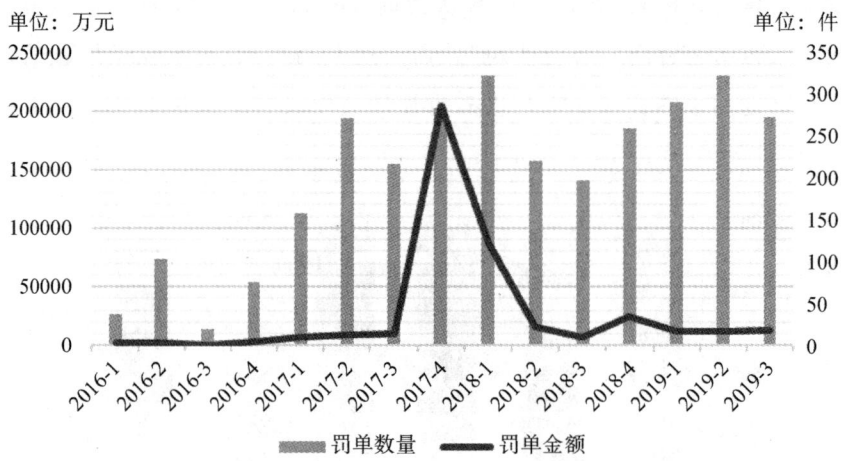

图4-14　2016—2019年银保监会披露的行政处罚文书数量和金额

数据来源:银监会和保监会官网搜集整理。

整理数据中,银监会行政处罚案例88件,各银监局行政处罚案例3284件;针对机构开出的罚单有2025件,针对个人开出的罚单有939件,同时对机构和个人开出的罚单有279件。罚单总金额涉及人民币42.050亿元,其中对个人开出的罚单总金额为2946.9万元。

从罚单数量和金额来看,我国商业银行监管处罚形势依然严峻,且面

---

① 中国银行业协会发布的《中国银行业发展报告(2018)》显示:2017年,我国银监系统共作出行政处罚决定3452件,其中处罚机构1877家,处罚人员1547名,对270名相关责任人员取消一定期限直至终身银行业从业和高管职务资格,全年罚没近30亿元(自报告第128页)。

临防范化解金融风险、控制宏观金融杠杆率、增强服务实体经济能力等重大挑战。以近三年来7张超大额罚单为例（如表4-12所示）。

表4-12　　2017—2019年银保监会（局）超大额罚单简表

| 序 | 罚单文号 | 内容简述 | 罚没金额 |
| --- | --- | --- | --- |
| 1 | 青银监罚决字〔2017〕22号 | 兴业银行股份有限公司青岛分行因违反国家规定从事投资活动，给予其警告的行政处罚 | 23217.91万元 |
| 2 | 银监罚决字〔2017〕26号 | 广发银行股份有限公司因内控管理严重违反审慎经营规则、未向监管部门报告风险信息以及以流动资金贷款科目向房地产开发企业发放贷款等多项违规 | 72215.16万元 |
| 3 | 津银监罚决字〔2017〕30号 | 天津滨海农商银行因同业业务违规以及违反国家规定从事投资活动 | 16084.62万元 |
| 4 | 京银监罚决字〔2017〕31号 | 中国邮政储蓄银行因违反国家规定从事投资活动以及业务管理违反审慎经营规则 | 52063.90万元 |
| 5 | 川银监罚字〔2018〕2号 | 上海浦东发展银行股份有限公司成都分行因内部控制严重失效、授信管理严重违规、违规办理信贷业务以及商业承兑汇票业务等多项违规 | 46175万元 |
| | 银保监银罚决字〔2018〕8号 | 中国民生银行股份有限公司因同业投资违规接受担保，同业投资、理财资金违规投资房地产，票据代理未明示，增信未簿记和计提资本占用，为非保本理财产品提供保本承诺等多项违规受罚 | 3160万元 |
| 6 | 银保监银罚决字〔2018〕11号 | 浙商银行股份有限公司因投资同业理财产品未尽职审查、投资非保本理财产品违规接受回购承诺、理财产品销售文本使用误导性语言、为非保本理财产品提供保本承诺等多项违规受罚 | 5550万元 |
| 7 | 吉银保监罚决字〔2019〕60号 | 中国银行吉林省分行和吉林市分行因违规融入同业资金、内控失效、向监管部门提供虚假数据等原因多项受罚 | 5150万元 |

注：数据源于中国银行保险监督管理委员会官网行政处罚数据整理。

根据上述罚单内容可以看出：违规发放房地产贷款、违规开展投资活动以及公司治理不健全、内控管理不到位将构成严重风险。这些行为都违背了审慎经营原则，反映了商业银行在履行社会道德责任方面的重大缺失。银行业市场乱象不止于此，在作者整理的上千份罚单中，道德责任问题还体现于：公司治理不健全、违反宏观调控政策、影子银行和交叉金融产品风险、侵害金融消费者权益、利益输送、违法违规展业、案件与操作风险以及行业廉洁风险。其中，违反宏观调控政策主要涉及信贷政策和房地产行业政策，如违规将资金放贷给"两高一剩"企业，侵占或挪用支持棚户区改造、精准扶贫、乡村振兴战略等民生领域的贷款，向"四证"不全、资本金未足额到位的商业性房地产开发项目提供融资等。除此以外，在银行业面临的廉洁风险中，收受贿赂以及泄露客户信息、参与内幕交易这些行为都严重违背了商业银行的社会道德责任。

从整理的行政处罚案例来看，监管机构通常采用罚款、警告、责令改正、取消任职资格和禁止从事银行业工作等方式对商业银行或从业者进行处罚，其中以罚款和警告最为普遍。这些处罚既有面向机构的，也有面向个人的，具体情况如图4-15所示。

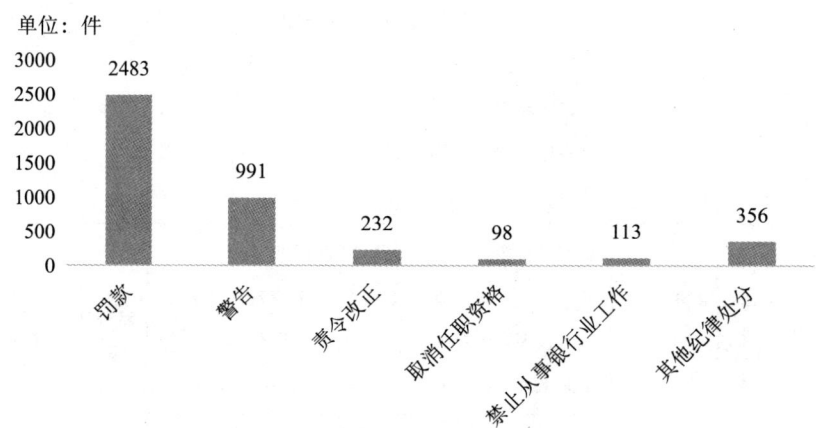

图 4-15　2016—2019 年行政处罚类型

在所有行政处罚依据中（如图4-16所示），有2841件罚单是因为违反了《中华人民共和国银行业监督管理法》，占到总罚单数量的88.9%；

还有较大比例罚单是因为违反了《中华人民共和国商业银行法》《流动资金贷款管理暂行办法》，分别占 7.5% 和 4.8%。

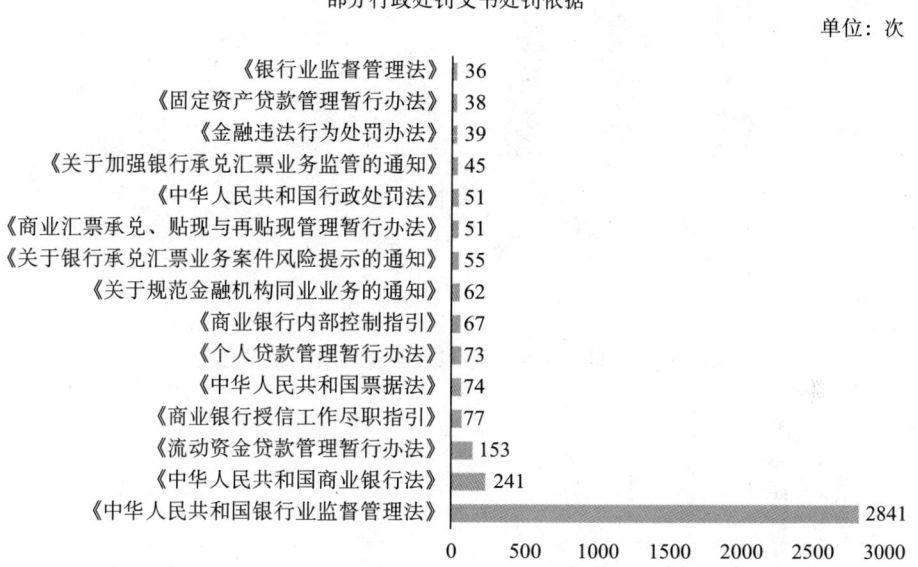

图 4-16　2016—2019 年部分行政处罚文书处罚依据触发法规次数

（二）处罚文书多维度统计

1. 行政处罚文书机构分布

根据图 4-17 可以看出，全国性股份制商业银行收到的罚单数量（644 件）最多，占到总罚单数量的 20%；大型股份制商业银行（588 件）次之，占比 18.4%；城市商业银行（415 件）比农村商业银行（229 件）和农村信用合作社（203 件）受到的处罚更多。

我们比较了全国 17 家股份制商业银行所收到的罚单数量，发现工商银行作为我国规模最大的商业银行，其受罚单为 148 件，排在首位；民生银行以罚单 107 件成为受罚最多的全国股份制商业银行；上海浦东发展银行 2006 年率先发布了国内银行业的第一份《企业社会责任报告》；兴业银行 2008 年宣布采纳"赤道原则"，成为中国首家"赤道银行"，作为社会责任意识走在前列的两家银行受到的行政处罚也较多。

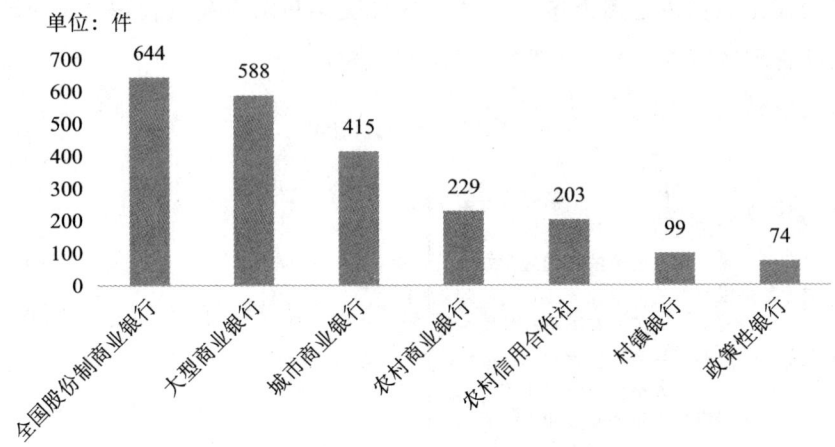

图 4-17  2016—2019 年银行类金融机构罚单数量

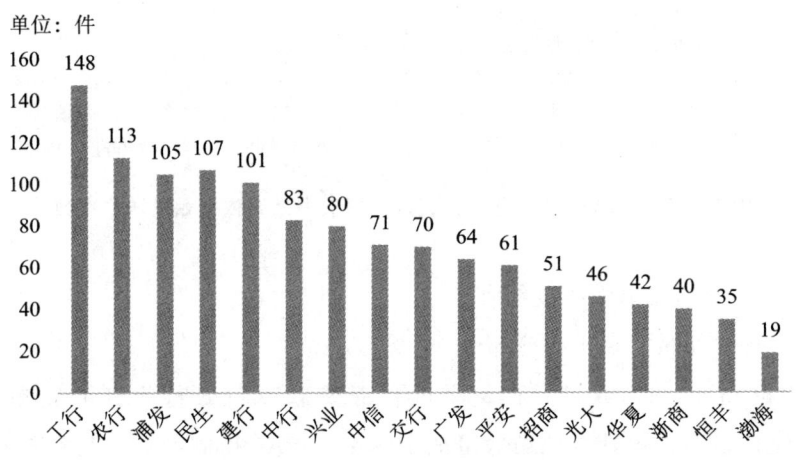

图 4-18  2016—2019 年股份制商业银行罚单数量

2. 行政处罚文书地区分布

根据统计数据（如图 4-19 所示）可以看出，由于华东地区的银监局数量比较多，共有十家，是其他地区银监局数量的两倍之多，其收到的罚单数量（898 件）也远高于其他地区，在总罚单数量中占到了 29%。相较之下，东北地区仅有三家银监局，其涉及的罚单数量高达 261 件，在总罚单数量中占比 8.1%。

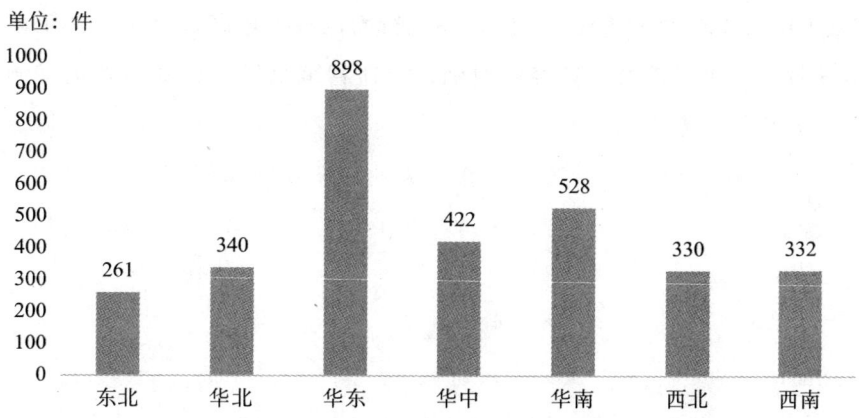

图4-19　2016—2019年行政处罚文书地区分布

通过对各地银监局罚单数量的统计（如图4-20所示），我们可以看到，浙江地区受到的罚单数量远高于其他地区，占到了总罚单数量的7.22%；上海、陕西罚单数紧随其后；湖北、广东、福建等经济较发达地区受到的行政处罚数量也较多。

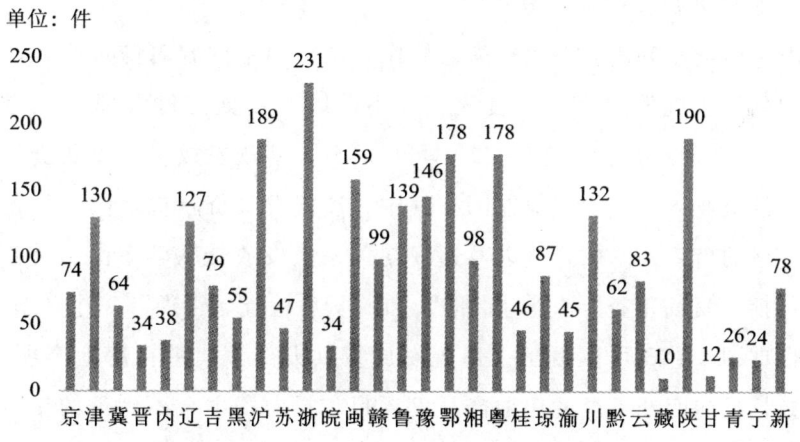

图4-20　2016—2019年行政处罚文书省份分布

3. 行政处罚文书业务统计

在行政处罚依据中（如图4-21所示），信贷业务作为银行的传统业务，违规所受处罚的数量最多，高达1593件，占比49.84%；票据业务是仅次于信贷业务的违规行为"高发地带"（421件）。此外，同业业务

（229件）以及理财业务（156件）违规行为也占了较高的比例。由于多种业务违规都有可能涉及审慎经营原则，故违背审慎经营原则的处罚案例较高，共669件，占比达21%。

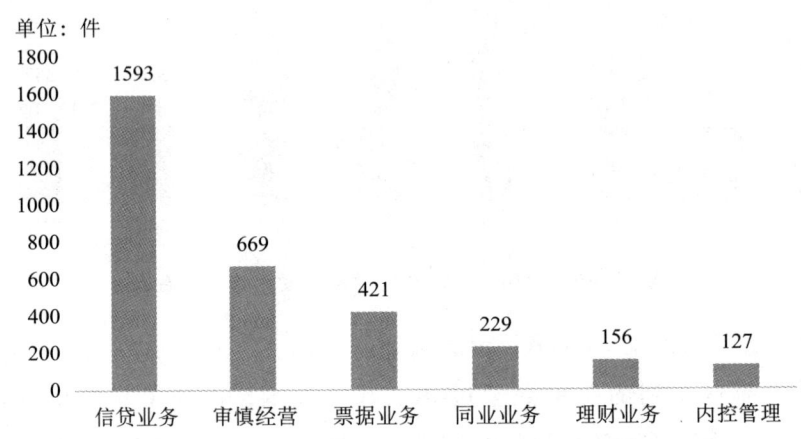

图4-21  2016—2019年行政处罚文书业务分布

4. 行政处罚文书业务分布

由于信贷业务违规占比较高，故作者结合罚单内容对信贷业务违规进一步细分为违规发放贷款、贷款三查不严以及贷款支付管理违规等方面（如图4-22所示）。从图4-22中可以看到，违规发放贷款以及贷款三查不严是信贷业务违规的主要原因；其中，违规发放贷款包括向不具备借款主体资格的借款人发放贷款以及违规向关系人发放贷款等案由，贷款三查不严包括"贷前审查""贷时审批"和"贷后检查与管理"三个环节。

根据图4-23可以看出，违规发放贷款大部分集中在房地产项目上，主要包括投向四证不全的房地产开发项目、投向资本金不到位的住房项目以及向未封顶楼房发放按揭贷款，这反映出商业银行为了追逐利益而忽视审慎经营的责任；除此以外，流动资金贷款不合规、向关系人发放信用贷款、固定资产贷款不合规、授信集中度超过监管规定等违规放贷现象占比也较高。违规放贷不仅加剧了金融市场的风险，也影响实体经济正常信贷需求的满足，破坏市场经济的正常秩序，不利于实体经济的发展。

第四章　中国商业银行道德责任现状评析 | 137

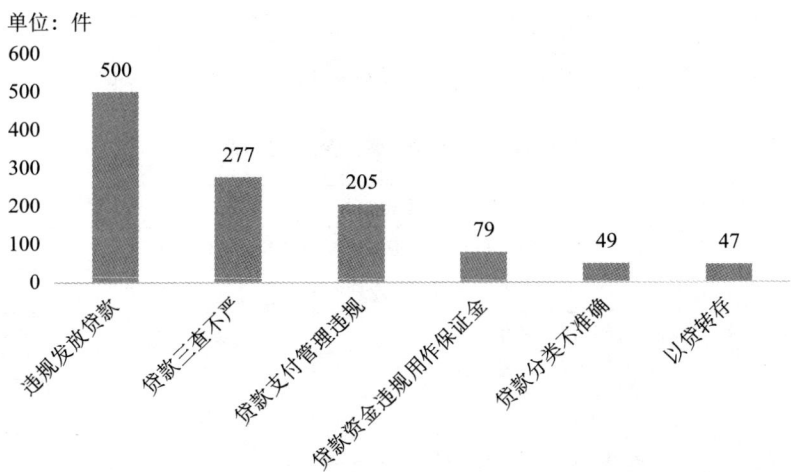

图 4-22　2016—2019 年信贷业务违规明细数量统计

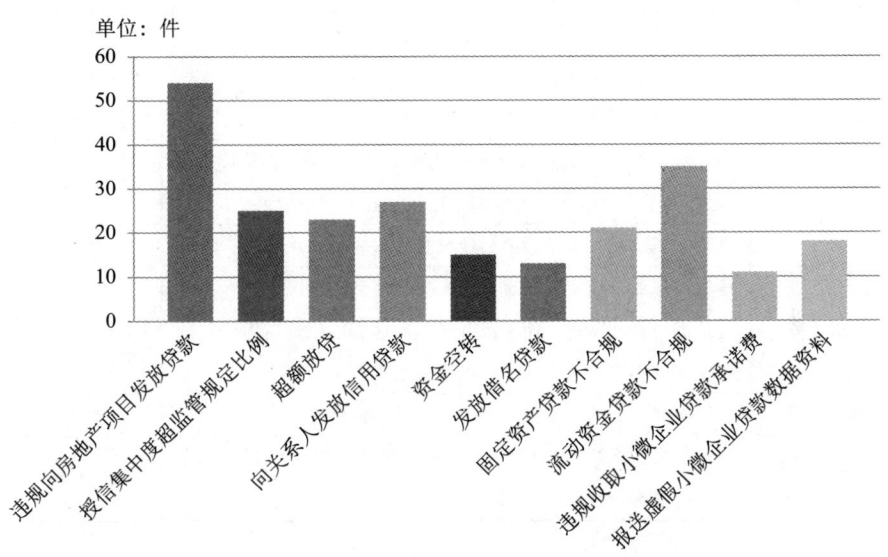

图 4-23　2016—2019 年违规发放贷款明细数量统计

(三) 监管信息的道德责任视域分析

作者通过对商业银行监管文书、案例和媒体曝光的银行负面信息进行分析，发现商业银行不道德行为，遍及银行会计结算、存款、贷款、票据和理财等全业务过程（如表 4-13 所示）。各类不道德行为分别对应不诚信、不公正、懈怠、歧视等败德表现。商业银行的败德行为轻则影响银行声誉，重则触发银行法律法规，甚至波及银行系统的安全与稳定。

表 4-13　　商业银行常见不道德行为表现列表

| 业务类型 | 主要不道德行为 | 定性描述 |
| --- | --- | --- |
| 会计结算业务 | 伪造、变造会计凭证和账簿、随意调整会计报表、资产负债表等会计报表，虚报或瞒报经营业绩 | 欺骗 |
| | 搞账外经营，挪用客户资金 | 欺骗 |
| | 通过联行盗取客户资金 | 欺骗 |
| | 专业精神不强，疏忽大意，汇兑差错，给银行造成损失 | 疏漏 |
| 存款业务 | 违反人民银行的规定高息揽存或变相高息揽存 | 违规 |
| 贷款业务 | 以贷谋私，加大客户贷款成本 | 违规 |
| | 霸王条款，使借款人被动接受，缺乏合同行为的平等意识 | 不平等 |
| | 内部人员与借款人串通骗取银行贷款 | 欺骗 |
| | 决策失误，贷款资源错配，严重浪费社会财富 | 疏漏 |
| | 不及时追讨不良资产，影响银行安全 | 懈怠 |
| | 商业银行对中小企业或个人"先还后贷"的承诺最后变成"还了不贷""抽贷"的欺骗，造成企业经营危机 | 欺骗 |
| | 风险意识淡漠，责任心差，造成贷款损失 | 懈怠 |
| 票据业务 | 违反票据业务规定，在没有真实贸易背景的情况下给客户开具票据或办理贴现，使不法分子顺利地套取银行信用 | 违规 |
| | 票据审查不严，给犯罪分子以可乘之机 | 疏漏 |
| 理财业务 | 利用专业的合同文本推卸责任，把风险推给客户 | 不平等 |
| 其他 | 商业银行的客户歧视问题（小额管理费、借贷歧视、柜台窗口普通客户排长队、VIP 享受特权等） | 歧视 |

### 四、上市公司的数据对比

商业银行是货币与信用资源配置的枢纽，上市商业银行因控制的存贷资金规模巨大，范围涉及各行业、多领域而具有更加显著的公共性和外部性。作者通过对比上市公司的经营性指标、社会责任报告和社会责任关键指标，总结分析了上市银行之间、银行与其他上市公司之间履行社会道德责任的差异,从中发现上市商业银行在社会责任履行方面存在的优势与不足。

(一)上市商业银行间对比

截至 2018 年 6 月底,我国共有 29 家上市商业银行,我们从中选择了五大国有银行、主要股份制商业银行和两家城市型商业银行作为研究样本,分析我国大型上市银行的财务及经营指标,以期对不同类型银行的数据进行对比分析得出其履行社会道德责任方面的特点。

1. 总资产净利率(ROA)

总资产净利率是企业报告期内净利润占总资产的百分比,反应投资者利用全部资产获利的能力,首先对比不同银行间 ROA 的差异。

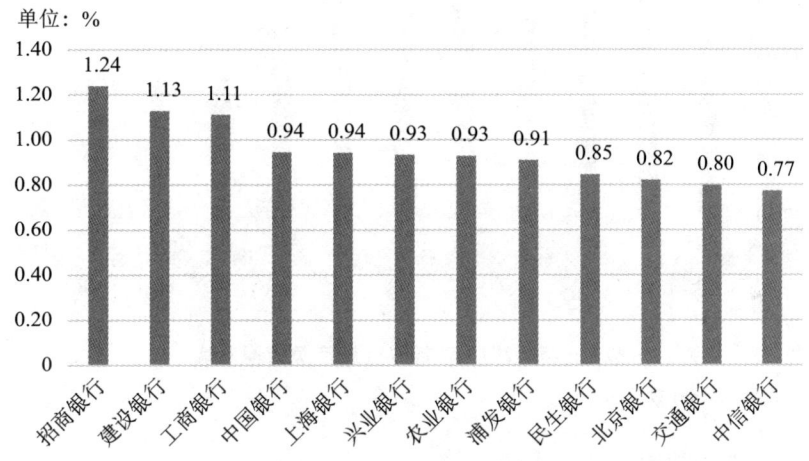

图 4-24　2018 年各银行 ROA 对比

数据来源:Wind 数据库。

招商银行以 1.24% 的总资产净利率排名第一,国有五大行中除了交通银行排名靠后,工商银行、建设银行、中国银行分别占据了第二名到第四名;两家城市型商业银行总资产净利率分别为 0.94%、0.82%。可见,国有商业银行总资产净利率能够达到较高水平,股份制商业银行之间差距比较大,城市型商业银行整体盈利能力相比国有五大行和大型股份制商业银行较弱,但依然处于不错的利率水平。

## 2. 资产负债率

银行业资产负债率较高是其业务特点所决定的，我们根据 Wind 行业分类计算出的银行业平均资产负债率为 92.56%，可以看到（如图 4-25 所示）左边前四家银行资产负债率都高于行业平均，其中两家为股份制商业银行，兴业银行为 92.96% 排名第一，交通银行作为国有控股银行以 92.60% 排名第三。此外，三家国有控股银行的资产负债率低于 92%。城市商业银行如北京银行和上海银行的资产负债率均低于行业平均水平。

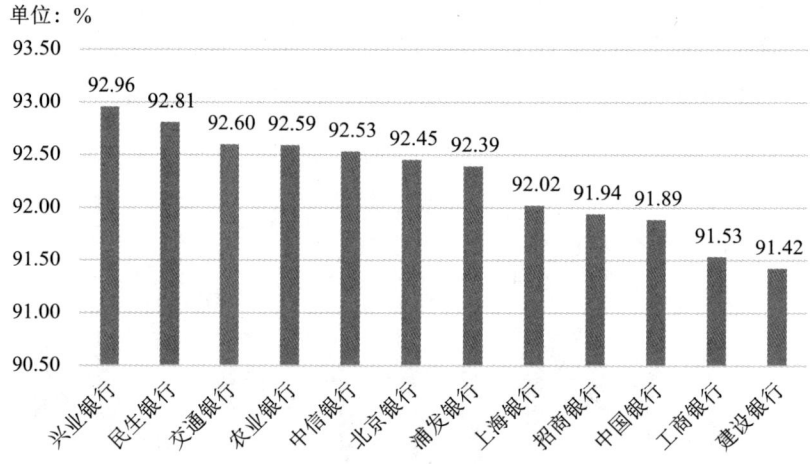

图 4-25  2018 年各银行资产负债率对比

数据来源：Wind 数据库。

## 3. 不良贷款率

商业银行的不良贷款率是衡量其风险的一个重要指标，反映了其贷款资产质量。2018 年银行业不良贷款率的平均值为 1.48%，左边七家银行不良贷款率均超过行业均值（如图 4-26 所示），其中股份制商业银行的不良贷款率占据前三，其余均为股份制商业银行，浦发银行以 1.92% 的不良贷款率排名第一，两家城市型商业银行不良贷款率都很低。

## 4. 不良贷款拨备覆盖率

不良贷款拨备覆盖率是衡量商业银行贷款损失准备金计提是否充足的一个重要指标，是实际计提贷款损失准备对不良贷款的比率。2018 年银行

第四章 中国商业银行道德责任现状评析 | 141

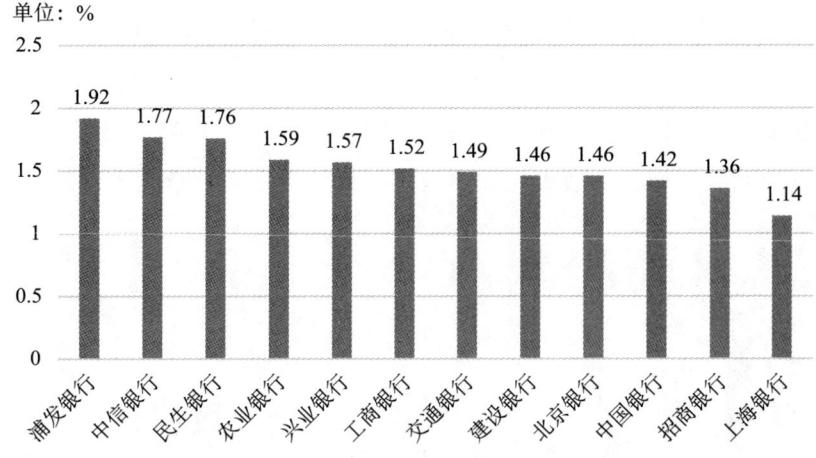

图4-26 2018年各银行不良贷款率对比

数据来源：Wind 数据库。

业不良贷款拨备覆盖率的行业均值为245.86%，仅有前三家超过行业均值，而其中三种类型银行各占据一个名额（如图4-27所示）。我们注意到，民生银行不良贷款拨备覆盖率最低，仅为132.44%。

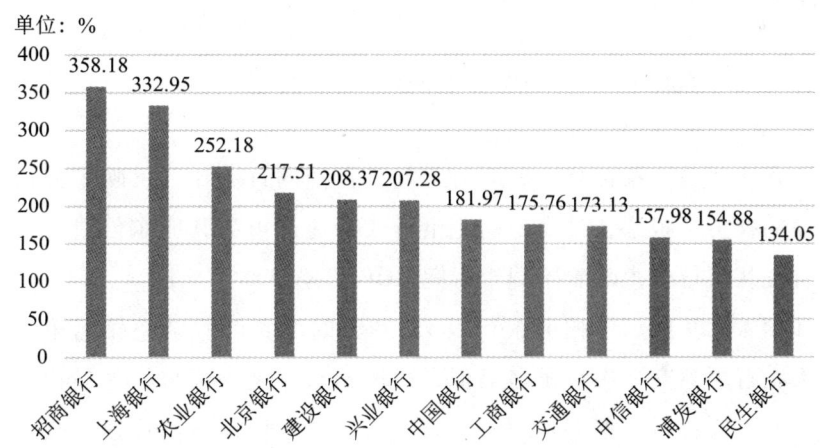

图4-27 2018年各银行不良贷款拨备覆盖率对比

数据来源：Wind 数据库。

### 5. 最大十家客户贷款比例

2018年银行业最大十家客户贷款比例的平均值为21.08%，只有两家银行超过平均值，其中上海银行以31.76%占据首位，说明其对大客户的依赖程度较高，作为股份制商业银行的平安银行以21.45%排名第二。五大国有控股银行中，交通银行和中国银行最大十家客户贷款比例较高。

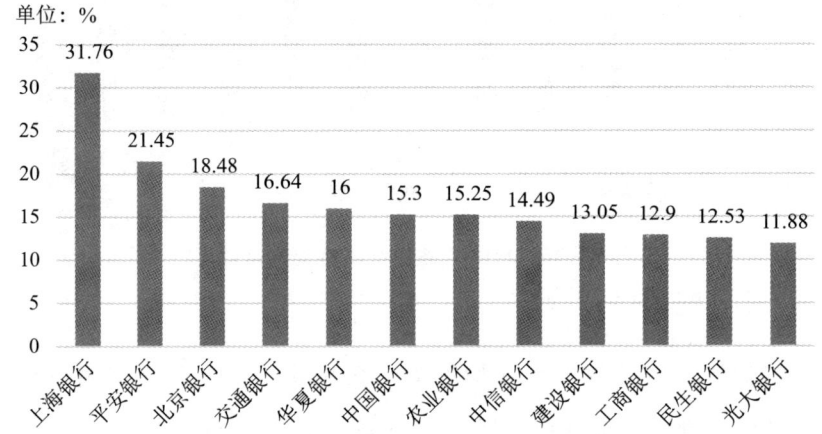

图4-28 2018年各银行最大十家客户贷款比例

数据来源：Wind数据库。

### （二）银行业与非银行业的对比

#### 1. 净资产收益率（ROE）

净资产收益率指标是净利润与平均净资产的百分比，反映了公司所有者权益的投资回报率，是衡量商业银行或其他公司为其股东创造价值的能力。首先从银行业内部看不同银行间ROE的差异。

如图4-29所示，招商银行以15.79%的净资产收益率排名第一，国有五大银行中除交通银行排名最低、中国银行排名中后外，建设银行、农业银行和工商银行占据了第三名到第五名，两家城市型商业银行收益率约11.3%。可见，股份制商业银行净资产收益率能够达到较高水平，国有商业银行之间差距比较大，城市型商业银行整体盈利能力相比国有五大行和大型股份制商业银行较弱。接下来对银行业与非银行业的ROE进行对比。

第四章 中国商业银行道德责任现状评析 | 143

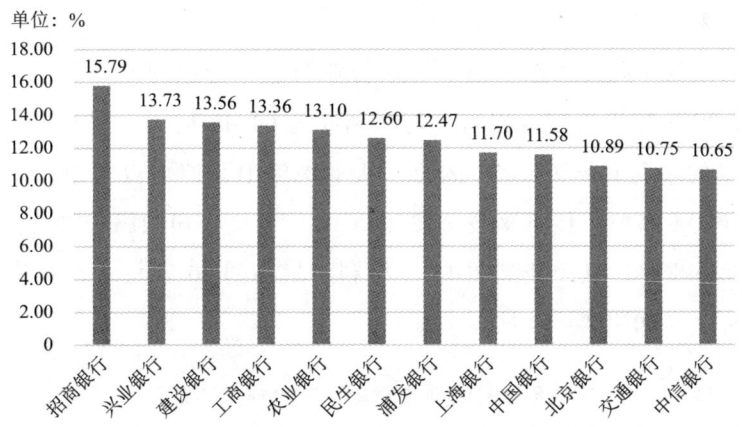

图 4-29 2018 年各银行 ROE 对比

数据来源：Wind 数据库。

从这一指标来看（如图 4-30 所示），银行业的净资产收益率平均值始终高于其他行业均值，银行业基本维持了 10% 以上的净资产收益率，而其他行业净资产收益率在 10% 波动，并于 2017 年迅速降至 3.59%，2018 年继续维持 3.9% 的较低水平。从时间趋势上来看，2013—2018 年，不论银行业还是非银行业，净资产收益率都在下降，但前四年银行业净资产收益率下降幅度大，非银行业与其差距在逐步缩小，但是 2017 年银行业净资产收益率为 12.99%，非银行业净资产收益率却大幅下降至 3.59%。

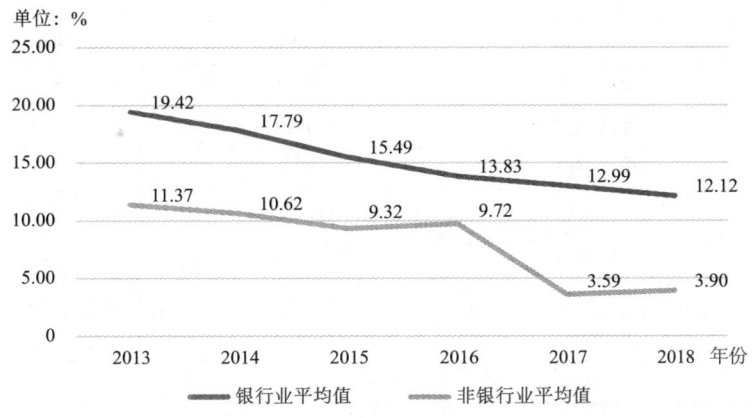

图 4-30 银行业与非银行业 ROE 对比

数据来源：Wind 数据库，根据申万行业分类计算平均值。

2. 净利润

接下来从净利润数额大小来看银行业与非银行业的差异。从行业平均值来看，2018年上市商业银行平均净利润为64.48亿元，而非银行业公司2018年平均净利润仅为7.68亿元。从平均值中我们可以看出，银行业利润额明显处于高位，接下来我们按照2018年上市公司归属于母公司的净利润数额大小排序，从中找到2018年净利润最高的20家与净利润最低的20家进行对比（如表4-14所示）。

表4-14　　2018年净利润排名最高的前20家上市公司

| 序 | 简称 | 净利润（单位：亿元） | 行业 |
| --- | --- | --- | --- |
| 1 | 工商银行 | 2987.23 | 银行 |
| 2 | 建设银行 | 2556.26 | 银行 |
| 3 | 农业银行 | 2026.31 | 银行 |
| 4 | 中国银行 | 1924.35 | 银行 |
| 5 | 中国平安 | 1204.52 | 非银金融 |
| 6 | 招商银行 | 808.19 | 银行 |
| 7 | 中国石化 | 802.89 | 化工 |
| 8 | 交通银行 | 741.65 | 银行 |
| 9 | 中国石油 | 724.1 | 采掘 |
| 10 | 兴业银行 | 612.45 | 银行 |
| 11 | 浦发银行 | 565.15 | 银行 |
| 12 | 中国建筑 | 553.502 | 建筑装饰 |
| 13 | 中国神华 | 540.41 | 采掘 |
| 14 | 邮储银行 | 523.84 | 银行 |
| 15 | 民生银行 | 503.3 | 银行 |
| 16 | 万科A | 492.7229 | 房地产 |
| 17 | 上汽集团 | 484.0466 | 汽车 |
| 18 | 中信银行 | 453.76 | 银行 |
| 19 | 贵州茅台 | 378.2962 | 食品饮料 |
| 20 | 光大银行 | 337.21 | 银行 |

数据来源：Wind数据库。

可以看出排名前20位中有12家都为银行，占到了60%，还有1家为非银行金融机构，甚至净利润最高的前四名都为银行。

可以看到，排名最后20名的亏损公司中没有一家是银行，也没有一家是金融相关机构（如表4-15所示）。因此，在绝对数额上，银行吸取社会财富的能力比其他行业要强很多。

表4-15　　　2018年净利润排名最低的20家上市公司

| 序 | 简称 | 净利润（单位：亿元） | 行业 |
| --- | --- | --- | --- |
| 1 | 天神娱乐 | -69.7796 | 传媒 |
| 2 | 中兴通讯 | -69.4934 | 通信 |
| 3 | 华业资本 | -64.6745 | 房地产 |
| 4 | 庞大集团 | -61.7241 | 汽车 |
| 5 | 乐视网 | -57.3369 | 传媒 |
| 6 | *ST 富控 | -55.0894 | 传媒 |
| 7 | 华映科技 | -49.8606 | 电子 |
| 8 | 华闻传媒 | -49.3431 | 传媒 |
| 9 | *ST 凯迪 | -48.6738 | 公用事业 |
| 10 | 欧浦智网 | -41.664 | 交通运输 |
| 11 | 中孚实业 | -41.6519 | 有色金属 |
| 12 | 秋林集团 | -41.431 | 轻工制造 |
| 13 | 德豪润达 | -40.5328 | 电子 |
| 14 | 利源精制 | -40.3969 | 有色金属 |
| 15 | 坚瑞沃能 | -39.4519 | 电气设备 |
| 16 | 东方精工 | -38.6904 | 汽车 |
| 17 | 鹏起科技 | -37.9513 | 有色金属 |
| 18 | *ST 工新 | -37.3376 | 计算机 |
| 19 | 海航控股 | -36.4806 | 交通运输 |
| 20 | 福田汽车 | -36.3891 | 汽车 |

数据来源：Wind 数据库。

3. 每股社会贡献值

由于社会责任报告披露的自愿性和披露内容的不一致性，作者手工搜集整理了上市公司社会责任报告中披露的每股社会贡献值[①]、公益捐赠额和银行业的绿色信贷余额指标,发现整体来看银行业的社会责任披露情况较好,非银行业披露情况较差,而且这些指标的披露和公司的规模大小无关,有规模并不大的公司披露出这两项指标,也有规模很大的公司并没有披露每股社会贡献值和公益捐赠额指标。

首先对银行间每股社会贡献值进行对比。本书按照 2018 年每股社会贡献值的大小从高到低排序后,得到表 4 - 16。从每股社会贡献值来看,兴业银行每股社会贡献值最高,五大国有银行排名都靠后。

表 4 - 16　　每股社会贡献值统计

| 行业分类 | | 2016 年 | 2017 年 | 2018 年 |
| --- | --- | --- | --- | --- |
| 银行业 | 兴业银行 | 12.12 | 13.10 | 13.82 |
| | 招商银行 | 7.98 | 9.08 | 10.44 |
| | 浦发银行 | 7.62 | 8.60 | 9.02 |
| | 民生银行 | 5.61 | 6.57 | 5.85 |
| | 中信银行 | 4.07 | 4.37 | 4.68 |
| | 交通银行 | 3.77 | 4.25 | 4.72 |
| | 建设银行 | 2.73 | 2.74 | 2.88 |
| | 工商银行 | 2.44 | 2.40 | 2.53 |
| | 农业银行 | 1.98 | 2.00 | 2.06 |
| | 中国银行 | 1.71 | 1.73 | 1.81 |

---

[①] 每股社会贡献值是公司所创造的社会贡献总额与公司股本之比。基本内涵是在基本每股收益的基础上,增加公司年度内为国家、员工、债权人、社区等其他利益相关者创造的价值额,并扣除公司因环境污染等造成的其他社会成本,计算形成的公司为整个社会创造的每股增值额。每股社会贡献值有两种计算方法,第一种为,每股社会贡献值 =(经济绩效贡献值 + 社会绩效贡献值 - 公司对环境造成污染而带来的社会成本)/股本总数,其中,经济绩效贡献值 = 年度净利润额 + 年度纳税总额 + 向客户支付的存款利息总额 + 员工薪金总额,社会绩效贡献值 = 年度员工福利和社会保障支出总额 + 年度员工培训费用总额 + 年度对外捐赠总额,对环境造成污染而带来的社会成本按照当年排污费与当年因环境违规遭受的罚款金额之和计算;第二种为,每股社会贡献值 = 每股收益 +(纳税总额 + 职工费用 + 利息支出 + 公益投入总额 - 社会成本)÷期末总股本。从披露结果来看,采用第二种披露方法计算出的每股社会贡献值一般稍微高一点。

续表

| 行业分类 | | 2016 年 | 2017 年 | 2018 年 |
| --- | --- | --- | --- | --- |
| 其他行业 | 上汽集团 | 9.74 | 10.29 | 10.59 |
| | 中国神华 | 4.16 | 6.29 | 6.65 |
| | 兖州煤业 | 3.96 | 5.75 | 6.63 |
| | 福耀玻璃 | 3.61 | 3.78 | 4.27 |
| | 复星医药 | 3.32 | 3.70 | 3.97 |
| | 中国石化 | 2.99 | 3.48 | 3.96 |
| | 中文传媒 | 2.12 | 3.14 | 2.97 |
| | 中国国航 | 2.82 | 2.77 | 2.97 |
| | 安阳钢铁 | 2.17 | 2.74 | 2.63 |
| | 中煤能源 | 1.36 | 2.32 | 2.41 |
| | 杉杉股份 | 0.80 | 2.11 | 2.22 |
| | 时代出版 | 1.02 | 1.84 | 1.96 |
| | 日照港 | 0.62 | 0.73 | 0.90 |

数据来源：手工整理上市公司网站社会责任报告。

由于考虑到同时画图对比10家银行与13家非银行公司的指标比较混乱，下面挑选部分银行和公司对比其每股社会贡献值。选择中国银行和工商银行两家银行代表国有控股银行，选择兴业银行和招商银行两家银行代表股份制银行，非银行公司代表选择表格中排名靠前且知名的上汽集团、中国石化、福耀玻璃和中国国航四家单位。

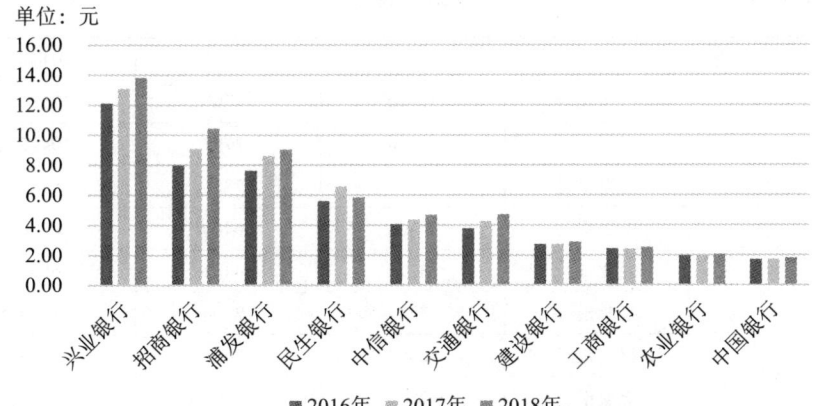

图 4-31　银行业每股社会贡献值对比

数据来源：手工整理官网上的年报披露数据。

从时间趋势上看（如图 4-32 所示），每个公司的社会贡献值变化都不大。兴业银行计算出的每股社会贡献值较高，而工商银行、中国银行都在每股 2 元左右，非银行公司的每股社会贡献值差异也较大，上汽集团计算出约每股 10 元，而中国石化、福耀玻璃、中国国航都在 2 到 4 元之间。

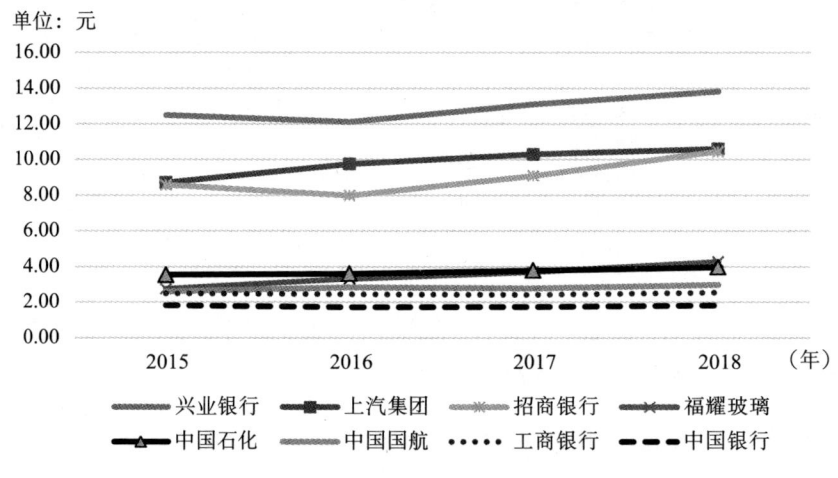

图 4-32　不同行业企业每股社会贡献值对比

数据来源：手工整理官网上的年报披露数据。

### 4. 公益捐赠额

表 4-17　　　　　　　　公益捐赠额统计　　　　　　　　单位：万元

| 行业分类 | | 2016 年 | 2017 年 | 2018 年 |
|---|---|---|---|---|
| 银行业 | 民生银行 | 31900 | 17700 | 17500 |
| | 工商银行 | 6530 | 7792 | 10425 |
| | 建设银行 | 7742 | 7786 | 8941 |
| | 中国银行 | 6100 | 6400 | 8700 |
| | 农业银行 | 3771 | 4411 | 6686 |
| | 兴业银行 | 3244 | 2100 | 3700 |
| | 招商银行 | 2457 | 2628 | 3566 |
| | 交通银行 | 2583 | 2591 | 3507 |
| | 中信银行 | 2285 | 2974 | 2627 |
| | 浦发银行 | 1281 | 1191 | 1019 |

续表

| 行业分类 | | 2016 年 | 2017 年 | 2018 年 |
|---|---|---|---|---|
| 其他行业 | 中国神华 | 79100 | 6300 | 46000 |
| | 万科 | 9710 | 10350 | 31200 |
| | 中国石化 | 13288 | 15188 | 18000 |
| | 上汽集团 | 4500 | 3000 | 3505 |
| | 中文传媒 | 436.15 | 540 | 2698 |
| | 中煤能源 | 137.9 | 440.3 | 1680 |
| | 中国联通 | 934.7 | 1265.1 | 1104 |
| | 复星医药 | 797 | 1114 | 975 |
| | 时代出版 | 26.15 | 42.12 | 193 |
| | 福耀玻璃 | 68.21 | 2071 | 175 |
| | 日照港 | 117.11 | 99.43 | 129.4 |
| | 杉杉股份 | 148 | 51.5 | 57.65 |
| | 瀚蓝环境 | 56.42 | 112.38 | 37.5 |
| | 浦东建设 | 22 | 16 | 16.00 |

数据来源：手工整理官网上的年报披露数据。公益捐赠额：通过非营利性公益组织或国家部门向教育、卫生、民政等公益事业或遭受自然灾害的地区、贫困地区进行的社会公益捐赠。

首先对银行之间的公益捐赠额进行对比。本书按照 2018 年商业银行公益捐赠额从高到低排序后得到图 4-33。从公益捐赠额来看，民生银行公益捐赠额较高，在 2016 年捐赠额达 3.19 亿元，国有银行捐款额度也很高，占据了第二位到第五位。

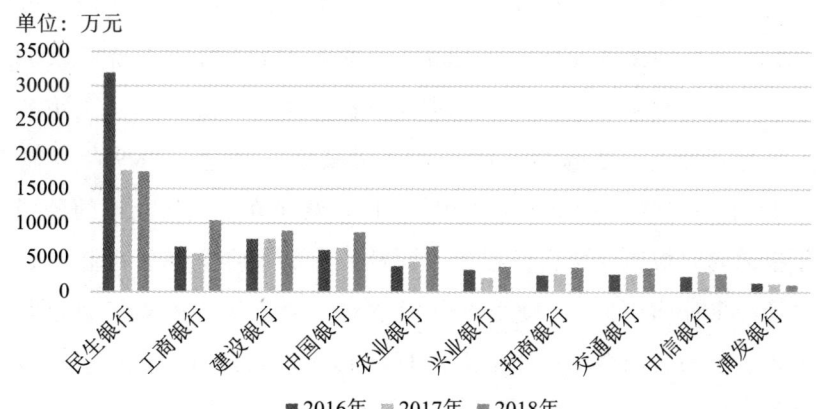

图 4-33 银行业公益捐赠额对比

5. 绿色信贷余额

作者按照 2018 年绿色信贷余额从高到低排序后得到图 4-34。从绿色信贷余额看，工商银行对支持绿色产业的发展处于行业最前列，兴业银行作为中国首家赤道银行表现也很优秀。

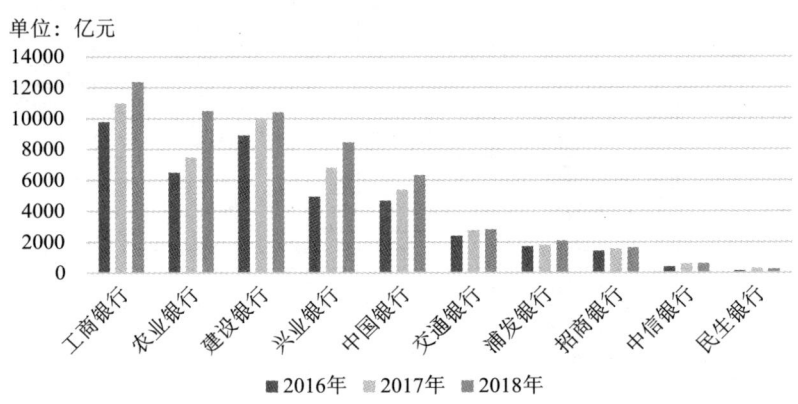

图 4-34 绿色信贷余额对比

数据来源：手工整理商业银行年报披露的数据。绿色信贷余额是银行对于绿色、低碳企业给予的信贷资金支持。

（三）银行业与其他上市公司社会责任披露情况对比

社会责任信息披露是对所从事的或计划从事的社会责任活动的披露。我国开始关注企业社会责任的时间可以追溯到 20 世纪 90 年代政府发布的环境保护、节能减排等文件，在上市公司方面，上海证券交易所 2008 年 5 月发布了《关于加强上市公司社会责任承担工作的通知》和《上市公司环境信息披露指引》，提出了"每股社会贡献值"概念。2009 年，制定了《〈公司履行社会责任的报告〉编制指引》，规定在上交所上市的公司应在披露年报的同时披露社会责任报告。同期，深圳证券交易所也制定了《上市公司社会责任指引》，鼓励上市公司建立社会责任制度和编制企业社会责任报告。本书后面会对上市商业银行和其他行业公司社会责任报告披露情况进行分析。

1. 社会责任报告披露

表 4-18　　上市公司社会责任报告披露情况　　　单位：家

| 项目 | 2016 年 | 2017 年 | 2018 年 |
| --- | --- | --- | --- |
| 披露社会责任报告的家数 | 789 | 857 | 928 |
| 总家数 | 3155 | 3538 | 3617 |
| 占比 | 25.01% | 24.22% | 25.66% |

数据来源：手工整理商业银行年报披露的数据。

从披露社会责任报告的公司数量来看，虽然从 2016 年到 2018 年，披露社会责任报告的公司数量逐年增加，但是相对于整个上市公司总数的增长，其披露比例基本稳定。2018 年，上市公司中披露社会责任报告的公司共有 928 家，约占上市公司总数的 25.66%，大约只有 1/4 的公司披露了社会责任报告。

虽然有近千家公司披露了社会责任报告，但报告的内容和披露数据情况各异，接下来本书研究了关于每股社会贡献值和社会捐赠额的披露情况，并不是每一家公司都会披露这两项数据，有的公司只披露其中一项，大部分公司则是两项都不披露。

2. 每股社会贡献值披露情况

表 4-19　　上市公司每股社会贡献值披露情况　　　单位：家

| 类别 | 2016 年 | 2017 年 | 2018 年 |
| --- | --- | --- | --- |
| 银行业 | 10 | 12 | 14 |
| 金融业 | 19 | 21 | 22 |
| 非金融业 | 103 | 111 | 109 |
| 总披露家数 | 122 | 132 | 131 |
| 总家数 | 3155 | 3538 | 3617 |

数据来源：Wind 数据库；手工整理上市公司社会责任报告披露的数据。

2018 年，我国上市公司共有 3617 家，披露了每股社会贡献值的公司为 131 家，占比约为 3.62%。其中，披露每股社会贡献值的银行为 14 家，占总披露公司数的 10.69%。

从行业披露情况绝对数量来看（如图 4-35 所示），制造业中披露每股社会贡献值的公司最多,为 59 家;金融业有 22 家披露了每股社会贡献值,其中有 14 家为银行业公司。但是从行业披露占比来看(如图 4-36 所示),所有制造业上市公司中仅有 2.58% 的公司披露了每股社会贡献值;而金融业总体披露每股社会贡献值的比例为 22.22%,其中银行业披露比例达 40.63%,排名第一,说明整个银行业上市公司比较重视社会责任报告和数据的披露。

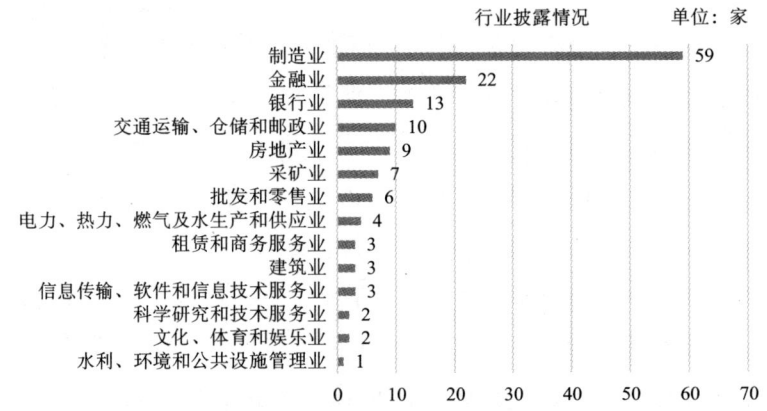

**图 4-35　2016 年行业披露每股社会贡献值情况**

数据来源:手工整理上市公司社会责任报告披露的数据。

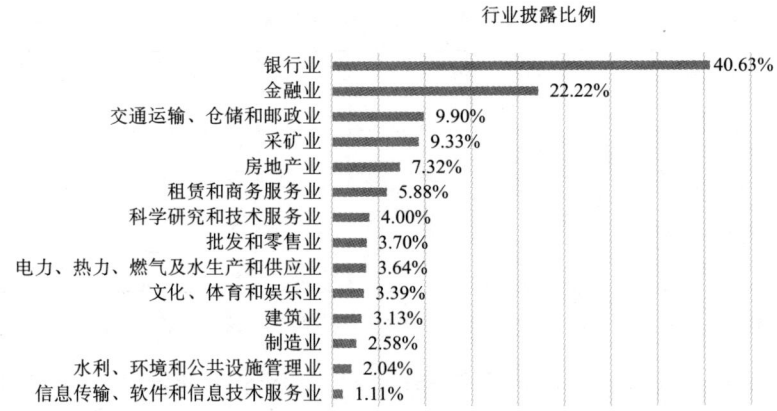

**图 4-36　2016 年每股社会贡献值行业披露比例**

数据来源:手工整理上市公司社会责任报告披露的数据,披露比例计算公式 = 披露了每股社会贡献值的公司数/该行业所有上市公司数。

从行业平均数来看（如图 4-37 所示），金融业披露的每股社会贡献值平均数为 4.39 元，金融业中银行业的每股社会贡献值平均为 5.80 元。商业银行每股社会贡献值明显高于金融行业及其他行业的平均值。

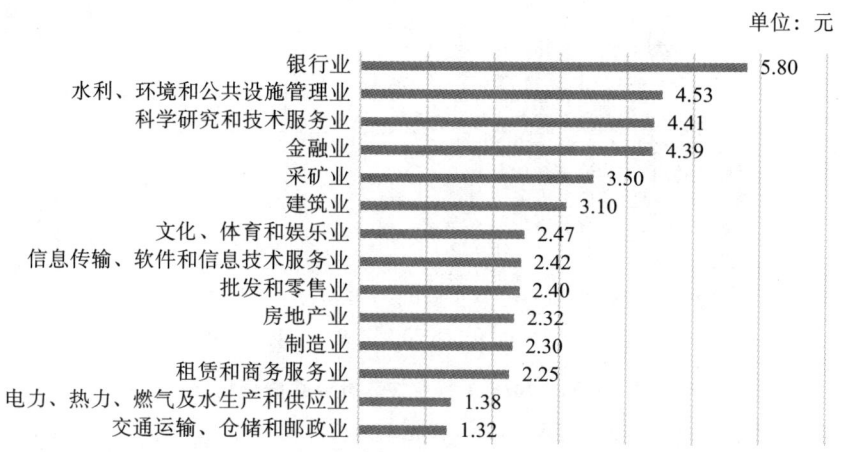

**图 4-37　2016 年行业每股社会贡献值平均值**

数据来源：手工整理上市公司社会责任报告披露的数据。

### 3. 社会捐赠额披露情况

表 4-20　　　　上市公司社会捐赠额披露情况　　　　单位：家

| 行业 | 2016 年 | 2017 年 | 2018 年 |
| --- | --- | --- | --- |
| 银行业 | 19 | 21 | 20 |
| 金融业 | 34 | 37 | 34 |
| 非金融业 | 236 | 226 | 222 |
| 总披露家数 | 241 | 263 | 256 |
| 总家数 | 3155 | 3538 | 3617 |

数据来源：手工整理上市公司社会责任报告披露的数据。

2018 年，我国上市公司共有 3617 家，披露了社会捐赠额的公司为 256 家，占比约 7.08%，这一披露比例大于每股社会贡献值的披露比例。其中，披露社会捐赠额的银行为 20 家，占总披露数量约 7.81%。

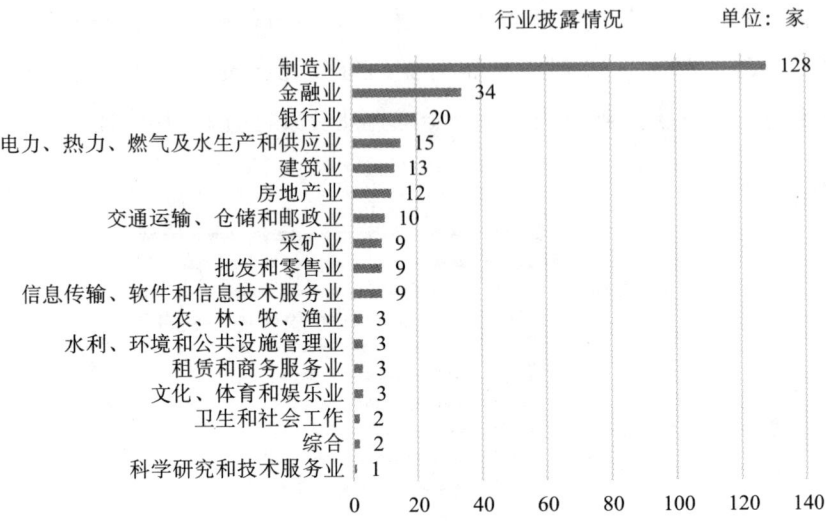

**图 4-38　2018 年行业披露社会捐赠额情况**

数据来源：手工整理上市公司社会责任报告披露的数据。

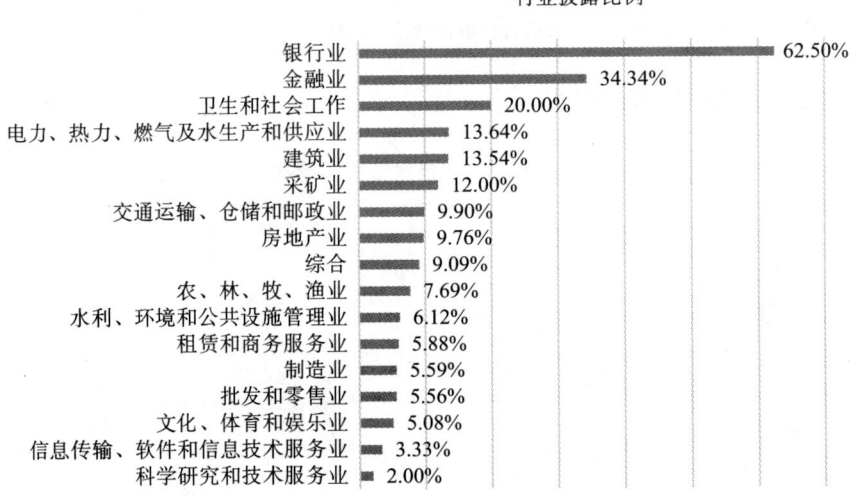

**图 4-39　2018 年社会捐赠额行业披露比例**

数据来源：手工整理上市公司社会责任报告披露的数据，披露比例计算公式＝披露了社会捐赠额的公司数/该行业所有上市公司数。

从行业披露情况绝对数量来看，制造业中披露社会捐赠额的公司最多，为 128 家，金融业有 34 家披露了每股社会贡献值，其中有 20 家为银行业公司。但是从行业披露占比来看，所有制造业上市公司中仅有 5.59% 的公司披露了社会捐赠额，而金融业总体披露社会捐赠额的比例为 34.34%，其中银行业披露比例达 62.50%，排名第一，说明整个银行业上市公司比较重视社会捐赠额的披露。

**图 4-40　2018 年行业社会捐赠额平均值**

数据来源：手工整理上市公司社会责任报告披露的数据。

从行业平均数来看，卫生和社会工作行业的社会捐赠额平均数最高，约为 8557.50 万元，金融业的社会捐赠额平均数为 3612.70 万元，银行业的社会捐赠额平均数为 4540.04 万元，高于金融业平均。

我国商业银行对于社会责任报告的披露相对于其他行业是比较重视的。从形式上看，大部分商业银行都有披露年度社会责任报告，而且报告编制精美，内容披露相对全面；从内容上看，我国商业银行在社会捐赠额、每股社会贡献值方面均有相对突出的表现。同时，对于社会责任报告的编制也存在数据统计与计算口径不一致，报告内容随意性较大，粉饰报告数据、重品牌宣传而忽视对实际问题的反映等。

从上市公司的数据对比可以反映：第一，在净资产收益率方面，银行业始终高于其他行业平均值，并且在 2017 年其他行业净资产收益率大幅下降至 3.59% 时，银行业仍保持了与 2016 年的持平，约为 13%，可以看出，银行业所获取的利润远高于实体经济，在如今整体经济下滑的态势下，银行业如何更好地服务实体经济并承担社会责任值得进一步反思。第二，在企业社会责任报告的披露方面，目前我国上市公司对社会责任情况的披露并不重视，仅有 25% 左右的企业披露了社会责任报告，已披露的存在内容不规范、数据统计口径不一致等问题。相对而言，上市银行对社会责任的履行以及社会责任报告的披露处于上市行业中较好水平。第三，在银行经营状况方面，上市商业银行整体经营情况较好，大型国有银行在盈利能力和不良贷款方面的表现要好于大部分大型股份制商业银行和城市型银行，大型股份制商业银行普遍资产负债率较高，城市型商业银行在贷款方面则更多地依赖大客户。

综合普通群众、从业者、监管部门和行业数据的调研分析可以看出，改革开放以来，我国商业银行履行社会道德责任状况总体上处于较好水平。商业银行的蓬勃发展对国民经济、社会民生的积极贡献是显著的，商业银行的行为活动在彰显社会主义道德方面也是比较积极的。商业银行在发布社会责任报告、披露每股社会贡献值等方面的表现居于各行业前列。同时，我国商业银行履行社会道德责任不充分、不彻底甚至与社会主义道德体系相悖逆的现象也比较显著。下一章将对我国商业银行履行道德责任的积极经验和突出问题作进一步分析。

## 第二节　中国商业银行履行道德责任的主要经验

改革开放 40 多年来，我国银行体系发生了历史巨变，从一元银行体制到多种类型、混业经营，从银行间无序竞争、高风险运行到有序发展、风险可控，从长期封闭发展到全面对外开放，商业银行的发展历程跌宕起伏、波澜壮阔。

1978 年之前的 30 年①，我国银行业务都由中国人民银行统筹；1979 年恢复了中国农业银行、分设中国银行；1983 年和 1984 年中国建设银行和中国工商银行成立。此后，股份制银行、城市商业银行（早期称合作银行）相继成立，商业银行业务和规模持续发展和壮大。1978 年中国银行业的全部资产 1850 亿元，2019 年年底达到 2825146 亿元，国内法人银行业机构超过 4600 家。②

商业银行的蓬勃发展与中国特色社会主义建设的巨大成就息息相关，商业银行正是在改革开放大潮中，不断履行国家政治、经济、文化、社会等方面的道德责任发展起来的。同时，商业银行的蓬勃发展也为国家各项事业的建设和发展，为人民生活水平的提高作出了不可磨灭的历史贡献。这些成就的取得与国家的体制机制改革和政策引导紧密联系，与商业银行勇于承担社会责任，努力开展社会道德实践息息相关。以下归纳我国商业银行道德责任方面的主要经验。

### 一、坚决拥护党的领导

中国共产党是在马克思主义指导下成立的政党，是以马克思列宁主义、毛泽东思想、邓小平理论、"三个代表"重要思想、科学发展观及习近平新时代中国特色社会主义思想作为行动指南的政党。中国共产党创建于中华民族内忧外患的历史条件下，其执政地位是在带领中国人民反抗外敌压迫，争取民族独立和社会解放的革命斗争中获得的，是在改变国家落后面貌，实现民族跨越式发展，追求强国梦想中夯实的。无产阶级政党本质的先进性、治国理政的有效性和执政目标的崇高性是中国共产党执政合法性内在的、本质的证明。中国共产党的领导是中国特色社会主义最本质的特征。中国共产党是国家各项事业的领导核心。党在领导人民进行社会主义建设过程中，始终坚持马克思主义道德观、社会主义道德观，倡导共

---

① 1948 年 12 月 1 日，以华北银行为基础，合并北海银行、西北农民银行，在河北石家庄组建了中国人民银行。

② 数据根据 Wind 和银监会官网数据整理。

产主义道德,以为人民服务为核心,以集体主义为原则,始终坚持公民道德建设的社会主义方向。

中国共产党在中国革命与社会主义现代化建设的过程中发挥了重要的引领作用,创造了一个又一个伟大的胜利。我国商业银行取得的巨大发展成绩是中国共产党领导下的社会主义现代化建设成就的一个小缩影。

商业银行是企业公民,是国家财政与货币调控政策的重要抓手,也是国家经济与金融的核心机构。中国特色社会主义制度决定了我国商业银行必然要走中国特色社会主义的银行发展之路。"加强党对金融工作的领导"是党中央对于金融工作的政治立场。党管金融既是由商业银行的系统重要性地位决定的,也是由商业银行是国有控股、国有参股或受国家政策支持发展决定的。对于商业银行而言,坚决拥护党的领导体现于拥护党的政治纲领,贯彻党的方针政策,执行党的意见决定,不断完善银行系统的党组织建设。改革开放40多年来,得益于党的领导和政策支持,我国商业银行在规模和效益上取得了长足的发展。同时,商业银行社会道德建设方面的成效也颇为显著。商业银行社会道德责任较好的水平体现于商业银行对行业与社会发展的贡献、对富强繁荣社会主义社会的贡献、对防范经济与金融系统性风险的贡献、对全面建成小康社会的贡献以及不断实现社会主义共同理想的贡献。

## 二、立足社会主义本质

邓小平1992年南方视察的谈话中明确阐释了社会主义的本质。"社会主义的本质,是解放生产力,发展生产力,消灭剥削,消除两极分化,最终达到共同富裕"①。解放生产力、发展生产力是社会主义的根本任务;消灭剥削、消除两极分化、最终达到共同富裕是社会主义的根本目的。社会主义本质是在总结历史经验教训基础上,全面思考"什么是社会主义,怎样建设社会主义"过程中提出的。邓小平理论还创造性地回答了"什么不

---

① 邓小平文选(第三卷)[M]. 人民出版社. 2014, P373.

是社会主义",先后归纳了十个不是社会主义,即贫穷不是社会主义、发展太慢不是社会主义、平均主义不是社会主义、两极分化不是社会主义、僵化封闭不是社会主义、照搬外国经验也不能发展社会主义、没有民主就没有社会主义、没有法制也没有社会主义、不重视物质文明搞不好社会主义、不重视精神文明也搞不好社会主义。社会主义本质的提出,成为国家各项事务管理与决策的重要依据,也是社会主义物质和精神文明建设的重要指南。如对于社会主义经济政策正确与否的判断,归根到底要看生产力是否发展,人民收入是否增加,广大群众生活水平是否提升,这是压倒一切的标准。改革开放以来,我国经济持续快速增长使我国人民生活水平大幅提高,人民生活从温饱不足发展到总体小康,实现7亿多人摆脱了贫困,即将达成全面小康,这样的发展奇迹在人类历史上不曾有过。我国还是到现在为止没有出现过系统性经济或金融危机的新兴市场国家,而且在20世纪末亚洲金融危机和2008年国际金融危机爆发后,我国为世界经济复苏作出了重大贡献。伟大成就的取得在于我国对社会主义本质正确合理的定位,对中国特色社会主义理论、道路、制度和文化的自信,对改革开放基本国策的坚持。中国特色社会主义制度的优势在国际比较中确立,在成功的改革、开放和发展实践中确证。

商业银行正是随着社会主义市场经济的发展而不断生长发展起来的。商业银行最重要的发展经验就是立足于社会主义本质要求开展经营实践活动。在社会主义本质的指引下,商业银行积极贯彻国家调控政策,保障经济金融安全稳定发展;发挥主体功能,合理配置货币与信用资源促进社会经济繁荣稳定;提供资金援助支持国家基础设施与民生工程建设;发展普惠金融,助力"三农""中小微企业"健康发展;发放特殊贷款,支持"教育""医疗""慈善"等公益事业。商业银行的经营活动一定程度上体现了社会主义本质的内涵,彰显了为人民服务的社会主义道德要求。这是我国商业银行受到广大人民群众信赖的原因,是商业银行存在的基础,也是商业银行不断发展的需要。

商业银行立足于社会主义本质体现了其对所生长的社会与制度环境——

中国特色社会主义的充分尊重与认可，是对社会主义制度的正确回应。金融乃国之重器，作为金融机构的核心，商业银行一直是国家宏观调控的重要抓手，也是国家金融监管的重要对象。作为经营社会信用与货币资本的企业，逐利是商业银行的权利，有权利就应该有义务。将资本逐利的权利关进"制度"的笼子里以避免其造成社会损害，进而使其发挥出创造社会价值的功能就是其义务。社会主义本质决定了不能让资本放任、泛滥成灾，因为资本的趋利本性永远不会改变——直到它消亡。因此，立足社会主义本质坚定社会主义道路、理论、制度和文化自信，将商业银行资本的运行规范在为人民服务的框架里，服务于中国特色社会主义经济与精神文明建设就是商业银行行为的基本依据。

### 三、坚持以盈利为基础

马克思指出，经济基础决定上层建筑。改革开放40多年的实践经验进一步检验了这一真理。邓小平说："现代化建设的任务是多方面的，各个方面需要综合平衡，不能单打一。但是说到最后，还是要把经济建设当作中心。离开了经济建设这个中心，就有丧失物质基础的危险。其他一切任务都要服从这个中心，围绕这个中心，决不能干扰它，冲击它。"[1]《中华人民共和国商业银行法》第四条规定商业银行实行自主经营、自担风险、自负盈亏和自我约束的经营原则依法开展业务，这赋予了商业银行追求盈利的合法性。

利润是商业银行经济基础得以稳固的源泉，也是商业银行得以生存发展的前提和基础。追求银行最大利润的经营目的决定了商业银行必须以市场需求为导向，不断提高服务质量以获得客户信赖、不断改进现代管理机制以提高经营绩效，不断创新产品和经营模式以赢得市场竞争。商业银行坚持以盈利为基础是社会主义坚持以经济建设为中心的具体体现，是充分发挥市场在银行资源配置中的决定性作用，有效地激发银行体系内在活力

---

[1] 邓小平文选（第三卷）[M]．人民出版社．2014，P122．

和动力,从而提高银行经营效率的重要手段。实现盈利是商业银行对于股东、从业者与主要利益相关者最基本的社会道德责任,任何背离商业银行利润基础的理论与实践都是唯心主义。

改革开放以来,我国商业银行转向市场化运作,坚持以盈利为基础不断进行市场化改革取得了巨大成就。从主要指标的历史比较来看[①]:第一,资产规模。1978 年中国银行业仅 1 家,即中国人民银行,全部资产为 1850 亿元,2019 年年底达到 2825146 亿元,国内法人银行业机构达到 4500 多家。第二,资本金与利润率。1997 年 6 月底,中国工商银行、中国农业银行、中国银行和中国建设银行的资本金净值分别为 946 亿元、374 亿元、1137 亿元、497 亿元,资本金严重不足,1998 年财政部发行特别国债 2700 亿补充四家国有银行,使账面资本充足率达 8%,2018 年年底整个银行业的核心一级资本充足率达 11.03%,一级资本充足率为 11.58%,整个资本充足率为 14.20%,净利润达 18302 亿元,从全球来看算是经营良好的银行。第三,不良资产率。2004 年第一季度中国主要商业银行不良资产 20776 亿元,占贷款 16.6%,2018 年年底银行不良贷款率只有 1.83%,不良贷款水平与国际同业相比仍处于相对低位。

总之,改革开放以来,我国商业银行立足社会主义本质,坚定党中央的领导,坚持以市场为导向最终取得了巨大的经营业绩。商业银行经营业绩的取得不仅通过纳税为国家财政作出了重要贡献,而且为商业银行的股东、从业者和主要利益相关者产出了重要的经济利益,还为银行产业链的发展、国家基础设施的建设、社会民生的改善、社会公益事业的完善等方面创造了重要的社会价值。银行利润的积累为商业银行未来可持续发展打下了坚实的基础。

### 四、重视社会责任履行

近现代以来,世界呈现出现代化与全球化大趋势。现代化是在工业

---

① 数据根据 Wind、银行业协会和银保监会官网资料整理。

化、信息化、科技化过程中吸取众长之和以适应现代需要并顺应未来趋势的过程。现代化是一个严整多层的体系，包括技术、管理、人文素养与自然环境等。现代化的实现有赖于行为主体——人（组织、企业）——对于社会道德责任的履行；全球化是人们全球联系不断增强、全球意识不断崛起的过程。对于发展中国家而言，全球化是一把"双刃剑"，它既可以大大推进本土生产力与社会文化的发展与创新，但也会使得本土固有的或落后的生产要素遭遇严酷竞争甚至淘汰，本土社会文化的内涵与自我更新能力也会遭遇挑战、逐渐模糊甚至丧失。

现代化与全球化趋势催生了"国际社会"的形成。国际社会形成了日益密切的、由各民族组成的复杂的国际社会关系[①]。国际社会关系衍生出了一系列的国际组织，如世界贸易组织、联合国及其附属机构等。国际组织制定出了一系列的管理、调节与服务体系，包括国际法等多种多边或双边条约、协议和规定，它们共同构成了国际社会交往的规则。国际组织是为了适应国家之间日益频繁的交往以及交往领域和地区不断扩大而产生和发展起来的。国际组织管理、调节与服务体系是以一定协议形式建立的基于特定目的契约。撇开政治因素，大多数的国际组织都是基于民族主权平等的原则，体现了对于基本人权、人格尊严与价值的尊重，反映了国际组织成员所遵循的最大公约数。国际组织的设立对于处理不同民族、地区、国家间在经济、政治、文化与资源环境等方面的矛盾和纠葛起到重要协调作用，对于解决人类共同面临的难题，促进人类文明的进步具有重要意义。国际组织作用的发挥是基于对人类公平、正义、诚信、博爱、尊重人权等普世道德的认同和遵守。

对于商业银行而言，社会责任标准"SA8000"、赤道原则等是商业银行现代化、全球化战略推进过程中需借鉴或履行的道德责任准则。我国商业银行的社会责任理论与实践起步较晚却处于快速发展的态势。2006 年，

---

① 国际社会关系区别于国际关系，前者侧重于共同缔结的国际体系，包括原则、组织和关系等，后者则是基于外交关系而言。

浦发银行发布了中国银行业的第一份社会责任报告；2007年年底，银监会发布了《关于加强银行业金融机构社会责任的意见》；2008年，兴业银行成为中国首家赤道银行；2009年，中国银行业协会审议通过了《中国银行业金融机构企业社会责任指引》，此后我国主要商业银行每年均发布了企业社会责任报告。

商业银行定期发布社会责任报告彰显了良好的社会道德形象，商业银行积极开展社会责任实践为走出国门开展全球化业务积累了良好的经验。商业银行的良好社会责任形象协同国家"走出去"战略、银行寻求新的利润增长点以及人民币国际化等综合因素助推了我国商业银行的国际化。截至2017年年底，约23家中资银行在全球65个国家和地区开设了1365家海外分支机构。① 随着"一带一路"倡议的实施，我国商业银行在全球化战略实施方面迈出了更坚实的步伐，自2010年以来，中国银行业跨境放贷规模增长了500%，到2017年规模达到了6300亿美元，而同期的美国同业的规模增速为13%，日本为35%，欧洲为5%。在跨境放贷方面，中国银行业达世界第八大规模。② 截至2018年7月，我国在新加坡、马来西亚、印度尼西亚、泰国等24个国家设立了中资银行各类机构102家，人民币跨境支付覆盖了40个"一带一路"国家165家银行。③ 截至2019年7月，亚洲基础设施投资银行成员国达100个，已在18个国家开展了45个项目，贷款合计85亿美元。④ 商业银行的全球化发展依托于对当地社会责任的积极承担，有赖于对当地政治、经济、文化、社会以及资源环境的充分尊重。完善银行社会道德责任治理进而促进利益相关者互利共赢是商业银行步入现代化与全球化的基础。

---

① 数据由作者根据商业银行年报和银监会网站数据整理。
② 数据源于国际金融协会（IIF）2018年5月2日发布的分析报告《中资银行跨境放贷八年来增长500%，2017年已达6300亿美元》。
③ 数据来源：国家信息中心发布的《"一带一路"大数据报告（2018）》。
④ 中国政府网. 亚洲基础设施投资银行第四届理事会年会［EB/OL］. http://www.gov.cn/xinwen/2019-07/14/content_5409082.htm.

## 第三节　中国商业银行履行道德责任的突出问题

经不同角度的问卷调研和数据对照分析发现,我国商业银行履行社会道德责任状况总体上处于较好水平。然而,结合习近平新时代中国特色社会主义经济金融思想对商业银行高质量发展的要求,秉持着人民至上、以人民为中心和为人民服务的理念,用社会主义道德标准来检验,会发现我国商业银行还比较显著的存在嫌贫爱富、社会贫富差距拉大、银行社会功能异化、行为极端功利、从业人员徇私舞弊和银行履行道德责任主动性不足等问题。归结起来,主要是银行道德责任意识淡漠、道德行为偏差、道德治理不够和责任保障不足的问题,以下对几个方面分别阐述。

### 一、道德责任意识淡漠

结合调研数据可知,发达地区银行网点密度高、产品服务类型丰富,群众银行服务可得性高,经济欠发达地区银行网点密度低、产品服务类型单一,群众银行服务可得性相对较低;商业银行嫌贫爱富现象、极端功利现象、惜贷现象比较显著;商业银行社会责任报告披露的形式大于实质,"喊口号"式的内容披露比较明显;银行违规违纪、见利忘义的案例还比较普遍;"银行经营的目的就是赚钱"广受从业者的认同,这些现状不同程度的反映了商业银行道德责任意识的淡漠。

（一）银行内部道德风险问题

学者卫功琦将商业银行道德风险归纳为金融过度扩张、风险掩饰与推迟、管理行为短期化、"偷懒"和非生产性消费。他还实证了我国商业银行行长为获得良好的经营业绩和声誉,对本行的信贷风险有明显的掩饰与推迟行为。① 对于商业银行的道德风险,有的银行大量发放贷款,以此来

---

① 卫功琦. 我国商业银行道德风险的实证分析:信贷风险掩饰和推迟视角 [J]. 国际金融研究. 2009（7）,P80－86.

稀释不良贷款,使不良贷款率下降;有的银行人为调整不良贷款分类,利用贷款进行展期或者贷新还旧,将事实上的不良贷款进行隐藏;有的甚至人为地修改会计信息,极力掩盖银行真实的风险状况;有的在制定产品合同时未从权利义务对等的角度,考虑合同条款对客户的公平性,恣意将银行风险转嫁给客户;有的在产品审批或客户交易时,未从客户立场出发,评估产品对客户的适合度,评估客户存在的风险和产品条款的公平性等,导致问题产品流入市场、面向客户。此外,法制是道德的底线,从近年来监管部门查处的银行案件来看,商业银行内部违规违纪形势依然严峻。2017 年我国银监系统就作出行政处罚决定 3452 件,处罚机构 1877 家,罚没金额近 30 亿元①。商业银行内部的各种道德风险反映了银行层面道德责任意识的淡漠。

(二) 从业者徇私舞弊的问题

长期以来,我国商业银行从业者徇私舞弊案件呈现出易发、频发的态势。仅 2017 年,银监会系统就查处责任人员 1547 人,银行业机构内部问责处理 16.7 万人次。② 商业银行从业人员是距离货币、银行资本最近的群体,因掌握大量的客户私人信息,受利己之心、拜金主义和机会主义的影响,部分从业者铤而走险、徇私舞弊、以权谋私,小到盗取客户资料,大到挪用客户资金、违规私售理财产品,乃至骗取巨额贷款,形形色色、屡见不鲜的银行道德风险案件背后几乎都有从业人员徇私舞弊的影子。

**案例**:2010 年 12 月 6 日,齐鲁银行在受理业务咨询过程中发现一存款单位所持"存款证实书"系伪造。案件发生后,济南市公安局将嫌疑人刘某及其他犯罪嫌疑人抓获归案。经侦查确定,犯罪嫌疑人刘某通过伪造金融票证,勾结国有企业与银行职员,多次骗取银行、企业资金共计 101.3 亿余元,案件涉及齐鲁银行在内的几家银行和部分企业。齐鲁银行董事长等高管以及山东省多名厅级官员悉数落马。③

---

① 中国银行业协会. 中国银行业发展报告 (2018) [M]. 中国金融出版社. 2018, P128.
② 数据引自:中国银行业协会. 中国银行业发展报告 (2018).
③ 傅聪. 齐鲁银行"12.06"特大伪造票证案的案例研究. 经济导刊. 2012 (4), P18 – 19.

在新形势下我国商业银行从业者案件呈现出新的特点。商业银行从业者违规风险点由点状分布向制度化面上转移、由门柜作案向大堂作案转移、由传统业务向新兴业务转移、由个人作案向团伙作案转移等新特点。

（三）吝啬于服务奉献的问题

从中国企业慈善排行榜来看，中国工商银行、中国银行、中国建设银行、中国农业银行等为代表的商业银行在中国企业500强中总资产和利润率排名均靠前列，在每年的胡润"中国慈善企业排行榜"上却几乎没有商业银行上榜的信息，这说明商业银行在慈善和公益事业方面的表现与其自身的社会影响力不相称。商业银行吝啬于服务奉献不限于此，还表现在态度冷漠、懒政庸政、不敢作为、不愿担当和精致利己的行为做派上。

**案例**：2013年10月12日，身患白血病、癌症等多种重病正在医院治疗的75岁徐大爷需要修改银行卡密码。银行要求必须是本人亲自办理。随后他被5名120的急救人员用急救车送到银行门口，并在急救人员的帮助下用担架抬进营业厅，最后才完成了按指印这一程序。乘坐救护车，提着氧气包，抬进营业厅，为重置一个银行卡密码，银行对一位病重老人的服务就差这几步！①

爱岗敬业、热情服务、奉献社会是习近平新时代中国特色社会主义对职业道德的要求。作为社会重要的窗口单位，不断提升商业银行道德文明的程度是商业银行基本的建设任务。对于银行业中的怕、慢、假、庸、散等懒政庸政的不良作风难以适应新时代高质量发展的要求，应当予以坚决抵制。

（四）客户与地区歧视的问题

商业银行在经营过程中不公正对待客户的行为时有发生，如银行营业网点开放的窗口有限，普通客户经常需要取号排长队等候，而VIP客户却可径直到专区优先办理；发达地区银行网点密度明显高于欠发达地区，银行甚至不惜通过撤并欠发达地区的网点来压缩成本提高经营效率，进而使

---

① 金华时报.制度不应该是人性化的反义词.2013年10月21日第8版.

欠发达地区群众面临金融排斥的困境。商业银行以优质资源迎合贵宾客户、优势地区客户而忽视普通客户的行为，虽然吻合了经济学的"二八定律"，但却违背了社会基本的伦理道德原则——人本精神。以利益——物的不平等撼动了人享有金融服务基本权利的平等，这成为人为"资本"服务的异化典型，这与社会主义道德文明背道而驰。

**案例**：广州市消费者委员会发布的《2016年广州市银行服务满意度调查报告》中称，银行排队时间长是主要问题：根据志愿者的体察结果显示，从排队或取号到柜台办理业务，平均等候时长超过30分钟的银行网点比例超过三成，最长的竟达到213分钟；更有甚者，《广州日报》曝出工商银行部分网点称只接待30万元以上存款的VIP客户，普通客户被告知不用取号。在机构贷款业务上，媒体也屡次报道银行对大企业争相服务，对小微企业往往爱搭不理。《人民日报》就此发评论认为，随着时代发展，不少银行的网点都在"折腾"：有的关门大吉，有的改成自助服务厅，还有的装修后重新规划服务区……但改来改去，"嫌贫爱富"的面孔越发清晰，普通消费者的服务体验却不见改善。①

商业银行追求利润最大化是本能，而为广大人民群众服务则是社会主义道德的要求。从我国社会贫富差距和东、西部发展不平衡的现实情况看，商业银行在扶持中小微企业、支持偏远、贫困、落后地区发展的力度不够，对"集体主义""消除两极分化""为人民服务"的道德文明彰显不够。商业银行嫌贫爱富的价值导向与行为做派直接影响良好社会风气的形成，加剧了社会贫富分化，侵蚀了社会的平等和谐和人民群众的幸福感。

（五）责任报告披露中的问题

自2006年上海浦发银行发布我国第一份银行社会责任报告以来，目前我国主要商业银行都有发布社会责任报告。各家商业银行的社会责任报告反映出以下问题：第一，粉饰报告的问题。各家银行都在积极披露各自在社会责任方面的贡献，刻意回避在履行道德责任方面的问题与不足。第

---

① 人民日报.银行座椅哪儿去了.2018年1月12日第17版。

二，口号与行为实际不符的问题。各家银行无不把诚信、担当、稳健等道德责任理念摆在显著的位置，表面上是响亮的道德文章，实践中却与所标榜的以客户为中心、诚信、担当等信条有差距，甚至背道而驰。我国商业银行的社会责任报告定性内容多，定量内容少，正面内容多，负面内容少，缺乏客观性的问题，反映出银行对于社会道德责任的意识不足，履行道德责任自觉性、主动性方面的欠缺。

无论是社会责任报告反应的不足、银行内部的道德风险、客户或地区歧视还是从业者的徇私舞弊、吝啬于服务风险都反映出商业银行道德责任淡漠的现实问题。那种所谓世界上没有不嫌贫爱富的商业银行，因为商业银行不是慈善机构，它不仅要盈利，而且还得考虑存款人的资金安全和收益。这是商业银行受到道德批判时惯用的辩护逻辑。把商业银行经营目的看作就是逐利，这是资本主义商业银行的逻辑，在中国特色社会主义条件下，商业银行除了追求盈利，还要满足为人民服务的道德要求，还有要助力共同富裕和中华民族伟大复兴的责任要求。商业银行极端功利、唯利是图甚至悖逆社会主义本质要求的行为意识都是不道德的。

商业银行履行道德责任大致分为三个阶段。一是，不知何为道德责任，该如何履行责任；二是，银行是道德责任的被动接受者；三是，银行是社会道德责任的主动践行者。鉴于以上诸多方面的不足，可判断我国商业银行履行社会道德责任尚处于被动接受阶段。商业银行为人民群众和社会主义现代化建设服务的道德责任意识不足，履行社会主义道德责任的自觉性、主动性还有待提升。

二、道德责任行为偏差

商业银行的道德行为受银行内外部多重因素影响，包括行为动机、运营机制、从业者综合素质等内在因素和政策法规、社会环境和全球经济金融形势等外部因素。各种不良因素都可能致使商业银行出现道德行为的偏差。调研中发现以下常见的银行道德责任行为偏差："银行目的就是赚钱""尽责止于喊口号"等意识问题消解了商业银行履行社会道德责任的行为能力；少数银行从业者徇私舞弊滋生了银行的道德风险；银行客户"失信""骗贷"和"极端功利"等不道德行为影响银行道德责任能力的发挥；不尽合理的银行政策制度误导商业银行步入道德失范的歧途。其中，我国商业银行最大的行为偏差莫过于商业银行功能的异化。

商业银行社会功能异化是商业银行在经营活动中背离自身经营目标和社会价值的现象和倾向。商业银行是信用与货币资本集散的平台，其基础功能是通过合理配置信用与货币资金从而促进社会经济发展进而实现自身的经济价值与社会价值。商业银行是经济虚拟结构中的最为关键的因素，商业银行的运营必须要实现市场的经济规律与社会的价值定位相统一，这样才能够保障其功能的正常化，反之，则会造成银行功能的异化，出现银行背离实体经济、损害股东、储户、社会公众利益等问题。商业银行功能的异化轻则损害银行或利益相关者利益，重则导致银行系统性风险甚至酿成金融危机。以下从两个角度审视商业银行的功能异化：

（一）从银行资本避实就虚角度看商业银行的异化

商业银行的投融资活动是其基本的经营活动。然而单纯追求货币增值的投融资活动却容易催生出金融泡沫，导致银行资本背离实体经济出现资本空转现象。这不仅会积聚金融风险，而且会给实体经济的生存环境造成破坏。以我国一线城市房地产市场为例，2007—2017年，北上广深房价增速每年超过15%，远高于居民收入增长速度。房地产泡沫对实体经济至少造成两方面的损害：一是压制了实体经济的消费需求。居民因高房价而高负债购买了房产，不得不将大块的收入用于偿还银行债务，这透支了未来的消费，社会购买力下降，社会产品无法消化，导致产能过剩，加之实体经济的土地租金成本又上升，造成对实体经济的巨大冲击；二是打击了资本面向实体经济投资的积极性。资本为了保值、增值，流向虚假繁荣的房地产市场，形成个人资金、机构资金、实体企业资金共同炒房的恶性循环，导致企业金融化，形成对实体经济的"挤出效应"，实体经济得不到有效的资金支持，进而影响企业的创新和转型，最终影响实体经济的可持续发展。实体经济不景气，虚拟经济泡沫丛生的畸形经济形态得不到及时有效地矫正,必然积聚系统性金融风险乃至酿成经济与金融危机,最终以资本增值为目的商业银行难逃亏损甚至破产的败局。

(二) 从资本消解人的主体性角度看商业银行的异化

商业银行是国家根据社会发展需要允许成立的经济组织,是人类发展的文明成果,由人来组织,受人们控制,为人民服务。现实情况是,越来越多的人受到银行资本的奴役和控制。作为消费者,人们受到抵押贷、房贷、车贷、消费贷等奴役;作为从业者,人们受到资本如何增值,如何通过资本运作创造更高利润等问题的控制。至于资本增值手段和过程是否合法、合规、合乎伦理道德都是次要的,甚至是可以忽视的;作为股东,由于银行存在产权多元化现象,在以利润导向和理性"经济人"假设创设的制度下,股东的"社会人"属性被淹没。在这种背景下,我们愈发感受到人的主体性被消解,商业银行的经营对象——"资本"的主体性不断凸显,并趋向于成为统治一切的强制权力。在资本市场的字典里,资本不仅追求收益,而且要超额收益。马克思从资本的增值本性出发揭示了资本从"物"到"社会关系"的深刻本质,进而认识到资本的逻辑是资本通过"关系"本质逐渐攀升到了社会统治地位时所生发出来的一种强制性的权利。对此,学者王博说:"在资本发展到货币资本和生产资本的阶段,资本的物象特性仿佛消失了,而隐藏在背后的社会生产关系特性逐渐清晰起来,资本成了支配整个现代社会物质生产的纽带。在这种纽带关系下,积累起来的、过去的、物化的劳动成为支配直接的、活的劳动的主导因素。'死劳动'的资本开始支配人、支配'活劳动'。资本把人与人之间的一切关系都归于自身的统摄之下,并操纵着人与人之间的一切关系"[①]。这是一种颠倒的"主客体的关系",揭示了资本本质的"社会关系化"。资本这种本身由人所创造的"物",反过来开始支配人、消解了人的主体性,成为统治一切的强制权力,并逐步建立了以资本自身为唯一主体存在的虚假主

---

① 王博. 马克思眼中的资本本质与资本逻辑 [J]. 南华大学学报(社会科学). 2015 (2), P21-25.

体性。资本这种虚假的主体性正是所有异化生成的根源，也是商业银行社会功能异化的根本原因。资本的本质是唯利是图的，资本的逐利性是盲目的，资本流动若缺乏强有力的规制和监管就极易走上不道德的歧途，尽显出资本的恶。商业银行作为国民经济活动的中枢，是货币资本的集散地，输送着国民经济发展的血液，若没有道德制度的束缚、政府的引导和监督就容易受到资本的主宰，出现异化等行为的偏差，积聚资本的恶，进而酿成系统性风险。

总之，商业银行道德责任行为偏差与社会道德环境、银行制度法规的合德性和银行自身的道德责任意识息息相关。良好的社会道德环境是商业银行道德养成的土壤，科学合理的银行法规和制度设计是商业银行道德养成的前提，优秀的从业者综合素质是商业银行道德养成的关键。对于外部环境而言，确保银行系统制度法规的合德性，给予商业银行作为市场主体应有的灵活自由度，抵制违背社会主义道德规范的不道德行为，营造富于社会主义道德风尚的社会环境，都将有助于商业银行行为道德的改善。对于商业银行而言，只有充分认识社会主义道德的科学内涵，深刻理解银行利益与国家和人民利益的辩证关系，把银行发展跟国家的富强、民族的振兴和人民的幸福结合起来，不断强化银行履行社会道德责任的激励机制，才能从根本上矫正行为偏差实现银行道德行为能力的提升。

## 三、道德责任治理不够

对于商业银行道德责任的治理结构，涉及宏观、中观、微观层面的治理。宏观层面涉及商业银行的政策法规，中观涉及商业银行的经营与管理，微观涉及商业银行具体的业务实践。严格来说，我国商业银行目前还没有专门的道德责任治理体系。不过我国银保监会法规部、审慎规制局、中国银行业协会自律工作委员会和商业银行法律合规部等部门，在一定程度上发挥了商业银行社会道德责任治理的功能、承担了银行道德责任治理的任务。从各部门的工作开展和信息公开上看，我国商业银行道德责任治理结构处于以执行政策国家、法律法规为主的单一结构。商业银行道德责任治理水平处于格特鲁德·努纳尔—温克勒尔（Gertrud Nunner-Winkler）道德层级理论中的初级水平，即用"不"一类禁令表述的责任，尚未达到用"应该"一类道德规范表述的积极责任和用"使命"来表述的道德境界。尽管银行业协会和监管部门有对商业银行提出道德责任的要求，商业银行履行积极责任和使命责任的主动性依然不足。这显露了我国商业银行道德责任治理力度不够。以银行对于小微企业的惜贷现象为例。

小微企业从产品设计开始，包括技术开发、制造、营销、服务尤其是产业升级在内的全产业链往往需要资金的支持。但由于小微企业自有资金非常有限，也较难从资本市场中融资，民间融资成本又太高，从商业银行融资便成为小微企业获得外部资金支持的首选。但长期看来，商业银行经常以中小企业"财务制度不健全""经营不规范或抵押资产不足"等为由不予贷款。即便小微企业符合贷款条件却也可能因为银行考虑贷款额度小、业务成本高等实际情况而让企业遭受冷遇。最终能成功取得贷款的往往仅限于少数发展前景较好的企业，或者国家强制引导扶持的产业或企业。惜贷现象一方面是商业银行趋利避害的正常反应，毕竟给小微企业放款相对风险高、成本高、收益低。然而，惜贷行为带出的融资难、融资贵的问题，制约了小微企业的发展，不利于社会主义制度下小微企业生产力的解放和发展。长期以来，商业银行对于小微企业"不敢投、不会投、不愿投"到"敢贷、能贷、愿贷"的转化率较低体现了商业银行道德责任治理的力度有待进一步加强。

### 四、道德责任保障不足

目前我国商业银行道德责任方面的保障体系主要是中央银行、银保监会和行业协会发布的社会责任相关的政策指导性文件。例如，2007年年底银监会发布的《关于加强银行业金融机构社会责任的意见》，2009年中国银行业协会审议通过的《中国银行业金融机构企业社会责任指引》。两个政策指导性文件的发布明显提升了我国商业银行社会责任信息的披露水平，却仍然存在社会责任信息披露不规范不完整、社会责任信息的披露定性描述与公益性宣传多于实质性定量指标、信息披露的真实性与可靠性不足、负面信息的披露严重缺失和银行社会责任落实不到位等问题。

商业银行道德责任保障体系既要照顾到商业银行盈利性目的，又要兼顾到银行对社会主义道德责任的履行。商业银行对于普通窗口服务打折、欠发达地区网点撤并、小微企业惜贷等现象，从理性经济人角度分析这是降低运行成本，提高运行效益的有效手段，从社会主义道德角度分析，这些行为违背了为人民群众服务的道德要求。协调好人民群众利益和银行利益的关系，实现银行利益与人民群众利益的统一是完善商业银行道德责任保障的关键。

综合来看，我国现有的针对商业银行社会责任工作的法律法规未成体系、责权界定还不够清晰，敦促履行的力度不够，对商业银行履行社会道德责任的引导和推动还有待强化。道德责任保障体系不健全也影响到商业银行对履行社会道德责任的认同度，缺乏相应的道德责任考核标准和监督反馈机制纵使商业银行难以有效的认知和落实责任。完善的道德责任保障体系是商业银行履行好社会道德责任的基础。让履行社会道德责任切实成为提升商业银行社会竞争力的关键要素，让商业银行的道德失范行为受到道德谴责甚至处罚，这将是促使商业银行主动履行社会道德责任的直接动力。

## 本章小结

本章主要解决了商业银行道德责任方面行为事实如何的问题。通过对普通群众访谈、银行从业者的问卷、监管部门的数据整理和上市公司的数据对照显示，我国商业银行履行社会道德责任状况处于较好水平。调研发现，我国商业银行履行道德责任方面的成绩取得依赖于商业银行坚定党的领导、立足社会主义道德的要求、坚持以盈利为基础和重视社会责任履行等经营管理经验。调研同时也反映出，商业银行还比较显著的存在着道德责任意识淡漠、道德行为偏差、道德治理不够和责任保障不足的问题。对于这些问题的原因追溯和化解问题的挑战将在下一章进行剖析。

# 第五章　中国商业银行道德责任问题原因及挑战分析

上一章节对商业银行道德责任履行的现状、经验与问题进行探索。本章主要从商业银行履行道德责任方面存在问题的内外部原因和进一步提升商业银行社会道德责任水平可能面临的挑战展开论述。通过剖析商业银行履行社会道德责任存在问题的外在客观性和内部主观性，可以防止对商业银行履行社会道德责任现状的过度指责，或避免商业银行忽略主体性和能动性将责任推脱给社会制度。商业银行道德责任失范的原因具有复杂多样性特点，既有银行的逐利本能又有从业者主观的因素，既有银行政策制度道德的原因，也有社会不良道德风气的影响。

## 第一节　中国商业银行道德责任问题的内因溯源

商业银行追求高额利润的原始动机、银行道德责任观念意识的淡漠、银行内部道德责任控制体系的不完善、机会主义行为等均是导致当前商业银行道德责任不到位的内在因素。充分理解当前商业银行在道德责任方面存在的诸多问题，深入分析商业银行道德责任不到位背后的深层原因是完善商业银行道德责任建设的前提和基础。

一、追求高额利润的欲望

趋利避害是行为主体从事社会活动的根本动机。马克思恩格斯在创立无产阶级政党之初就已深刻地意识到利益是推动社会历史发展的原动力。

"每一既定的经济关系首先表现为利益,"① "'思想'一旦离开'利益',就一定会使自己出丑。"② 利益是人的行为的出发点,"人们奋斗所争取的一切,都同他们的利益有关。"③ 因此,商业银行追求合理的利益是合乎道德的。

然而,银行资本寻求高额回报的欲望既是无限的又是存在道德风险的,逐利的本性在资本的世界里被发挥到极致。马克思将其描述为"一旦有适当的利润,资本就胆大起来。如果有10%的利润,它就保证到处被使用;有20%的利润,它就活跃起来;有50%的利润,它就铤而走险;为了100%的利润,它就敢践踏一切人间法律;有了300%的利润,它就敢犯任何罪行,甚至冒绞首的危险。"④ 近年来,银行资本脱实向虚助推房地产泡沫膨胀、金融系统性风险加剧等现象就是逐利欲望膨胀的结果。

对于商业银行整体而言,作为企业其具有合理逐利的权利。同时,商业银行又是特殊的企业,掌握着丰厚的货币资本,充当着货币的中介。在缺乏有效的道德责任机制的约束时,货币资本将显露出盲目逐利的、野蛮的本性,滋生出歧视、剥削、异化等不道德现象。对于银行从业者而言,从业者具有以追求经济绩效来达到经济回报或职位晋升等目的的动机,这种动机自然引导从业者在经营决策时趋向于作出高收益、短频快的选择。追求高额利润的动机使时间跨度大、风险掌控难度大、业绩和成效短期内难以显现的道德责任选择则受到忽视。

二、道德责任观念的迷失

社会主义制度下的商业银行应当遵循社会主义道德观,这是社会主义对市场经济主体的基本要求。然而,在全球化背景下,众多的社会思潮纷繁复杂,使那些原本对社会主义道德思想认识不全面、理解不透彻、信仰

---

① 马克思,恩格斯.马克思恩格斯选集(第3卷)[M].人民出版社.1995,P209.
② 马克思,恩格斯.马克思恩格斯选集(第2卷)[M].人民出版社.1995,P103.
③ 马克思,恩格斯.马克思恩格斯全集(第1卷)[M].人民出版社.2002,P82.
④ 马克思.资本论(第一卷)[M].人民出版社.1975,P829.

不坚定的商业银行从业者产生道德责任观念的迷失,尤其是受资本主义奉行的个人主义、自由主义等意识形态的影响和冲击,我国商业银行及其从业者容易步入拜金主义、享乐主义、极端功利主义等违背社会主义道德原则的歧途。常见的最具迷惑性的资本主义道德观有利己主义、自由主义和功利主义等。其中,利己主义因强调了个人利益的合理性,激发了的社会生产力和创造力,也曾被资产阶级作为反对封建道德和宗教禁欲主义的指导思想,而被当代资本主义作为制度辩护的思想武器。曼德维尔"私欲的'恶之花'结出公益的善果"和亚当·斯密"利己却无意中带有利他"的论述也进一步显示了利己主义的合理性。然而利己主义"为己即利他"的逻辑看似合理,实质上忽视了零和博弈的情境下利己只会带来害他,忽视了利己主义容易带来公共资源无度开发或公共责任无人担责,忽视了利己主义奉行的私有制只会带来贫者更贫、富者更富的社会不公。自由主义主张"民主、自由"的道德原则,在看似合理的背后,隐藏着以自我为中心,具有较强的自私自利性。社会主义倡导的民主、自由跟自由主义的民主、自由有本质上的区别。功利主义倡导"最大多数人的最大利益"貌似符合市场经济的效率原则,实则暗含着多数人对少数人的道德绑架或多数人的最大利益对少数人的合理利益的侵犯。常态化的、持续深刻的社会主义道德教育有助于认清和抵御不良社会思潮的侵蚀,而这也正是商业银行日常道德建设所欠缺的。

各种不良社会思潮的冲击带给商业银行道德责任观念的迷失,出现如商业银行唯一的责任就是追求利润最大化;商业银行应承担的社会道德责任仅仅是法律和经济责任,其他的外在义务是可以承担也可以不承担的;银行履行社会道德责任与银行的利益和长期发展战略无关;履行社会道德责任增加银行的经营管理成本,给银行带来不必要的负担;创造就业、依法纳税、慈善捐款就是履行了社会道德责任等片面或错误认识。商业银行道德责任观念的迷失至少造成两方面的道德责任行为偏差:一方面,过度强调经济效益而忽视社会效益。商业银行制定的每一项任务,如ETC任务、手机银行任务、网银任务、理财任务、贵金属任务等无不围绕经济绩效展开。过度强调经济利益的制度设定，忽视了人性化的制度设计带来商业银行背离社会主义道德的风险。道德责任生发于自觉的自我利益（有德会有利，败德会有利益损失）、同情心或道德情感、传统和法律的要求以及行为主体出于自身道德的需要（如安定、团结、自由、平等、爱与幸福等）。理性的经济制度与人类特有的道德情感存在价值与目标的差异，理性的制度实现道德的、人性化的提升是一个不断发展完善的过程。这个过程可能是漫长的甚至遥遥无期的，其间银行从业者往往只能被迫依照理性的、缺乏人性温度的制度行事，这反映出来的就是商业银行道德责任感的淡漠甚至缺失。另一方面，逃避基本的社会道德责任。商业银行本身存在责任主体多元化的客观实际，其主要股东是其他经济组织的联合体①，商业银行背后多元化的责任主体客观上分散了银行应当承担的社会道德责任。在责任和风险面前害怕牺牲、选择逃避，不敢作为、不愿作为。个人主义、利己主义思潮影响商业银行只关注自身利益而忽视对社会责任的担当。

三、内控制度的责任失衡

责任失衡意指行为主体承担了与其权利不相当的责任。马克思在《国际工人协会共同章程》中提出："没有无义务的权利，也没有无权利的义务。"② 责任和权利在本质上是一致的，并且从来都是对等的。无责任的权利只能是特权，无权利的责任只能是奴役。商业银行既是责任主体也是权利主体。商业银行道德责任失衡的成因很多，政府政策的合德性、内部制度的合理性、监管机制的科学性以及从业者的行为作风等都可能影响到责任的平衡。

就银行的内控制度而言，当商业银行及其从业者承担了与其权利不相

---

① 譬如中国工商银行的股东就有中央汇金投资有限责任公司、中华人民共和国财政部、香港中央结算代理人有限公司、中国平安人寿保险股份有限公司、中国证券金融股份有限公司、梧桐树投资平台有限责任公司、中央汇金资产管理有限责任公司、中国人寿保险股份有限公司等。

② 马克思，恩格斯. 马克思恩格斯选集（第2卷）[M]. 人民出版社. 1995，P610.

当的责任而无法摆脱时,行为主体往往以自认为是"公正、平等"的方式进行调节。这种调节方式很可能因为其报复情绪产生行为极端性而演变成为败德行为,最终损害银行自身或他人的利益;当"正向激励缺失,反向约束过度"(如薪酬明显低于从业者的付出,出现薪酬与责任不匹配),就会引发从业者的逆反情绪,容易促使从业者作出违规选择以寻求利益补偿进而引发道德风险。

总之,对于"激励少,约束多"的内控制度,从业者处于趋利避害的本能,自然会作逃避或寻求制度、监管漏洞以获取利益补偿;对于"激励多,约束少"的内控制度,虽有助于激发从业者的创造性潜能,却可能因为盲目逐利而滋生道德风险;唯有激励与约束的平衡才有利于从业者做出义利统一的选择,进而提升商业银行的社会道德责任水平。

### 四、机会主义思想的作祟

机会主义是指在信息不对称的情况下行为主体不完全如实地披露所有的信息以及从事其他损人利己的行为。其本质是一种以达到自身目的而忽视手段方法合理合法性的思想。机会主义行为源于人的逐利本性。

对于商业银行整体而言,逐利是银行的内在需要,同时银行与客户、银行与监管部门、银行与其他利益相关者之间处于信息不对称,从而给银行机会主义提供了活动空间;对于商业银行从业者而言,从业者有自利的需要,同时掌握着客户资料、操作权限等重要信息,与银行管理者和监督者构成信息不对称,从而也滋生出从业者的机会主义行为。机会主义行为广泛存在于银行业高息揽储、违规放贷、以贷谋私等违规违纪活动中,它既产生于从业者的侥幸心理,也存在于银行对于自身垄断地位和政府兜底假设的判断。商业银行机会主义行为扰乱了银行经营秩序、助长银行经营风险、加剧银行道德责任的恶化,应当通过严格的制度和行为规范予以遏制。

## 第二节 中国商业银行道德责任问题的外部原因

### 一、生存压力与挑战使然

随着我国银行同业竞争的日益激烈、互联网金融的异军突起、金融脱媒现象的不断加剧、外资银行的持续涌入，我国商业银行面临着前所未有的生存压力和挑战。

首先，来自商业银行同业竞争的压力。截至2019年6月底，我国银行业金融机构达到4597家。① 我国经济发展已进入增速放缓、结构优化、动力转换和质量提升为特征的新常态。银行业也被迫进入了存贷利差收窄、贷款增速回稳和不良贷款反弹等新常态，这些变化进一步加剧了同业竞争，尤其是我国商业银行同质化情况历来严重，在业务架构、产品组合、区域定位、客户定位和品牌定位等方面有着明显的相似之处，直接造成很多区域和业务领域过度竞争甚至是无序竞争。

其次，源自于金融脱媒现象加剧的挑战。"金融脱媒"是一种资金融通去中介化的现象。例如，在金融管制的情况下，资金供给绕开商业银行体系直接输送给需求方和融资者，完成了资金的体外循环。随着证券行业、金融科技等事业的蓬勃发展进一步加剧了金融脱媒现象。关于金融科技对银行的挑战，比尔·盖茨曾说：商业银行，很可能成为21世纪的"恐龙"。商业银行靠网点的传统经营模式受到源自于互联网金融和资本市场极大的挑战。

此外，还面临外资银行不断涌入的压力。自2007年4月，银监会批准设立第一批外资商业银行以来，截至2018年12月底，我国共有79家外资法人银行，下设分行、代表处等营业性结构超过1000个，分布在全国70

---

① 数据来源：银保监会.银行业金融机构法人名单.2019年10月10日发布.

余个城市。① 近年来迫于国际政治与经济形势，我国进一步放开了金融市场，国外银行大批涌入。外资银行先进的经营思想和管理理念形成的外资银行竞争使我国商业银行面临的压力进一步加大。

面对储蓄率不断下降、同业竞争的压力和金融脱媒现象加剧、外资银行不断涌入的挑战，我国商业银行不得不朝着提高资本利用率，朝着"轻资产""轻负债""轻收入结构"和"轻运营结构"的方向转化。商业银行生存压力与挑战的凸显，一方面，促使银行加强社会道德责任建设以赢得更好的社会声誉；另一方面，高压力和高挑战下也会滋生商业银行投机的可能性，逃避监管或责任以攫取短期利益是商业银行投机的主要动机，投机获利也是造成商业银行忽视道德责任、积聚道德风险的主要原因。在压力与挑战面前，商业银行更应当注重社会声誉和品牌的建设，顺应时代变革积极转型，以履行好社会道德责任为先，切实提高服务客服和服务社会的质量，唯有如此才能保持商业银行的长久活力，在激烈的竞争中立于不败之地。

## 二、利己主义风气的影响

环境对行为主体的影响是显著的。对此德国心理学家勒温提出行为公式 $B = F(p, e)$，即人的行为是个体与环境相互或共同作用的结果。商业银行道德责任失范在很大程度上是受社会利己主义风气的影响。

利己主义是指只顾自己利益而不顾别人利益和集体利益的思想。利己主义把利己看作人的天性，把个人利益看作高于一切。利己是行为主体的天性，生发于自我生存与发展的需要，源自于自爱之心。边沁指出"每个人都是离自己最近，因而他对自己的爱比对任何其他人的爱，都是更多的。"② 包尔生提出"心理力学法则"，认为人们的行为实际上是由这样的考虑来指导的：每个自我都以自我为中心将其他对象排到自己周围而形成

---

① 银保监会. 银行业金融机构法人名单. 2019 年 2 月 11 日发布.
② Ignacio L. Gotz, Conceptions of Happiness, New York: University Press of America, 1955, P287.

无数同心圆。离中心越远者的利益，它们引发行为的动力和重要性也就越少。① 王海明则进一步发现主体"行为直接原动力，是各不相同的。但是引发这些行为之最终非目的的原因，亦即行为终极原动力，却完全相同：都是自己的苦乐利害，都是利己"。② 利己主义肯定了人的主体性，极大地解放了人的创造性潜能，个体在追求利益的过程中，往往也会增加总体的社会福利，这体现了利己主义一定程度上的合理性。

然而，利己主义者以自身利益为中心，忽视人的社会性本质，隐含着极端自私的个人目的，不择手段地追逐名利、地位和享乐的道德风险。在零和博弈的情景中，个人的得利必然侵害到他人的利益，在资源有限的现实社会中，利己主义不能成为社会道德准则来指导人们的实践，因为它必将破坏和谐的社会秩序，使社会变得冷漠和敌对进而影响每个社会成员的福利。在社会主义市场经济制度不完善的情况下，利己主义得以迅速膨胀，进而滋生出拜金主义、享乐主义和极端个人主义，成为影响人们积极履行社会道德责任的羁绊。

商业银行履行道德责任需要有一定的动机，受利己主义环境的影响，商业银行的道德行为需要为银行带来利益，只有带来利益的行为才能促使商业银行有内在动力将该行为持续下去。商业银行履行道德责任的行为不仅要为其带来好处，而且这个好处还要大于其不履行道德责任的好处，否则为了更大程度上的逐利，商业银行还是会选择放弃履行道德责任的行为而选择更有利益的道德无涉或不道德行为。商业银行决策者或从业人员在面对利益诱惑时，往往以利己为先而忽视对他人的道德责任从而引发道德风险，出现商业银行道德责任问题。对利己主义环境影响下的商业银行，我们必须诉诸社会主义道德思想的教化，以及将道德导向贯穿于商业银行的制度建设，使管理者和从业者从利己主义的迷途中回归到集体主义义利统一的正道上来。

---

① Friedrich Paulsen, A system of Ethics, translated by Frank Thilly, New York: Charles Scribner's Sons, 1908, P393.
② 王海明. 新伦理学原理 [M]. 商务印书馆. 2017, P250.

### 三、政策法规引导不健全

我国商业银行目前的政策法规以《中华人民共和国中国人民银行法》《中华人民共和国商业银行法》和《中华人民共和国银行业监督管理办法》三部基本法为主,三部法规对商业银行的行为道德作了基本规定和要求。《中国银监会办公厅关于加强银行业金融机构社会责任的意见》(银监办发〔2007〕252号)对商业银行履行社会责任介绍了背景和重要性,给出了商业银行要"维护股东合法权益、公平对待所有股东;以人为本,重视和保护员工的合法权益;诚信经营,维护金融消费者合法权益;反不正当竞争,反商业贿赂,反洗钱,营造良好市场竞争秩序;节约资源,保护和改善自然生态环境;改善社区金融服务,促进社区发展;关心社会发展,支持社会公益事业"等意见;2009年1月,中国银行业协会发布了《中国银行业金融机构企业社会责任指引》,文件中指出我国商业银行社会责任至少应当包括经济责任、社会责任和环境责任,同时对各项责任做进一步的阐述。商业银行履行好经济责任、法律责任、社会责任与环境责任就是很大程度上履行好了社会道德责任。

由此可以判断,我国现行的政策和法规对商业银行履行社会道德责任具有一定的约定和引导,这些引导体现到银行法律、法规,监管部门意见和行业协会的文件中。

政策法规的有效性不仅仅是载入条款或细则,关键在于贯彻实施。长期以来,区域经济发展与经济效益最大化的目标是政府与商业银行成为利益共同体。作为社会利益的代理人,政府虽然有责任通过强制力干预和纠正商业银行在追求经济利益过程中可能出现的损害社会利益的行为。例如,在招商引资的过程中政府和银行往往看重项目带来的直接经济收益,对项目可能造成的能耗和污染却大开方便之门,最终导致对生态环境和社会民生的损害。基于经济发展的刚性需求,地方政府在面对经济利益与社会利益的两难境地中通常倾向于使社会道德责任的软约束让位于经济发展的硬约束,进而使商业银行的社会道德责任失衡于经济责任。此外,长期养成的垄断地位和对政府兜底依赖的局面,使商业银行缺乏市场竞争的充分性和有效性,"社会道德责任建设是一种战略投资"等关乎道德责任投资的成功案例和示范不足,也导致商业银行疏于承担社会道德责任。

政策法规对于商业银行履行社会道德责任有引导、有倡导,却缺乏有效的激励和保障措施。商业银行在履行社会道德责任方面显得口惠实非、力不从心。在政绩、利益的驱使下,银行政策法规中有些道德责任相关的条款形同虚设。

### 四、银行道德监管的薄弱

以政府为主导的外部监督和商业银行内部控制相结合的监督体系构成了我国商业银行的监督体系。外部主要以人民银行和银保监会的监督为主;内部主要由银行的监督部门、合规与风险部门内部督查控制为主。从银监会的工作标准(如表5-1所示)来看,对我国商业银行的监管主要是法律合规、防范风险的监管。对于法律合规以及严防金融风险的监管只是对商业银行重要的、也是最基本的道德责任要求。对于更广泛的贯穿商业银行经营活动始终的道德责任监管却不在此列。

表 5-1    银行业监管工作标准

| |
|---|
| ● 良好监管要促进金融稳定和金融创新共同发展 |
| ● 要努力提升我国金融业在国际金融服务中的竞争力 |
| ● 对各类监管设限要科学、合理,有所为,有所不为,减少一切不必要的限制 |
| ● 鼓励公平竞争、反对无序竞争 |
| ● 对监管者和被监管者都要实施严格、明确的问责制 |
| ● 要高效、节约地使用一切监管资源 |

资料来源:中国银行保险监督管理委员会官方网站、银保监会职责专栏。

"法无禁止则可为",这也是商业银行长期以来嫌贫爱富、极端功利等道德失范行为大行其道的原因。道德约束不能直接作为监管的手段,道德的谴责显然也不可以代替法制的监管。在以数量和规模制胜代之以质量提升的大背景下,对于商业银行的监管不应止于法律,逐步强化对商业银行道德责任的监管应成为必要。

## 第三节　中国商业银行道德责任建设面临的挑战

商业银行道德责任建设的目的在于提升商业银行履行社会道德责任的素质和能力，完善商业银行履行社会道德责任的内外保障机制。商业银行道德责任的履行情况实质上是商业银行的责任意识、素质和能力在银行经营管理活动中的体现。我国商业银行道德责任建设面临的挑战主要有以下几个方面：

### 一、银行逐利与道德行为对立与统一问题

一般而言，商业银行合法合规的经营活动是实现了逐利与道德行为的统一。因为它既满足了合理逐利的道德要求又实现了服务社会、增进利益相关者利益的道德需要。作为以"为人民服务"为道德核心，以"实现共同富裕"为根本任务的社会主义中国而言，除合法合规的经营活动外，商业银行履行社会道德责任还体现为对广大人民群众和社会主义各项事业发展的贡献。

（一）商业银行逐利与道德行为的对立的认识

商业银行逐利与道德行为的对立可以从以下推导得出：商业银行履行社会道德责任需付出一定的成本——额外成本支出在一定程度上削减了商业银行可投入生产的资源——商业银行市场竞争力受到削弱。从中我们可以了解到商业银行的逐利性与道德性形成对立的逻辑。然而，这种对立只在特定的时间和空间内成立且并非是必然的，因为商业银行道德责任行为的背后隐含着银行的潜在利益，良好的社会形象和道德声誉是商业银行最大的利益。

（二）商业银行逐利与道德行为的统一性认识

商业银行逐利与道德行为的统一性可以从以下推导得出：商业银行履行好社会道德责任将赢得客户和利益相关者的青睐——商业银行有更稳定的客户和更安全和谐的生存环境——商业银行获得可持续的利润和发展条

件。反之，商业银行的败德行为，则容易影响银行的利润和可持续发展环境。如商业银行违背了监管机构的贷款规定违规放贷，那么监管机构势必会对其进行罚款并且制定更加严厉的业务规范对其行为进行约束，这势必降低银行的经营效益。此外，商业银行道德责任失范行为还会带来负面的社会舆论等影响，其利益相关者将质疑银行履行契约的能力，这给银行的稳健发展带来潜在损害。

可见，商业银行逐利行为与道德行为具有对立统一的关系，转化对立为统一的关键在于构建良好的银行管理制度以实现"道德行为有保障，败德行为受损失"的良性循环体系。如何构建这一良性的制度保障体系实现商业银行逐利与道德行为从对立走向统一是商业银行道德责任建设要面临的主要挑战。

## 二、产权多元化条件下责任主体悬置问题

商业银行的经营管理活动是有组织的群体活动，行为主体呈现出多元性和复杂性的特点。影响商业银行行为的主体既有商业银行股东（组织、企业或个人）、银行领导与决策者、普通从业者，又有国家宏观经济政策的制定者（中央政府、人民银行）、银行业监督者（银监会）等，还包括商业银行的客户等利益相关者。当众多的主体进入决策链时，责任主体就会变得模糊起来。特别是当银行的风险和危机被组织到整个经营环节中而简化成为一道道工序时，责任就已经淡出了人们的视野，成为四处漂浮的无人负担的责任碎片。这是产权多元化的必然结果，也是商业银行履行好社会道德责任需要接受的挑战。

我国商业银行规模在体量上以国有控股商业银行占绝对主导，在数量上城市商业银行、股份制商业银行、民营银行、农村商业银行占较大比重。截至2010年，我国主要国有商业银行完成股份制改革，初步建立起了现代银行体系。国有控股商业银行，其道德责任以政府部门为依托，体现为国家的意志。对于光大银行、广发银行、浦发银行、招商银行等股份制商业银行，其主要股东由公司或集团公司构成。无论是国有控股商业银

行、其他股份制商业银行、城市商业银行或农商行均呈现出产权多元化现象，这主要是基于"分散的股权结构比集中的股权结构效率更高"的共识。"多元化的产权结构有助于银行效率的提升"[①] 这一观点在李晓庆、刘湘斌的研究中得以证明，同时这些年在国有商业银行股份制改革前后的经营效率中得以体现。然而，这个经营效率主要是指银行业绩的效率。对于商业银行履行社会道德责任而言，多元化的产权结构却产生了责任分散现象，出现道德责任主体的悬置。

道德责任是人类特有的价值追求和情感体验。道德责任的履行依赖于行为主体的价值观念和思想意识。无论是作为控股者的政府还是作为所有者的组织机构，相对于直接的行为主体人比较缺乏道德感知力和行动力。

商业银行的所有者是多元化主体组成的联合体。对于商业银行道德责任的追溯，从宏观上讲，商业银行的道德责任是组织整体（法人）的责任，从微观上讲，是商业银行所有者（多元化主体）的责任。那么，对商业银行的道德谴责，实质上是对谁的谴责；对商业银行的道德褒奖，谁又应该领受这份荣耀；甚至于对商业银行良心的谴责以及商业银行完善自我品德之心的审视都存在主体多元化现象。道德责任因难于量化而与经济责任相区别。多元化的产权结构，从客观上模糊了责任主体、分散了道德责任，削弱了商业银行道德责任的情感体验和价值追求，进而削弱了商业银行道德责任的认知和行为能力。

## 三、评价机制对银行的道德价值引导不足

行业评价对于评价对象具有重要的诊断性和导向性。鉴于商业银行的系统重要性，世界各国历来重视对商业银行综合竞争力的评价，并以此来表征和反应银行的经营状况。对于商业银行综合竞争力评价，国际上惯用美国的"骆驼"评级法。该评价体系主要是监测和评估银行经营的六个方

---

① 李晓庆，刘湘斌. 我国商业银行效率测度及影响因素分析 [J]. 上海财经大学学报，2005（4）.

面：资本充足性、资产质量、管理水平、盈利状况、流动性和对市场风险的敏感程度；英国《银行家》杂志一年一度发布的"全球1000家大银行排行榜"，通过对世界各大银行的资本实力、经营规模、盈力能力、经营效率和经营稳健性等几个方面进行评估后排名，该排行榜被视为银行间最具权威性的竞争力评估。我国对于商业银行经营状况的评价，主要采用银监会发布的《股份制商业银行风险评级体系》（如表5-2所示），该评价体系从资本充足率、核心资本充足率、银行资本的构成和质量、银行整体财务状况及其对资本的影响、银行进入资本市场或通过其他渠道增加资本的能力、银行对资本的管理情况等七个维度构成，从定量和定性两个方面不定期地对商业银行进行风险评级。该评价结果反映出商业银行的经营状况、风险表现和对风险的控制能力，成为我国银行业监管的重要参考。自2015年起中国银行业协会构建了《商业银行稳健发展能力"陀螺"（GYROSCOPE）评价体系》，从公司治理能力、收益可持续能力、风险管控能力、运营管理能力、服务能力、竞争能力、体系智能化能力、员工知会能力和股本补充能力九个维度综合评价和反映商业银行的稳健发展能力。此外，常见的商业银行评价体制机制还有银行对自身的评价和社会中介对银行的评价。

表5-2　　　　　我国《股份制商业银行风险评级体系》简表

| 类别、权重 | 二级指标 |
| --- | --- |
| （一）定量指标（60分） | 1. 资本充足率（30分）<br>2. 核心资本充足率（30分） |
| （二）定性因素（40分） | 1. 银行资本的构成和质量（6分）<br>2. 银行整体财务状况及其对资本的影响（8分）<br>3. 资产质量及其对资本的影响（8分）<br>4. 银行进入资本市场或通过其他渠道增加资本的能力，包括控股股东提供支持的意愿和实际注入资本的情况（8分）<br>5. 银行对资本的管理情况（10分） |

注：数据根据银监会关于印发《股份制商业银行风险评级体系（暂行）》的通知（银监发〔2004〕3号）整理。

无论是国际上通用的银行业经营状况评价体系还是我国商业银行的风险评级体系都侧重于对商业银行竞争力、稳健性的评价，评价体系对于经济指标堆砌有余，而对于商业银行社会道德价值评价体现不足。商业银行作为企业、属于经济组织范畴，因此评价体制机制普遍重视对其资本规模、流动性与稳健性等经济指标的评价是合宜的；然而，商业银行同时也是广泛缔结社会关系的社会组织，商业银行经济指标也直接受所缔结的社会关系的影响，因而评价体制机制不应仅限于经济维度的评价。这类评价机制反映出对评价方的两个假设：假设一，商业银行创造了利润、控制住了风险就是最好的履责方式；假设二，社会道德价值没有必要（不应该）进入到商业银行的竞争力评价。对于假设一，属于结果评价，盈利并控制风险是对商业银行最重要也是最基本的道德要求，而对于达到盈利并控制住风险的过程是否道德则未作体现；对于假设二，认为商业银行社会道德价值表现所带来的效力不足以进入银行竞争力评价体系，亦或认为商业银行的经营状况是社会道德行为的结果，两种观点都割裂了商业银行的经济价值与社会价值。无论是何种假设，都反映了现有商业银行评价体制机制对于"商业银行社会道德价值"引导不足。这也是银行业滋生风险、爆发危机和道德失范的重要原因。

近年来新发展的"陀螺"评价体系提出了风险管控、可持续发展与服务的能力指标，一定程度上实现了对商业银行经济性、稳健性相对单一的评价到可持续发展综合性评价的改进。然而，如何明确商业银行道德定位，如何将道德责任原则和规范细化并纳入到评价体系中以引导商业银行更加重视社会道德责任，仍然是银行业道德责任建设面临的挑战。

### 四、商业银行道德责任意识内化途径不畅

商业银行道德责任意识内化的过程是道德责任认知到实践再到自觉自为的过程。商业银行道德责任意识主要有三个来源：一是人的道德本能，包括自爱之心、仁爱之心和怜悯之心；二是人的道德感悟，包括观察别人和自我反思；三是人在接受他人言行的道德影响、社会风气的道德熏陶和

社会管理者的道德教育，商业银行道德责任意识的建立是自律和他律的结果。

商业银行是企业属组织机构，对于道德本能、道德感悟和对社会道德影响的接受度，起决于银行所有者（股东）、管理者和从业者的道德本能和感悟。商业银行行为主体的多元化组织结构一定程度上分散了责任，成为影响商业银行道德责任体悟的障碍。社会管理者的道德教育以及社会对商业银行道德责任行为的正向激励是商业银行道德责任意识内化的关键。如前文所述，监管部门对商业银行道德责任的监督指导，社会对于商业银行道德行为的正向激励都存在不同程度的缺陷或不足，这在一定程度上影响了商业银行道德责任意识的内化。商业银行履行道德责任从认知到自觉行动的内化过程一般需要具备以下条件：

第一，有履行道德责任的意识：先决条件；

第二，有履行道德责任的意愿：动力机制；

第三，有履行道德责任的能力：能力条件；

第四，有对于道德行为的保障：保障机制。

从全球企业社会责任运动到对赤道原则的响应，再到银监会《加强银行业金融机构社会责任的意见》的实施、银行业协会《银行业金融机构企业社会责任指引》的发布，以及近年来商业银行年度《社会责任报告》的不断完善等可以判断，我国商业银行对于履行社会道德责任的意识已经基本具备，问题在于履行社会道德责任的意愿、能力和保障机制。

对于履行道德责任的意愿，商业银行至少面临激励不足的制约。何以要将可以投入生产盈利的资源转向更好地履行社会道德责任？这个问题的解决，关键在于道德行为与商业银行利益的连接，以及必要的强制性的赏罚制度；对于履行道德责任的能力，从各大银行的资产规模和利润情况来看，我国商业银行都具有履行一定社会道德责任的经济基础；有意识、有意愿还有物质基础，关键还在于商业银行是否有相应的自由能力。自由是行为主体履行和承担道德责任的前提。商业银行的行为能力受制于股东、行业协会、银监会和中央银行，也受制于竞争对手、业务伙伴和客户等利益相关者。改革开放以来，盈利性已然成为公认的商业银行的自由。当前如何更好地履行社会道德责任则寄希望于银行的利益相关者尤其是政府、监管部门给予商业银行适当的履行道德责任的自由能力；对于履行道德责任的保障机制，既体现为商业银行"义利统一"的普遍道德行为受到保障，"纯粹利他"的高尚道德行为得到肯定，也体现在激烈的银行业竞争中维护竞争的公平性，避免"损人利己""纯粹害他"等不道德行为获得竞争优势，最终影响商业银行履行社会道德责任的意愿。

以上履行社会道德责任的行为条件同样适用于商业银行的从业者。动力机制、能力条件和保障机制的不健全，已然阻碍了商业银行及其从业者道德责任意识的内化和行动。如何加强商业银行及其从业者的社会道德责任意识成为商业银行道德责任建设的重大挑战。

## 本章小结

商业银行追求高额利润的本能、道德责任意识的不到位、内控制度的责任失衡和机会主义思想的作祟是影响商业银行履行好社会道德责任的内部原因；生存与发展的压力、政策法规不够健全、道德监管的薄弱、利己主义与极端功利主义环境的影响是影响商业银行履行好社会道德责任的外部原因。商业银行逐利性与道德行为的对立统一问题、银行产权多元化条件下责任还原的问题、商业银行绩效评价与激励机制对道德价值引导不足等问题是我国商业银行道德责任建设面临的主要挑战。本章结合第四章调研与实证数据，从外部原因、内部原因以及商业银行社会道德责任水平改善将面临的挑战入手进行了分析，为进一步探索我国商业银行道德责任的养成机制奠定了基础。

# 第六章　中国商业银行道德责任养成机制探索

探索商业银行道德责任的养成机制,首先需要明确道德责任既是一种主体意识,也是一种能力,更是一种行为实践。近年来,我国主要商业银行通过实施"绿色信贷""普惠金融"、支持"三农"、扶持中小微企业和支援新冠病毒疫情防控等方式履行社会道德责任,取得了较好的成绩。但商业银行在坚持社会主义价值准则、银行系统制度道德的引导和监管的体制机制等方面还存在一定缺陷,表现出商业银行在履行社会道德责任的内在动力、行动能力和保障机制等方面的不足。商业银行道德责任的养成应坚定商业银行履行道德责任的价值准则、强化商业银行及从业者的道德责任意识、完善商业银行行为道德的激励机制,健全政策和监管的制度道德。以强化商业银行履行道德责任的动力机制、能力素质和保障机制来共同促进商业银行道德责任水平的提升。

## 第一节　夯实商业银行道德责任的价值准则

商业银行道德责任的价值准则集中体现于商业银行应该坚持什么道德观,倡导什么道德原则,付诸什么样的道德行为。针对部分商业银行及其从业者存在的道德责任观念模糊、意识淡漠等问题,马克思主义伦理思想明确了我国商业银行应有的道德思想和行为准则。在中国特色社会主义制度下,商业银行必须坚持马克思主义道德观、社会主义道德观,坚持共产主义道德理想,必须坚持为人民服务的道德核心和集体主义的道德原则,不断增强责任意识、服务意识、奉献意识，以助力中华民族"两个一百年"奋斗目标的实现；在社会主义市场经济条件下，商业银行要生存发展必须实现盈利的价值与为国家和人民服务的价值的统一。加强社会主义本质教育、社会主义基本国情教育和社会主义道德体系教育是确保商业银行始终坚定为人民服务、为社会主义发展建设服务和为自我发展服务相统一这一价值准则的关键。

## 一、加强社会主义本质的普及教育

加强对商业银行进行社会主义本质的普及教育有助于商业银行及其从业者认识并理解其所履行的道德责任的原理和价值意义，进而改善商业银行道德责任行为。社会主义本质以解放和发展生产力，消灭剥削，消除两极分化，最终达到共同富裕为核心内容，也包括实现国家富强民主文明和谐美丽、实现人的自由而全面的发展等。社会主义本质揭示了社会主义解放和发展生产力的根本任务，明确了消灭剥削、消除两极分化、最终达到共同富裕的根本目的，反映了人民的根本利益和时代的发展要求。邓小平还创造性的指出"贫穷不是社会主义，发展太慢也是社会主义，平均主义不是社会主义，两极分化不是社会主义，僵化封闭不是社会主义……"①等十个检验社会主义的标准，进一步回答了什么是社会主义，如何建设社会主义的问题。改革开放40多年来社会主义建设的伟大成就充分证实了社会主义本质理论的科学性和正确性。

作为社会主义市场经济条件下的重要经济主体，商业银行应该深刻认识到除遵守社会基本的道德法制外，还应当贯彻落实社会主义的发展理念，体现社会主义本质的要求。具体而言，商业银行应当持续改善和创新金融产品，切实满足人民群众的金融服务需求；应当不断降低金融服务成本、努力提高银行服务实体经济的效率和水平以适应社会经济发展的需要；应当大力支持国家重大项目建设、战略性新兴产业、高端制造业、现

---

① 邓小平文选（第三卷）[M]．人民出版社．2014，P232，P257，P282．

代服务业，着力解决"三农"和中小微企业金融服务短板问题；应当积极开展普惠金融服务，努力构建绿色金融产品和服务体系；应当大力实施金融"走出去"战略，服务"一带一路"建设。商业银行的资本应当朝着有助于建设富强、民主、文明、和谐、美丽中国的方向配置；朝着有助于解放生产力，发展生产力，消灭剥削，消除两极分化，最终达到共同富裕的目标迈进。

## 二、着重社会主义基本国情的教育

强化对商业银行开展社会主义基本国情的教育有助于商业银行及其从业者认识并理解其所履行的道德责任的价值意义，明确所面对的未来责任的重点、难点和挑战，有助于商业银行有信心、有重点地开展经营管理活动和道德责任建设。

新中国成立 70 多年来，从生产资料的社会主义改造到改革开放，从计划经济到市场经济，从人民日益增长的物质文化需与落后的社会生产之间的矛盾是社会主要矛盾到人民日益增长的美好生活需要和不平衡不充分的发展之间的矛盾是社会主要矛盾，从努力解决温饱到全民脱贫奔小康，社会主义中国实现了从贫穷落后到繁荣富强的翻天覆地的变化。社会主义建设取得的伟大成就源自于中国共产党领导下的各族人民立足国情，不断发扬实事求是、坚定信念、艰苦奋斗、解放思想、开拓创新的创业精神，源自于共产党人不忘初心、牢记使命的责任担当，源自于党和人民对社会主义理论、道路、制度和共同理想的坚持。商业银行道德责任建设必须立足于中国特色社会主义的国情和实际。

首先，中国共产党的领导是中国特色社会主义最本质的特征。我国宪法中标明中国共产党领导是中国特色社会主义最本质的特征。这反映了中国共产党领导社会主义各项事业建设的合法性，这一合法性是历史和人民选择的结果，是中国共产党在领导人民进行革命、建设和改革过程中奠定和夯实的。在中国共产党的领导下，社会主义中国走上了中国特色社会主义道路，中国共产党的领导作为政治意识形态是广大人民群众根本利益和政治意志的体现。我国商业银行既姓"商"又姓"社",是中国特色社会主义制度下的商业银行。就国有商业银行而言,坚持党的领导、加强党的建设是商业银行发展的根和魂;对于其他商业银行来说,拥护党的领导是银行发展最重要的政治实际。

其次,我国还处于社会主义初级阶段是最基本的国情。党的十一届六中全会上明确了我国正处于社会主义初级阶段的历史定位,客观总结了我国的人口多、底子薄、生产力落后的现实国情。邓小平指出"中国搞四个现代化,要老老实实地艰苦创业。我们穷,底子薄,教育、科学、文化都落后,这就决定了我们还要有一个艰苦奋斗的过程。"① 改革开放40多年来,社会主义各项事业沿着社会主义初级阶段的基本路线不断前进。中国特色社会主义围绕经济建设为中心,坚持四项基本原则,坚持改革开放,不断朝着富强、民主、文明、和谐、美丽的社会主义现代化强国方向迈进。经过党和国家艰苦卓绝的奋斗,社会主义生产力获得了极大地解放和发展,人民生活水平实现了从温饱到小康的跨越。我国的经济、政治、文化、社会、军事建设都取得了举世瞩目的成就,综合国力进入世界前列,国际地位实现前所未有的提升。然而,实现中华民族伟大复兴的梦想依然任重道远,人民日益增长的美好生活需要和不平衡不充分的发展之间的矛盾是当前我国社会发展的主要矛盾,我国仍然是世界上最大的发展中国家,我国仍处于并将长期处于社会主义初级阶段。商业银行立足于社会主义初级阶段的国情,就是要充分发挥银行的功能特点和资源优势,助力不断解放和发展社会主义生产力,助力化解社会发展的主要矛盾,不断克服社会不平衡不充分发展的实际,持续改善和提高人民的生活水平,为中华民族实现伟大复兴贡献力量。

### 三、深化社会主义思想道德的教育

深化对商业银行进行社会主义道德思想的教育旨在解决商业银行及其

---

① 邓小平文选(第2卷)[M]. 人民出版社. 1994,P257.

从业者对社会主义道德认识不足、理解不透进而滋生思想意识和行为偏差的问题。社会主义道德体系涵盖了社会主义道德的基本方面，是对马克思主义道德观、社会主义道德观和共产主义道德理想的高度概括。社会主义道德体系是以为人民服务为核心，以集体主义为原则，以爱祖国、爱人民、爱劳动、爱科学、爱社会主义为基本要求，以社会公德、职业道德、家庭美德和个人品德为着力点的系列道德观的有机组成。中国特色社会主义以社会主义道德规范作为评价主体是否道德的标准。面对自由主义、利他主义、极端功利主义、极端个人主义等不良社会思潮冲击，社会主义道德思想科学回答了义与利孰先孰后的问题，个人利益与国家、人民利益孰轻孰重的问题。通过对人类历史和文明的科学对照，可以反映出资本主义所奉行的私有制、个人主义、自由主义、极端功利主义、极端个人主义等思想观念的道德缺陷。

只有奉行公有制为主体的社会主义，坚持集体主义和义利统一的道德原则，既充分肯定个人的正当利益，又主张将国家和人民的利益放到首位，强调以集体的、国家的利益来保障每个成员的根本利益，最终实现了个人、社会和国家利益的协调统一。通过对商业银行进行常态化的、持续深入的思想道德教育，才更有助于商业银行及其从业者认识到社会主义道德思想是科学的道德思想，是人类历史上最先进的、最合理的道德学说。

## 第二节 强化商业银行履行道德责任的动力

商业银行履行社会道德责任过程中的动力既有外部动力又有内生动力。外部力量包括政府的政策支持、监管部门的监管强制、各界媒体和社会公众的舆论压力等，内生动力包括决策者及广大普通从业人员的良知、银行系统内部的赏罚机制等。以下选取三条路径谈商业银行道德责任行为的动力机制。

### 一、提升银行道德责任治理到国家战略高度

提升对商业银行道德责任的治理到国家战略高度，既是由商业银行系

统重要性地位决定的，也是由商业银行道德责任水平反映出国家对资本道德的治理能力、水平以及国家制度的好坏决定的。商业银行是社会主义市场经济运行的重要窗口，对于市场经济环境具有社会道德引领和示范效应。作为社会主义市场经济运行的核心中介机构，商业银行应发挥其系统重要性作用，成为社会优良风气的先觉者、先行者和倡导者；作为货币信用与资本的集散地，商业银行业是社会主义本质与优越性能否彰显的分水岭。同样是资本，在资本主义社会，资本家凭借掌握的资本支配雇佣劳动，全面控制社会经济、政治和文化等领域，资本完全为资本家服务，最终体现为资产阶级剥削着无产阶级、统治着社会。在社会主义社会，资本为民所享有，并遵从国家宏观调控政策和按劳分配原则，以人民共同富裕的目标要求为依托，实现资本为人民服务，体现为无产阶级当家做主、共享共荣的社会。"公正与平等"是社会主义制度的核心价值标准，"为人民服务"以增进每个人的利益是社会主义道德的核心价值体现，"实现人民共同富裕"是社会主义本质的要求。商业银行为人民服务就是社会主义本质与优越性的重要体现。

  提升商业银行社会道德责任治理提升至国家战略高度，是矫正商业银行道德失范行为的有益尝试，是强化银行社会主义道德责任意识进而提升社会道德责任水平的重要实践，是落实商业银行"为人民服务"社会道德标准的重要手段，是实现商业银行充分履行社会道德责任从而引领新时代社会主义道德新风尚的政治保障。在决胜全面建成小康社会和全面建成社会主义现代化强国的时代背景下，作为资源配置的核心部门和国家宏观调控的重要抓手，商业银行应当以责任担当的姿态，坚持进一步扩大开放，自觉落实国家宏观调控政策，助力化解人民日益增长的美好生活需要和不平衡不充分的发展之间的矛盾，为实现共同富裕的社会主义发展目标贡献重要力量。

  提升对商业银行道德责任的治理到国家战略高度，就是要在坚持商业银行国家经济金融核心地位的同时，突出商业银行引领良好社会道德风气的作用，就是要在坚持对商业银行安全性、流动性、盈利性监管的同时，强化道德责任监管，实现对商业银行资本道德化的治理，就是要确保社会主义道德体系进入商业银行公司治理的底层与顶层设计，从政策、制度、服务和银行科技产品的源头保障商业银行履行社会道德责任贯穿始终。

资本道德的治理是当代社会道德治理的关键环节。商业银行是资本的聚集地，通过提升对商业银行道德责任的治理到国家战略高度，来强化银行从业者的道德责任意识、素质和行为能力，来促进银行货币资本道德化的运行，进而实现商业银行履行社会道德责任水平的提升，这将引领广大社会主体尤其是经济主体积极践行社会主义道德体系，同时为社会主义各项事业健康发展带来积极正向的促进作用。总之，通过对商业银行道德责任的有效治理来引领社会主义道德风气将达到提纲挈领、纲举目张、事半功倍的效果。

## 二、完善商业银行道德责任行为的激励机制

商业银行是经济组织和社会组织的联合体。对于商业银行道德责任行为的激励既是对商业银行经济价值行为的正确引导，也是对商业银行积极发挥社会价值行为的强化。完善商业银行道德责任行为激励机制可以从以下几个方面入手：

### （一）要立足义利统一的社会主义道德原则

在一般情况下，商业银行可以实现为己和利他，即义和利的统一；当为己和利他发生冲突时，则应遵守把国家和人民利益放在首位，体现以义导利、以义取利和见利思义的社会主义义利观要求。完善商业银行履行道德责任的激励机制，应当注意颂扬无私利他的先进，鼓励利己利他的多数，惩处损人利己的少数，体现道德先进性与广泛性的有机结合；应当客观认识利他主义对调适社会关系、增进社会整体利益的积极意义，以及利他主义违背主体本性只能偶尔而不能恒久的指导商业银行行为实践的逻辑；客观认识利己主义虽然符合主体逐利的本性但却难于摆脱损人利己、损害集体利益的弊病，因此也不适宜指导商业银行的道德实践。唯有大力倡导集体主义的道德原则，方能实现义与利的统一，进而最大程度地增进

每个成员的福利，实现社会效益最大化。

（二）要破除束缚商业银行道德责任行为的思想与制度屏障

将对商业银行合法合规及风险防范的监管扩大至对商业银行道德责任行为的监管，避免将经济利润最大化作为银行经营的唯一目标，杜绝对商业银行厚德失利、败德获利等不合理现象的视若无睹。以商业银行的运行有助于提高人民群众的福祉为准则，坚决打击"资本性掩盖人的主体性"的商业银行社会功能异化行为，确保商业银行在社会主义核心价值观和义利观等社会主义道德体系的框架下开展经营活动。

（三）要完善积极正向的社会道德责任行为激励办法

对商业银行遵守法规法纪、履行社会道德责任、创造社会价值和增进社会福利的行为予以名誉上的肯定和经济上的支持。如《中华人民共和国企业所得税法》（2017年2月24日修订版），其中有对于公益性捐赠支出以及环保节能方面有减税的规定。在追求高质量、内涵式发展的特定时代背景下，将企业公益性捐赠支出减税的规定拓展到其他创造社会价值、增进社会福利方面成为有意义的尝试。可以尝试将商业银行拓展弱势群体银行服务可得性（如无障碍系统建设、精准扶贫、抗疫救灾）等推进社会道德和创造社会价值的行为纳入减税的考量，成为商业银行适当减税的依据。

（四）强化社会各界对商业银行道德责任行为的监督与评价

各界媒体、监管部门、银行业协会与社会公众对商业银行即时有效的信息披露是商业银行履行好社会道德责任的重要保障。商业银行道德责任相关的舆论反映了银行的社会道德形象。社会公众作为消费者，可根据银行社会道德责任表现情况来选择合作对象，形成"商业银行道德行为——消费者的合作选票——商业银行与消费者共同获利——商业银行履行更多道德责任——消费者进一步的合作选票支持"的良性循环。从而对银行形成强大的外在压力，这种压力与商业银行追求经济利益的内在动力汇聚，将形成银行履行社会道德责任的最有力的推动力。

**（五）深化商业银行人事和分配制度改革以激励从业人员尽职尽责**

通过合理配置管理与一线员工的比例，发挥工资福利的激励杠杆作用，整治"风险责任下移、收入分配上移"的不合理现象，深化人事制度和分配制度改革，充分调动银行从业人员的工作积极性和主动性，以讲诚信、重视公平正义为价值导向，以终身追责等措施引导从业者自觉防范道德风险、积极履行社会道德责任。

对于我国商业银行改善道德责任的激励：一方面不能离开利益来探讨，否则商业银行就失去了存在的基础，道德责任只能走向虚无；另一方面，又不能把商业银行的责任局限于利益，尤其是经济利益，因为这样只会加剧商业银行道德与功能异化，进而引发拜金主义、极端功利主义的盛行。尊重商业银行合理逐利的同时，鼓励商业银行及其从业者树立社会主义的道德理想，力行社会主义道德观，坚持行为活动体现经济利益与社会价值的协调统一，这才是商业银行可持续发展之道。

### 三、引导商业银行道德情操走向崇高的境界

商业银行道德情操走向崇高体现于从银行经营活动的单纯利己甚至不惜损人利己到服务社会、利己利他乃至无私利他的转变。对于商业银行的善恶境界，王海明提出善恶原则①：损人利己是基本的的恶，单纯利己是最低的善，无私利他是最高的善、是至善。罗斯将内在善定义为："不是它所产生的任何结果而是它自身就是善的东西"②。商业银行履行好社会道德责任通常是指商业银行行为过程和结果的"善"，提升商业银行社会道德责任水平最重要的是实现商业银行内在的"善"。商业银行的行为道德从一般走向崇高的过程就是不断追求内在善实现道德自觉的过程。

从商业银行发布的发展口号与价值观，可以判断商业银行普遍有对高尚道德情操的认识。然而如前文所述，有道德责任的认识却未必能有道德

---

① 王海明. 新伦理学原理 [M]. 商务印书馆. 2017 年 8 月，P280.
② W. D. Ross. The Right and the Good [M]. NewYork：Oxford At The Clarendon Press，1930，P198.

责任的行动。商业银行在履行社会道德责任方面，普遍存在重口号、轻机制，重管理、轻治理，重经营、轻战略，重内部、轻外部等问题。在商业银行道德责任建设过程中，可以通过以下途径提升商业银行的道德境界，养成商业银行的内在"善"。一是明确商业银行道德责任的主体，已经发展成熟的普遍适用的经济与法律责任主体就是商业银行道德责任的主体；二是培养商业银行领导者的企业家精神和从业者爱岗敬业的职业道德，实现商业银行从单纯"经济主体"到与"社会主体"的完美融合；三是评选"最受老百姓喜爱的银行""最具社会责任银行""最佳品牌形象银行""最佳风险控制银行"等示范银行，扩大宣传推广以榜样的力量来提升广大商业银行的社会道德责任水平；四是通过教育和培训提高商业银行从业者对履行好社会道德责任价值的认识，强化从业者的道德责任感和使命感；五是开展广泛的考察、交流、项目合作等方式，以增强商业银行对各行各业运行实况的体察和认识，实现商业银行对社会道德责任的精准理解和把握；六是将道德情感、道德规范、道德理想、道德行为等要素系统的融入银行公司治理和监管体系，实现对商业银行道德责任行为的制度保障；七是完善国家政策和制度法规建设，营造商业银行履行道德责任更好的外部环境。最终以外部机制、内生动力和保障机制，实现商业银行以崇高的企业道德文化来服务社会主义建设。

## 第三节　增强商业银行履行道德责任的能力

在商业银行履行社会道德责任的过程中，履行道德责任的能力是实现道德责任的必要条件。这些能力包括认知能力、感受能力、理解能力、选择与行为能力等。商业银行履行道德责任能力素质提升的关键在于商业银行领导者和从业者道德责任能力素质的培养以及对银行业的后备军——大学生的思想道德与社会责任的引导和教育。

### 一、提升商业银行领导者的道德责任意识

"没有革命的理论，就没有革命的行动。"（列宁）道德责任意识很大

程度上决定了道德责任的行为。作为链接社会的有机体，责任只有轻重之分，而无有无之别。商业银行的领导者以掌握更多权力而承担着比普通从业者更重的道德责任，领导者的善心与良知是商业银行履行好社会道德责任的内在动力，强化领导者的道德责任意识有助于提升商业银行履行好社会道德责任的能力。反之，领导者淡漠的道德责任意识甚至丧失良知的行为与决策，则可能诱发银行的道德危机，使商业银行跌落败德的深渊。领导者的道德责任意识决定了商业银行的道德责任意识，领导者的道德责任行为直接影响商业银行的道德责任行为，领导者的道德责任素质是商业银行社会道德责任水平提升的关键。从宏观上说，商业银行的领导者是中央银行和监管部门、是政府；从微观上看，商业银行的领导者是商业银行股东大会、董事会、监事会等高级管理层成员以及银行各层级部门的决策者。提升商业银行领导者道德责任意识可从以下两方面入手：

第一，加强对领导者社会主义道德思想的教育，确保领导干部充分理解认同社会主义本质要求和社会主义道德体系的责任要求。道德责任是社会意识形态，也是国家治理的重要抓手。社会主义道德体系以集体主义为基本原则，以全心全意为人民服务为道德核心，以解放生产力，发展生产力，消灭剥削、消除两极分化、实现人民共同富裕为责任要求。商业银行是在社会主义制度下的核心金融机构，是国家宏观调控的重要抓手。商业银行领导者应当认清当前银行在社会道德责任的突出贡献和存在的突出问题，充分认同商业银行利国利民、义利统一的社会道德原则。通过不断作出科学的合乎道德责任的正确决策，提升银行创收盈利能力、改善服务质量、增进社会福利，实现商业银行自身利益与社会利益相统一的良性循环。

第二，强化银行各级领导干部带头践行社会主义道德体系，确保社会主义优良道德标准的贯彻落实。加强领导干部的思想道德修养，发挥党员干部的模范带头作用，以清正廉洁、为人民群众服务的良好道德形象取信于民。如前文所述，商业银行对于基本的社会道德责任有普遍共识，问题在于对社会道德责任的贯彻落实以及商业银行优良道德标准的把握。强化领导干部践行社会道德责任需要注意：一是贯穿道德导向于商业银行制度建设的全过程；二是注重领导者上下齐心的贯彻道德责任理念，提倡以身作则、身先示范的行为作风；三是充分肯定领导者优良品德引领下焕发出的效能所带来的银行自身或社会公众的福利；四是严密防范领导者道德良知泯灭，上行下效所引发的道德底线的坍塌。

## 二、健全德才兼备从业者的培养教育路径

作为行为主体，人是一切问题的根源。国内外的大量案例证明：银行从业者道德责任行为偏差是银行道德风险滋生的主要原因。这里的从业者既包括银行系统的领导决策者，也包括银行系统的一般普通从业者。要提升商业银行履行社会道德责任的能力培育德才兼备的从业者是关键。德才兼备从业者的培育有赖于建立健全以下培养路径：第一，抓好道德教育。通过提高道德认识，培养道德情感，磨炼道德意志，坚定道德信念确保从业者从根本上理解和认同社会主义思想道德体系。第二，规范银行的制度道德。银行的制度道德是从业者行为道德的基础和保障。通过细化银行的道德行为准则，确保银行的制度道德，有助于从业者提升道德认识，养成良好的道德行为习惯。第三，加强引导，树立典型。在银行经营管理过程中，注重发挥领导者干部的表率示范作用，注重树立典型、发挥榜样模范的作用，注重舆论导向，发挥引导作用，营造风清气正积极向善的工作环境激励从业者自觉规范道德行为。第四，将道德行为纳入工作考核。以绩效考核的方式，鼓励从业者将道德责任要求与工作实践相结合，确保从业者将道德规范落实到实际行动中、形成稳定的职业道德行为。

从业者优良的道德素质不是一朝一夕形成的，而是通过长期不懈的思想道德教育和道德实践养成的。因此，建立健全从业者德才兼备素质养成的长效机制是必要的。在对从业者进行思想道德培育的过程中，应当遵从案例启示胜过于空洞说教，参观体验胜过于理论灌输，切身实践胜过于坐而论道的认知规律。对于关键岗位上的从业者，要不断强化组织纪律教育，对于违反道德法规的行为，要做到抓早抓小、防微杜渐，切实提升从

业者应用科学道德行为和决策的能力。

### 三、强化金融类大学生道德责任培养体系

大学生是青年中的优秀分子，是行业发展的后备军，是推动社会发展的重要力量。大学生的综合能力和思想道德素质决定着社会发展的兴衰和民族的未来。对于金融类大学生灌输以行业道德责任意识是提升人才培养质量的重要战略。薛玉刚曾就经管类大学生"爱国责任意识、利他奉献意识、具体责任认识、商业道德意识、风险责任意识"五个方面的认识进行调研，分析发现：经管类大学生的道德责任意识中除爱国责任意识较强外，其他四个方面均较为薄弱；另外，在年级差异中除具体责任认识和风险责任意识两方面按年级递升情况外，其他三项都是呈波浪式起伏。[①] 结合近年来的行业和高校调研反馈可知，我国经管类大学生培养过程中依然普遍存在对社会道德责任和经济金融伦理知识培养不足的问题。对于提升金融类大学生社会道德责任意识的路径，可以从提高思想政治教育课堂教学质量入手，从推动中国特色社会主义理论体系进教材、进课堂、进大学生头脑抓起，从开设并完善《商业伦理》《金融伦理》等专业课程突破，将中国特色社会主义理论、社会主义义利观、社会道德责任等主流意识形态的教育融汇于课堂教学与实践。此外，随着金融科技的迅速发展，以网络信息安全、电子工程技术等专业背景的大学生越来越多地进入银行系统工作，对于这些非经管类银行后备人才的社会道德责任意识、金融伦理知识的培养同样不容忽视。总之，以常态化的教育形态培养大学生的社会主义核心价值观和社会主义义利观是实现银行道德素质人才储备的重要途径。

---

① 薛玉刚. 经管类专业教学情境下大学生责任意识状况调研——以浙江省高校为例 [C]. 人才培养与教学改革——浙江工商大学教学改革论文集. 2012 – 08 – 31.

## 第四节 健全商业银行道德责任行为的保障

商业银行道德责任行为保障机制内含银行经营管理理念、评价标准与监管制度等。科学的经营管理理念、评价标准与监管制度是将符合时代要求的道德原则转化为道德行为规范的前提。银行的宗旨、口号与信条是基础，制度是依据，落实是关键，监管是保障。

### 一、构建全面系统的社会道德责任评价体系

确立了道德责任基本原则，道德责任风气的向好发展还有赖于全面系统的社会道德责任评价体系。我国商业银行存在道德主体多元化现象，建立道德责任评价体系既可以厘清商业银行道德责任的主体，克服道德责任主体多元化带来的责任不明确问题，还有助于社会各方面对商业银行经营管理活动进行规范和监督，防患道德风险于未然。商业银行社会道德责任评价体系的建立有赖于政府监管部门、各界媒体以及社会公众舆论监督作用的发挥。

第一，政府应该承担起对商业银行道德责任进行评价和监督的职责。参考世界银行道德委员会与道德官员制度，尝试由中央银行与银监会联合发起建立"央行—总行—分行"三级银行道德委员会，委员会职责可以是如下三方面：第一方面，对如国家财政与货币政策、银行法规等政策制度进行道德审核，确保国家的银行制度法规与货币调控政策合乎社会伦理道德、具有社会道德责任方面的引领和示范性；第二方面，定期对商业银行的道德责任行为表现进行评价，并将评价结果作为对商业银行奖惩和监管的重要依据；第三方面，对于商业银行内部的重大决策、规章和制度进行道德仲裁。坚决摒弃具有道德风险或会带来潜在社会不良影响的决策、规章和制度的实施。通过从央行到各商业银行网点全面的道德责任监督、评价制度来保障银行道德自律，实现商业银行的道德经营。

第二，鼓励各界媒体发挥监督作用。通过积极肯定社会媒体合法监督

的权利,鼓励媒体善于发现、敢于关注、乐于评价商业银行的道德责任行为;通过媒体的公众影响力,组织评选和表彰银行道德责任先进、树立银行道德责任楷模、传播商业银行积极正向的道德责任观,同时鞭挞银行悖德、败德行为。营造商业银行有道德、负责任光荣,败德、不负责任可耻的社会舆论环境。从而促使商业银行形成正确的道德责任价值取向,提高商业银行择善而从的向善能力。

第三,畅通社会舆论、鼓励言论自由、重视社会舆论对商业银行不道德行为的谴责和抗议。专制是社会文明发展进步的宿敌,自由是发挥社会主体创造性潜能的关键。畅通社会舆论、鼓励言论自由是实现公众监督的又一把利剑。畅通商业银行舆论评价是商业银行道德责任水平提升的第一步;接着,应充分重视社会舆论对商业银行不道德行为的谴责和抗议。在网络大数据时代,政府和银行可以很容易掌握银行的社会道德责任水平。然而,商业银行道德责任水平提升不能止于社会舆论本身,而应实现社会道德责任评价结果与银行切身利益的链接。在银行业相对垄断的社会主义市场经济条件下,在商业银行与客户彼此选择的博弈中,银行更具有资源和能力优势。因此,依赖于客户对于银行选择的自由来提升商业银行的道德责任水平比较有限,主要还得立足于发挥社会主义的制度优势,由政府主导对商业银行实施道德调控,更富有效率。

## 二、完善抑恶扬善的道德责任调控监管制度

国家制度的好坏决定了社会良心与道德风气的好坏。正如邓小平所言"制度好可以使坏人无法任意横行,制度不好可以使好人无法充分做好事,甚至会走向反面。"[1] 国家制度对于社会道德风气的影响主要是通过对社会道德行为的赏罚公正性来实现的。对此,王海明在美德伦理学中总结:社会对行为主体品行好坏的赏罚越公正,主体向善的道德需要就越强,主体的良心也将越强,其因为自己行为意识向善而获得的荣誉感与满足感也会

---

[1] 《邓小平文选》第 2 卷 [M]. 人民出版社. 1994,P333.

越强；同时，因为道德失范而产生的内疚感、负罪感和来自良心谴责也会越重。这种赏罚公正的制度与道德环境将激励主体自发自觉的履行好道德责任，进而更能促进良好社会风气的养成；反之，对于主体行为赏罚越不公正的制度和道德环境，主体向善的道德需要就越弱，主体的良心也将越弱，其行为意识道德失范产生的内疚感、负罪感和来自良心谴责的痛苦便越淡漠。这种赏罚不公正的制度与道德环境，可能迫使主体行为做出逆向选择，即选择不道德行为来获利，最终导致社会道德风气更加败坏。[①]

商业银行道德责任评价体系的建立与实施，依赖于商业银行道德责任的监管制度。如道德仲裁委员会的建立、舆论的引导、奖惩的实施都依赖于对道德责任的监管。事实上，道德仲裁机构的设立、道德责任舆论的引导、银行行为赏罚的实施都体现出国家赏罚的公正性。银行道德行为赏罚的公正性尤其影响到我国商业银行道德责任水平。如对银行资本空转套利、银行随意撤并网点、银行客户歧视等不道德行为的不管不问自然成为负面道德的示范，不道德行为不受相应惩罚反而获利是对社会公序良俗的严重破坏。正如古希腊德谟克利特所言："不正当的获利给道德带来损害"。[②] 因此，需要有相应的监管制度来实现对银行道德行为的引导和监督。

从表面看，商业银行的经营理念和口号中充满着道德的光辉，在实践中，商业银行履行道德责任的实际水平却存在不同程度的缺陷。为了让广大的人民群众享受到商业银行更优质的服务，更好的体现社会主义制度的优越性，需要有能克服市场经济缺陷的强制力量来保障银行"经济人"和"道德人"的统一，使商业银行具有履行社会道德责任的内在动力和实际能力。商业银行道德责任调控和监管的制度，不仅仅限于商业银行内部道德责任制度的完善，更重要的是协同银监会、中央银行、中央文明委以及财政税务等部门共同制定形成有利于促进商业银行道德责任的体制机制，

---

① 王海明. 新伦理学原理 [M]. 商务印书馆. 2017, P676.
② （古希腊）德谟克利特. 著作残篇.

形成对商业银行行为的价值引导和道德评价,以保障商业银行风清气正道德责任环境的养成。

资本既是天使也是魔鬼。资本是天使,它可以提高市场效率,加速企业、行业乃至社会的发展;资本也是魔鬼,它要求高的投资回报、快速增值,甚至不惜代价。商业银行作为管理货币资本的中介,引导资本投向,避开资本魔力,发挥资本天使职能正是商业银行重要的道德责任内涵。当前,商业银行以"去杠杆,治乱象,回本源,强服务,防风险"作为监管路线图,在倡导质量发展的新时代,应把"重道德"纳入监管内容,以全面推进商业银行实施公司治理、风险治理、业务治理、规则治理、数据治理和道德治理为抓手,实现防范化解金融风险、服务实体经济和履行社会道德责任能力的提升。

## 三、营造风清气正积极向善的社会道德环境

商业银行道德责任水平的提升,有赖于风清气正、积极向善的社会道德环境。无私奉献、诚实信用、团结互助等良好的社会道德风气是商业银行行为道德的土壤。拜金主义、享乐主义、极端功利主义等不良社会风气则会侵蚀商业银行及其从业者的行为作风。商业银行常常面对的"失信""骗贷"等不道德行为直接带给银行风险,加重银行经营管理成本,影响银行道德责任行为能力。

一般而言,开展公民思想道德教育、完善道德的制度建设、确保司法的公平正义是营造良好社会道德环境的重要途径。《新时代公民道德建设实施纲要》就如何创造风清气正、积极向善的社会道德环境提出了总体要求和行动指南。纲要强调了公民道德建设要坚持马克思主义道德观、社会主义道德观,倡导共产主义道德,以为人民服务为核心,以集体主义为原则,以爱祖国、爱人民、爱劳动、爱科学、爱社会主义为基本要求,始终保持公民道德建设的社会主义方向的总体要求,明确提出了要抓好重点群体的道德教育和引导,要发挥法治对道德建设的保障和促进作用,要发挥法治对道德建设的保障和促进作用,要发挥法治对道德建设的保障和促进

作用,要深化对道德领域突出问题治理等行动指南。守正笃实、久久为功。在以习近平为核心的党中央的坚强领导下,人们的思想觉悟、道德水准、文明素养将会不断提高,社会文明程度也将达到新的高度。

商业银行作为中国特色社会主义制度下的重要一分子,既要接受纲要的道德引领和约束,也应当从自身做起,积极践行纲要的道德责任要求,充分发挥窗口单位的道德示范引领作用,这样才能更好地享受到良好社会道德环境带来的长久福利。

## 本章小结

一般而言,改善主体道德责任行为意识的途径可以通过主体的自省、教育的启发、社会关系的砥砺、制度的规范、环境的熏陶和监督评价六个方面来实现。本章在遵循一般途径的同时,考虑到商业银行特殊的社会功能和系统重要性地位,将商业银行道德责任养成机制分解为坚定银行的价值准则,强化银行的动力机制、能力机制和保障机制。强调通过加强对商业银行进行社会主义通识教育来坚定社会主义的价值准则,倡导将商业银行社会道德责任治理提升到国家战略高度,以完善银行赏罚激励机制,引导银行道德追求从一般走向崇高等方式来提升商业银行履行社会道德责任的动力;提出加强银行领导者、普通从业者和大学生社会主义道德的常态化教育来提升商业银行履行社会道德责任的能力;提出构建系统全面的社会道德责任评价体系、建立抑恶扬善的商业银行道德责任调控监管体系和营造风清气正积极向善的社会道德环境等方式来健全商业银行履行社会道德责任的保障机制。通过价值准则、动力机制、能力机制与保障机制的全面结合,共同促进商业银行社会道德责任水平的提升。在倡导高质量发展的新时代,热衷于社会道德责任的商业银行必将受到时代的青睐,以崇高的社会价值追求开创出新的发展局面。

# 结论与展望

商业银行道德责任的养成是个系统工程，需要银行自身、政府、社会三个方面在依法治国、全面深化改革进程中强化沟通、深度互动才能实现。这是商业银行由追求经济单一价值目标不断转向追求经济价值和社会价值双赢的过程，也是保证商业银行道德责任行为意识不断契合社会主义主流意识形态、与时俱进的过程。要实现商业银行社会道德水平的提升，夯实商业银行的价值准则，加强银行系统从业人员的道德责任教育，强化政策制度的道德引导，完善道德监管与保障机制是关键。

商业银行的高质量发展需要克服单纯利己的本能，实现义利兼顾、义利统一甚至无私利他的行为自觉。本书强调将商业银行社会道德责任的治理上升到国家战略高度，强化党对商业银行的价值引导，加强政府对商业银行道德责任方面的监管。这并非是对传统儒家专制主义思想的再造，也不是新中国建立初期银行"大一统"局面的再现，而是在充分总结商业银行系统重要性、社会主义合德性与市场有效性经验教训后得出的结论。商业银行作为社会资本运动的中心，既要发挥出市场经济的效率，又要防范自由主义思潮影响下银行业潜在的系统性风险和危机；既要维护其生存和发展的权利，又要开辟道路规避资本的恶性进而激发其为人民群众、为社会主义建设作出更多更大的贡献；既要保障其稳健发展以实现对社会主义物质文明建设的支持，又要充分发掘其经济地位优势以实现对社会主义精神文明建设的贡献。历史和时代的经验反复证明，唯有中国共产党领导下的商业银行才可能具有这样的担当和能力。这也是我国商业银行实现历史跨越式发展的宝贵经验。

习近平新时代中国特色社会主义思想对于金融的论述以及党中央对于金融去杠杆、严调控、防风险、强普惠、重环保等政策措施的出台，促使我国商业银行实现了高速增长到高质量发展阶段的转换。近年来，我国社会主义建设持续面临霸权主义、保护主义、单边主义蔓延，国际贸易争端和金融冲击加剧，世界经济运行风险和不确定性不断上升的国际形势。在诸多挑战和不确定性因素面前，马克思主义依然是我们认识世界、改造世界的强大思想武器。在新形势下，商业银行唯有坚决拥护中国共产党的领导，立足社会主义本质要求，坚定马克思主义道德思想，坚持以盈利为基础才能更好地应对挑战，实现银行业的安全、发展和稳定，才能为广大人民群众做出物质与精神文明全面谐调的、可持续的、更大的贡献。

# 参考文献

(一) 中文文献

**A. 专著**

[1] 马克思恩格斯选集（第1-4卷）[M]．人民出版社．2012．

[2] 马克思恩格斯文集（第1-10卷）[M]．人民出版社．2009．

[3] 马克思恩格斯全集（第1-2卷）[M]．人民出版社．2002．

[4] 资本论（第一卷）[M]．人民出版社．2004．

[5] 邓小平文选（第一卷）[M]．人民出版社．2014．

[6] 邓小平文选（第二卷）[M]．人民出版社．2014．

[7] 邓小平文选（第三卷）[M]．人民出版社．2014．

[8] 习近平谈治国理政（第一卷）[M]．外文出版社．2014．

[9] 习近平谈治国理政（第二卷）[M]．外文出版社．2017．

[10] 习近平谈治国理政（第三卷）[M]．外文出版社．2020．

[11] 罗国杰．伦理学 [M]．人民出版社．1989．

[12] 罗国杰．马克思主义伦理学的探索 [M]．中国人民大学出版社．2018．

[13] 罗国杰．中国伦理学百科全书 [M]．吉林人民出版社．1993．

[14] 王泽应．马克思主义伦理思想中国化最新成果研究 [M]．中国人民大学出版社．2018．

[15] 王泽应．义利观与经济伦理 [M]．湖南人民出版社．2005．

[16] 龙静云．马克思主义伦理学 [M]．中国人民出版社．2016．

[17] 程炼．伦理学导论 [M]．北京大学出版社．2017．

[18] 王海明. 新伦理学原理 [M]. 商务印书馆. 2017.

[19] 王小锡. 道德资本与经济伦理 [M]. 人民出版社. 2009.

[20] 梅世云. 论金融道德风险 [M]. 中国金融出版社. 2010.

[21] 王曙光. 金融伦理学 [M]. 北京大学出版社. 2011.

[22] 朱贻庭主编. 伦理学大辞典 [M]. 上海辞书出版社. 2011.

[23] 冯契主编. 哲学大辞典 [M]. 上海辞书出版社. 1992.

[24] 古留加. 康德传 [M]. 中国社会科学出版社. 1981.

[25] 郭金鸿. 道德责任论 [M]. 人民出版社. 2008.

[26] 何怀宏. 伦理学是什么 [M]. 北京大学出版社. 2002.

[27] 卢梭. 社会契约论 [M]. 商务印书馆. 1980.

[28] 路德. 路德选集（下册）[M]. 香港基督教辅侨出版社. 1957.

[29] 任荣明, 朱晓明. 企业社会责任多视角透视 [M]. 北京大学出版社. 2009.

[30] 王丹. 政府推进企业社会责任法律问题研究 [M]. 法律出版社. 2010.

[31] 谢军. 责任论 [M]. 上海人民出版社. 2007.

[32] 卢黎歌. 思想道德修养与法律基础 [M]. 西北大学出版社. 2010.

[33] 张文显. 法理学 [M]. 法律出版社. 2007.

[34] 中国银行业协会. 中国银行业发展报告（2018）[M]. 中国金融出版社. 2018.

[35] 周辅成. 西方伦理学名著选辑（下卷）[M]. 商务印书馆. 1987.

[36] 庄毓敏. 商业银行业务与经营 [M]. 中国人民大学出版社. 2016.

[37] 包利民. 生命与逻格斯——希腊伦理思想史论 [M]. 东方出版社. 1996.

[38] 程东峰. 责任论 [M]. 中国林业出版社. 1994.

[39]（英）亚当·斯密. 道德情操论. 商务印书馆. 2015.

[40]（德）黑格尔. 法哲学原理 [M]. 商务印书馆. 1961.

[41]（德）黑格尔. 王造时译. 历史哲学 [M]. 上海书店出版

社.2001.

[42]（德）康德.苗力田译.道德形而上学原理[M].上海人民出版社.2002.

[43]（德）康德.法的形而上学原理[M].商务印书馆.1991.

[44]（德）马克斯·韦伯.冯克利译.学术与政治[M].北京：生活读书新知三联书店.1998.

[45]（德）叔本华.伦理学的两个基本问题[M].北京：商务印书馆.1996.

[46]（美）罗尔斯.正义论[M].中国社会科学出版社.1988.

[47]（法）亨利·柏格森著.王作虹等译.道德与宗教的两个来源[M].贵州人民出版社.2000.

[48]（古罗马）西塞罗.徐奕春译.西塞罗三论——老年、友谊、责任[M].商务印书馆.1998.

[49]（古希腊）亚里士多德.廖申白译.尼各马科伦理学[M].商务印书馆.2003.

[50]（古希腊）亚里士多德.苗力田译.尼各马科伦理学[M].中国社会科学出版社.1990.

[51]（德）包尔生.何怀宏，廖申白译.伦理学体系[M].中国社会科学出版社.1988.

[52]（古希腊）德谟克利特.著作残篇.

[53]（美）博特赖特.金融伦理学[M].北京大学出版社.2002.

[54]（美）科尔伯格.魏贤超等译.道德教育的哲学[M].浙江教育出版社.2000.

[55]（美）托马斯·唐纳森，托马斯·邓菲.赵月瑟译.有约束力的关系：对企业伦理学的一种社会契约论的研究[M].上海社会科学院出版社.2001.

[56]（意）朱塞佩·马志尼.吕志士译.论人的责任[M].商务印书馆.1995.

[57]（英）安德里斯·R.普林多，比莫·普罗德安．韦正翔译．金融领域中的伦理冲突［M］．社会科学出版社．2002．

[58]（英）霍普斯．黎思复，黎廷弼译．利维坦［M］．北京：商务印书馆．1985．

[59]（英）米尔恩著．夏勇，张志铭译．人的权利与人的多样性——人权哲学［M］．中国大百科全书出版社．1995．

[60]（意）奥尔利欧·佩奇著．世界的未来——关于未来问题一百页［M］．中国对外翻译出版公司．1985．

**B. 期刊**

[1]罗国杰．关于集体主义原则的几个问题［J］．思想理论教育导刊．2012（6）．

[2]唐凯麟，陈世民．经济和人文脱节的不良后果——全球金融危机的伦理审视［J］．哲学研究．2009（5）．

[3]卢黎歌，周辉．马克思主义道德观及其当代价值［J］．理论学刊．2013（05）．

[4]卢黎歌，何志敏．《思想道德修养与法律基础》课内容拓展——经济伦理视域下的阐释［J］．思想政治教育研究．2010，26（3）．

[5]万俊人．论市场经济的道德维度［J］．中国社会科学．2000（2）．

[6]曹凤月．解读"道德责任"［J］．道德与文明．2007（2）．

[7]王家智．商业银行伦理失范行为分析及预防对策［J］．商业银行．2006（22）．

[8]陆传照．道德责任在道德建设中的作用［J］．现代哲学．2000（1）．

[9]罗卫东．论道德的经济功能［J］．中共浙江省委党校学报．1998（1）．

[10]卿定文．金融伦理对商业银行核心竞争力的提升机制研究［J］．求索．2008（11）．

[11]卫功琦．我国商业银行道德风险的实证分析：信贷风险掩饰和

推迟视角［J］．国际金融研究．2009（7）．

［12］白钦先，主父海英．功能观视角下"金融地位"问题研究［J］．金融理论与实践．2009（10）．

［13］何德旭，郑联盛．金融危机：演进、冲击与政府应对［J］．世界经济．2009（9）．

［14］邓雪莉．从金融职业礼仪教育谈高职高专金融专业学生职业精神养成［J］．山西财政税务专科学校学报．2015（10）．

［15］傅聪．齐鲁银行"12.06"特大伪造票证案的案例研究［J］．经济导刊．2012（4）．

［16］郭建新．论金融信用与伦理责任［J］．财贸经济．2010（8）．

［17］迟成勇．论社会主义道德与社会主义核心价值体系建设［J］．桂海论丛．2014（4）．

［18］郭田勇，丁潇．普惠金融的国际比较研究——基于银行服务的视角［J］．国际金融研究．2015（2）．

［19］胡祖六．东亚的银行体系与金融危机［J］．国际经济评论．1998年Z3期．

［20］李晓庆，刘湘斌．我国商业银行效率测度及影响因素分析［J］．上海财经大学学报．2005．

［21］冉毅波．七国企业社会责任调查——美国人力资源协会调查报告［J］．中国民营科技与经济．2007（7）．

［22］束兰根，於亮．商业银行道德风险形成机制及防范路径［J］．新金融．2005（4）．

［23］童世骏．资本的"文明化趋势"及其内在限制［J］．学术月刊．2006（10）．

［24］张莉．以人为本与人道主义、人本主义和民本主义的区别［J］．实事求是．2006（3）．

［25］王博．马克思眼中的资本本质与资本逻辑［J］．南华大学学报（社会科学）．2015（2）．

[26] 王逢贤. 马克思的异化理论与人的全面发展 [J]. 教育研究. 1981（7）.

[27] 吴威威. 论公民道德责任在公民道德建设中的重要作用 [J]. 探索. 2005（1）.

[28] 徐孟洲, 杨晖. 金融功能异化的金融法矫治 [J]. 法学家. 2010（10）.

[29] 杨浩文. 为人民服务与集体主义的联系 [J]. 道德与文明. 1997（5）.

[30] 余永定. 美国次贷危机：背景、原因与发展 [J]. 当代亚太. 2008（5）.

[31] 朱慈蕴. 论金融中介机构的社会责任——从应对和防范危机的长效机制出发 [J]. 清华法学. 2010（1）.

### C. 论文集

[1] 薛玉刚. 经管类专业教学情境下大学生责任意识状况调研——以浙江省高校为例 [C]. 人才培养与教学改革——浙江工商大学教学改革论文集. 2012-08-31.

### D. 学位论文

[1] 陈思坤. 公民的道德责任研究 [D]. 郑州大学. 2013.

[2] 赵文静. 学校道德责任教育研究 [D]. 山东师范大学. 2008.

[3] 曹元芳. 经济转型期中国金融道德风险研究 [D]. 天津财经大学. 2008.

[4] 李晓琳. 中国特色国有企业社会责任论 [D]. 吉林大学. 2015-06-01.

### E. 文件报告

[1] 习近平在经济社会领域专家座谈会上的讲话. 2020年8月24日.

[2] 习近平在党的十九届四中全会第二次全体会议上讲话. 2019年10月31日.

[3] 习近平在中共中央政治局第十三次集体学习时的讲话. 2019年2

月22日.

［4］习近平在第五次全国金融工作会议上的讲话.2017年7月14日.

［5］习近平在庆祝中国共产党成立95周年大会上的讲话.2016年7月1日.

［6］中央宣传部.新时代爱国主义教育实施纲要.人民出版社.2019年11月.

［7］中央宣传部.新时代公民道德建设实施纲要.人民出版社.2019年10月.

［8］中央宣传部.习近平新时代中国特色社会主义思想学习纲要.人民出版社.2019年6月.

［9］中央宣传部.关于培育和践行社会主义核心价值观的意见.2013年12月23日.

［10］中央宣传部.关于构建社会主义和谐社会若干重大问题的决定.2006年10月11日.

［11］党的十八届中央委员会向中国共产党第十九次全国代表大会的报告.2019年10月18日.

［12］中共中央政治局会议.关于"六稳"工作的讨论和部署.2018年7月31日.

［13］中央宣传部.公民道德建设实施纲要.中共中央党校出版社.2001年10月.

［14］国家信息中心."一带一路"大数据报告（2018）.

［15］原中国银监会审慎规制局局长肖远企在"2018年度中国银行业发展报告发布会"上的发言.2018年7月11日.

［16］中国银行业协会.中国银行业发展报告（2018）.

［17］国际金融协会（IIF）.中资银行跨境放贷分析报告.2018年5月2日.

［18］（美）艾伦·格林斯潘（Alan Greenspan）在美国众议院听证会上的讲话记录.2008年10月23日.

F. 电子资源

［1］Wind 数据库.

［2］银保监会网站. 数据数据统计专栏（2019）.

［3］国家统计局网站. 2017 年国民经济和社会发展统计公报.

［4］国家统计局网站. 改革开放 40 年社会经济发展成就系列报告之十.

［5］国家统计局网站. 中国统计年鉴（2018）.

［6］银保监会网站. 银行业金融机构法人名单. 2019 年 12 月.

［7］中国政府网. 亚洲基础设施投资银行第四届理事会年会纪要［EB/OL］. http://www.gov.cn/xinwen/2019-07/14/content_5409082.htm.

（二）英文文献

［1］Aloy Soppe. New Financial Ethics：A Normative Approach［M］. University in Rotterdam, Netherlands. 2016.

［2］Adam Smith, The Theory of Moral Sentiments［M］. China Sciences Publishing House Chengcheng Books Ltd. 1979.

［3］David Hume, The letters of David Hume, 2 Volumes, edited by greig, London, 1932.

［4］Freeman R E. Strategic management：A stakeholder approach［M］. Boston：Pitman/Ballinger1984.

［5］Friedrich Paulsen, A system of Ethics, translated by Frank Thilly, New York：Charles Scribner's Sons, 1908.

［6］Hans Jonas. The Imperative of Responsibility：In Search of an Ethics for the Technological Age. Chicago, University of Chicago Press, 1985.

［7］Ignacio L. Gotz, Conceptions of Happiness, New York：University Press of America, 1955.

［8］Lenk H. Macht und Machbarkeit der Technik［M］. Stuttgart：Philipp Reclamjun, 1994.

[9] Richard B. Brandt. A Theory of the Good and the Right [J]. Oxford, Clarendon press, 1979.

[10] Richard B. Brandt. Morality, Utilitarianism and Rights [M]. Cambridge University press, 1992.

[11] Richard B. Brandt. Determinism and the Justifiablity of Moral Blame [M]. Sidney Hook, Determinism and Freedom, New York University Press, 1958.

[12] Richard Lee Miller, William F. Lewis. A Stakeholder Approach to Marketing Management Using the Value Exchange Models [J]. European Journal of Marketing, 1991, 25 (8).

[13] See Clarkson: A Stakeholder Framework for Analyzing and Evaluating Corporate Social Performance [J]. Academy of Management Review. 1995, 20 (1).

[14] See Dirk Matten, Andrew Crane. Wendy Chapple. Behind the Mask: Revealing the True Face of Corporate Citizenship [J]. Journal of Business Ethics, 2003.

[15] See Owen, D. Young (1927), Dedication Address [M]. Hardvard Business Review, Vol. 6.

[16] W. D. Ross. The Right and the Good [M]. NewYork: Oxford At The Clarendon Press, 1930.

[17] William Schweiker. Responsibility and Christian Ethics [M]. Cambridge University Press, 1999.

[18] Winokur Mark. Einstein: A Portrait [M]. California: Pomegranate Art books, 1984.

# 后 记

寒窗七载,岁月如梭,读书生涯终于画上了句号。感慨曾经的彷徨与迷茫,感慨学术道路上的艰辛和曲折,这一切在此刻都已成怀念。

难以忘记第一次拜访导师卢黎歌教授,老师本应在医院输液却跟医生请假出来指导我的论文选题;难以忘记老师每次利用来北京出差的空档在酒店指导我的论文到深夜;难以忘记老师凌晨4点还在审阅我的论文并字斟句酌的提出改进意见。卢黎歌老师给予学生的不只是感动,更多的是至诚至信、德才兼备、笔耕不辍、行胜于言的影响力。

难以忘记冯秀军教授对我提升专业基础的指导和伦理学经典书目的推荐;

难以忘记胡树祥教授对我论文思路和主旨一针见血、醍醐灌顶的指导;

难以忘记韩小谦教授在我选题、开题碰到挫折中,嘘寒问暖的关怀;

难以忘记哈战荣老师为理清我论文的思路,反复斟酌后的倾心指导;

难以忘记工作、家庭和学习压力齐至,自己几乎想要放弃学业的时候,张碧琼老师让我持续忍耐、提高效率直至胜利的鼓励;副导师哈战荣老师越是忙碌压力大越要注重身体健康的提醒。

总之,感谢卢黎歌教授、胡树祥教授、冯秀军教授、陈文娟教授、韩小谦教授、哈战荣副教授、谢玉进副教授、王淼副教授在我论文从思路到成稿过程中付出的心血,感谢李志军教授、张碧琼教授、朱家梅教授、黄刚副教授、朱书涵老师、张颖老师给予我学业上的关心和爱护。

感谢吴小龙老师当年的提点和无私的帮助,让我做出义无反顾读博的决定并顺利完成备考；感谢葛仁霞老师、杨金观老师、孙国辉老师让我有机会在艰难曲折中积聚我人生七年宝贵的财富。

感谢我的父母、妹妹、爱人和孩子，是家人在时间上、物质上和精神上给予了我无条件的支持，分担了我家庭的责任，才实现了我对博士生涯的追求。

最后，感谢那个不忘初心、持续忍耐、不断探索、攻坚克难的自己，他将继续指引着我努力奋斗、争做更好的自己。

罗卓笔

2020 年 11 月